U0915454

建设
中华民族现代文明

BUILDING
MODERN CHINESE CIVILIZATION

中国社会科学杂志社　编

目 录

中华文明的突出特性

“两个结合”是最大法宝

建设中华民族现代文明

中共中国社会科学院党组传达学习贯彻习近平总书记在文化传承发展座谈会上的重要讲话精神

中国社会科学院办公厅

本报讯　6月3日，中共中国社会科学院党组召开扩大会议，传达学习习近平总书记在文化传承发展座谈会上的重要讲话精神，研究部署贯彻落实工作。院长、党组书记高翔主持会议并讲话，强调必须深刻领悟“两个确立”的决定性意义，增强“四个意识”、坚定“四个自信”、做到“两个维护”，切实把思想和行动统一到习近平总书记重要讲话精神上来，铭记嘱托，担当使命，为继续推动文化繁荣、建设文化强国、建设中华民族现代文明而努力奋斗，不辜负习近平总书记的期望和重托。副院长、党组成员甄占民，中央纪委国家监委驻院纪检监察组组长、党组成员杭元祥，副院长、党组成员高培勇，秘书长、党组成员赵奇出席会议。

会议认为，在迈上强国建设、民族复兴新征程的关键历史节点，习近平总书记亲临中国历史研究院考察，出席文化传承发展座谈会并发表重要讲话，充分体现了党的核心、人民领袖对中国社会科学院和中国历史研究院的高度重视、巨大信任、深切关怀、特殊关爱和殷切期望。

会议强调，习近平总书记在文化传承发展座谈会上的重要讲话，站在中华民族伟大复兴和中华文明永续传承的战略高度，贯通历史、现实和未来，融通中外，深刻把握中华民族的根与魂，将文化传承发展寓于中华民族生生不息的历史长河中，寓于人类社会发展和世界文明进步的宏阔视野中，寓于新时代中国特色社会主义宏大实践中，寓于党治国理政的战略需求中，高度概括了中华文明的突出特性，深刻阐明了“两个结合”的重大意义，系统总结了党领导文化建设的重大经验，明确提出了更好担负起新的文化使命的重要要求，发出了建设中华民族现代文明的伟大号召。习近平总书记重要讲话理论彻底、立意高远、思想深邃、内涵丰富、情真意切，具有很强的政治性、思想性、战略性、指导性，是一篇闪耀着马克思主义思想光芒的纲领性文献，是建设中华民族现代文明的行动指南，具有极其重要的里程碑意义。

会议要求，学习宣传贯彻习近平总书记重要讲话精神，是中国社会科学院当前和今后一个时期首要政治任务、理论任务和学术任务，要带头学习、带头研究、带头阐释。一要深入学习领会，把学习贯彻习近平总书记重要讲话精神作为主题教育重点内容，同学习贯彻习近平新时代中国特色社会主义思想紧密结合起来，系统学习、深刻领悟、掌握精髓。二要在全院迅速掀起宣传贯彻落实习近平总书记重要讲话精神的热潮，让全院干部职工充分感受到习近平总书记对中国社会科学院的关心关爱和殷切期望，进一步增强荣誉感、责任感和使命感。三要用习近平总书记重要讲话精神统领中华民族现代文明研究工作，聚焦习近平总书记重要讲话中提出的一系列重要思想、重大观点、重大判断、重大结论，推出有价值、有分量的研究阐释成果。四要按照习近平总书记和党中央的要求，进一步办好中国历史研究院，继续团结凝聚全国广大历史研究工作者，不断提高研究水平。五要加强人才队伍建设。院属各单位要高度重视文明文化研究人才培养，努力建设一支政治可靠、学识深厚、贯通古今、融通中外的优秀中青年文明文化研究人才队伍。

副秘书长、院属各单位主要负责同志参加会议。

（中国社会科学院办公厅 / 供稿）

建设中华民族现代文明的行动指南

中共中国社会科学院党组

文化关乎国本、国运。习近平总书记在文化传承发展座谈会上的重要讲话，聚焦推进中国特色社会主义文化建设、建设中华民族现代文明这个重大问题，进行了全方位、深层次阐述，提出了一系列新思想新观点新论断，发出了担负起新的文化使命、努力建设中华民族现代文明的时代最强音。这在中华文明发展史、马克思主义文化理论发展史上都具有里程碑意义，为我们在新的起点上继续推动文化繁荣、建设文化强国、建设中华民族现代文明提供了行动指南。

闪耀着马克思主义真理光芒、充盈着中华文化独特气韵的光辉文献

习近平总书记在文化传承发展座谈会上的重要讲话，站在中华民族伟大复兴和中华文明永续传承的战略高度，贯通历史、现实和未来，融通中国与世界，深刻把握历史发展逻辑和文化建设规律，系统回答了有关文化传承发展的一系列重大理论和现实问题，具有很强的政治性、思想性、战略性、指导性，是一篇闪耀着马克思主义真理光

芒、充盈着中华文化独特气韵的光辉文献。

习近平总书记的重要讲话凝练概括了中华文明的突出特性，深刻阐明了“两个结合”特别是“第二个结合”的重大意义，鲜明提出了更好担负起新的文化使命的重要要求，对建设中华民族现代文明进行了战略部署，是新时代党领导文化建设实践经验的理论总结，是我们党强烈文化担当和高度文化自信的集中体现，是推进文化传承发展和繁荣兴盛的根本指针，是建设中华民族现代文明和社会主义文化强国的行动指南。

习近平总书记的重要讲话充分体现了对中华文明和中国历史文化的科学认识和深厚情感，充分彰显了中国共产党人的历史自觉和文化自信，凝结着马克思主义的真理力量，蕴含着深厚的思想智慧、丰富的理论内涵和重大的方向指引，充分表明我们党对中华文明发展规律的认识和把握达到了新的高度，为推进文化理论创新、深化历史文化研究、建设中华民族现代文明提供了根本遵循。

深刻把握中华文明的突出特性，夯实中华民族现代文明的历史基础

习近平总书记指出：“只有全面深入了解中华文明的历史，才能更有效地推动中华优秀传统文化创造性转化、创新性发展，更有力地推进中国特色社会主义文化建设，建设中华民族现代文明。”这为我们深入把握中华文明的历史根脉，在新的历史起点上续写中华文明新的篇章提供了重要遵循。

中国文化源远流长，中华文明博大精深。我国具有百万年的人类史、一万年的文化史、五千多年的文明史。中华文明是世界上唯一绵

延不断并以国家形态发展至今的伟大文明，中华优秀传统文化是中华民族生生不息、长盛不衰的文化基因，也是我们在世界文化激荡中站稳脚跟的根基。习近平总书记以科学缜密的历史思维和宏阔深邃的世界眼光，从中华优秀传统文化的内在机理和重要元素中，全面系统深刻揭示出中华文明具有突出的连续性、突出的创新性、突出的统一性、突出的包容性、突出的和平性。这五个突出特性是对中国历史的深刻总结，科学揭示了中华文明深厚的历史底蕴，深刻阐明了中华民族的文化基因所在、精神命脉所系、价值追求所向，是我们理解中华文明的指路明灯。

中华文明的突出特性，决定我们独特的发展道路和历史命运。习近平总书记指出：“如果没有中华五千年文明，哪里有什么中国特色？如果不是中国特色，哪有我们今天这么成功的中国特色社会主义道路？”只有全面深入了解中华五千多年文明史，深刻把握中华文明突出的连续性、创新性、统一性、包容性、和平性，才能真正理解中国道路的历史必然性、文化内涵与独特优势，才能更有效地推动中华优秀传统文化创造性转化、创新性发展，更有力地推进中国特色社会主义文化建设，建设中华民族现代文明。

不忘本来，才能开辟未来。我们要全面客观地认识中华优秀传统文化，就要正确认识中国共产党人精神谱系与中华优秀传统文化之间的内在联系。要把红色文化与中华优秀传统文化更加有机地结合起来、融合起来，在传承中华优秀传统文化中更好地赓续红色血脉。要坚持面向未来，坚持以科学态度对待传统文化，不割裂历史、不僵化保守，始终走在时代进步的最前沿，立破并举，在延续历史中开创未来。

深刻理解"两个结合"的重大意义，牢牢把握建设中华民族现代文明的根本遵循

旗帜决定方向，道路决定命运。中国特色社会主义是科学社会主义理论逻辑和中国社会发展历史逻辑的辩证统一，植根于中国大地和中华文化沃土、反映中国人民意愿、适应中国和时代发展进步要求。习近平总书记指出："在五千多年中华文明深厚基础上开辟和发展中国特色社会主义，把马克思主义基本原理同中国具体实际、同中华优秀传统文化相结合是必由之路。这是我们在探索中国特色社会主义道路中得出的规律性的认识，是我们取得成功的最大法宝。"中国共产党人用马克思主义真理的力量激活了中华民族历经几千年创造的伟大文明，使中华文明再次迸发出强大精神力量。"两个结合"揭示了建设中华民族现代文明的源头活水，指明了建设中华民族现代文明的前进方向。

中国特色社会主义植根于中华文化沃土，深受中华优秀传统文化的滋养，中华优秀传统文化是我们党创新理论的"根"。习近平总书记系统阐述了"两个结合"的丰富内涵和重大意义，指出："马克思主义和中华优秀传统文化来源不同，但彼此存在高度的契合性。""结合"的前提是彼此契合，相互契合才能有机结合。中国共产党人既是马克思主义的坚定信仰者和践行者，又是中华优秀传统文化的忠实继承者和弘扬者，对马克思主义和中华优秀传统文化的高度契合性有着深刻体认。"结合"的结果是互相成就，造就了一个有机统一的新的文化生命体，让马克思主义成为中国的，中华优秀传统文化成为现代的，让经由"结合"而形成的新文化成为中国式现代化的文化形态。"结合"筑牢了道路根基，让中国特色社会主义道路有了更加宏阔深远的历史纵深，拓展了中国特色社会主义道路的文化根基。中国式现代化赋予中华文明以现代力量，中华文明赋予中国式现代化以深厚底

蕴。“结合”打开了创新空间，让我们掌握了思想和文化主动，并有力地作用于道路、理论和制度。更重要的是，“第二个结合”是又一次的思想解放，让我们能够在更广阔的文化空间中，充分运用中华优秀传统文化的宝贵资源，探索面向未来的理论和制度创新。

习近平总书记关于“结合”特别是“第二个结合”的深刻阐述，进一步巩固了我们的文化主体性，增强了我们建设中华民族现代文明的坚定性和自觉性。文化自信来自文化主体性。有了文化主体性，就有了文化意义上坚定的自我，中国共产党就有了引领时代的强大文化力量，中华民族和中国人民就有了国家认同的坚实文化基础。习近平新时代中国特色社会主义思想实现了马克思主义中国化时代化新的飞跃，是中华文化和中国精神的时代精华，是“两个结合”的光辉典范，是党和人民奋进新征程的行动指南，也是创造属于我们这个时代的新文化的根本遵循。建设中华民族现代文明，最根本、最重要的就是坚持以习近平新时代中国特色社会主义思想为指导，沿着习近平总书记指引的文化方向，推动文化繁荣、建设文化强国。

更好担负起新的文化使命，奋发有为建设中华民族现代文明

中国共产党自成立之日起就把建设民族的科学的大众的中华民族新文化作为自己的使命，积极推动文化建设和文艺繁荣发展。新民主主义革命时期，我们党提出“把一个被旧文化统治因而愚昧落后的中国，变为一个被新文化统治因而文明先进的中国”，领导人民建设民族的科学的大众的新民主主义文化。社会主义革命和建设时期，我们党组织大规模的经济建设和文化建设，提出“百花齐放、百家争鸣”，大力建设社会主义文化。改革开放和社会主义现代化建设新时期，我

们党重视文化建设，提出在建设高度物质文明的同时，努力建设高度的社会主义精神文明，发展面向现代化、面向世界、面向未来的，民族的科学的大众的社会主义文化。

党的十八大以来，以习近平同志为核心的党中央统筹中华民族伟大复兴战略全局和世界百年未有之大变局，在领导党和人民坚持和发展新时代中国特色社会主义的伟大实践中，把文化建设摆在全局工作的重要位置，不断深化对文化建设的规律性认识，提出一系列新思想新观点新论断，涵盖了文化建设的各领域和全过程，既有整体性的原则遵循又有各个领域的重要任务，既有全局性的战略部署又有各个方面的重大举措，是新时代党领导文化建设实践经验的理论总结，为丰富和发展马克思主义文化理论作出了原创性贡献，为建设中华民族现代文明提供了根本遵循。习近平总书记在文化传承发展座谈会上的重要讲话中提出了一系列新思想新观点新论断，进一步丰富和发展了我们党关于文化建设的思想。比如，明确提出“如果不从源远流长的历史连续性来认识中国，就不可能理解古代中国，也不可能理解现代中国，更不可能理解未来中国”；明确提出“在五千多年中华文明深厚基础上开辟和发展中国特色社会主义，把马克思主义基本原理同中国具体实际、同中华优秀传统文化相结合是必由之路”；明确提出“‘结合’的结果是互相成就”“让马克思主义成为中国的，中华优秀传统文化成为现代的，让经由‘结合’而形成的新文化成为中国式现代化的文化形态”；明确提出“‘结合’巩固了文化主体性，创立新时代中国特色社会主义思想就是这一文化主体性的最有力体现”；明确提出“新的文化使命”，强调“在新的起点上继续推动文化繁荣、建设文化强国、建设中华民族现代文明，是我们在新时代新的文化使命”；等等。这些新思想新观点新论断，充分体现了习近平总书记的高远战略考量、宏阔历史视野、高度文化自觉，为我们担负起新的文化使命、建设中华民族现代文明指明了前进方向、提供了根本遵循。

党领导人民一百多年的伟大奋斗是强国复兴的历史进程，也是文明转型的艰辛探索，不仅取得了革命、建设、改革的伟大胜利，从根本上改变了中国人民被欺负、被压迫、被奴役的命运，而且成功走出中国式现代化道路，持续推进中华民族现代文明建设，深刻影响着世界历史进程。我们所建设的中华民族现代文明，是中国共产党领导的社会主义文明，是植根中华优秀传统文化、具有中华文化主体性的文明，是借鉴吸收人类一切优秀文明成果的文明。这种新型文明既遵循人类文明发展的普遍规律，又具有鲜明的民族特色和时代特征，体现科学社会主义先进本质，代表人类文明进步的发展方向。

文化是一个国家、一个民族的灵魂。习近平总书记强调："在新的历史起点上继续推动文化繁荣、建设文化强国、建设中华民族现代文明，要坚定文化自信，坚持走自己的路，立足中华民族伟大历史实践和当代实践，用中国道理总结好中国经验，把中国经验提升为中国理论，实现精神上的独立自主。要秉持开放包容，坚持马克思主义中国化时代化，传承发展中华优秀传统文化，促进外来文化本土化，不断培育和创造新时代中国特色社会主义文化。要坚持守正创新，以守正创新的正气和锐气，赓续历史文脉、谱写当代华章。"不忘本来才能开辟未来，开放包容才能永葆生机。我们要从中华优秀传统文化中汲取营养，从与其他文明交流互鉴中获得启发，为建设中华民族现代文明汇聚起磅礴力量。

铭记嘱托、发挥优势，为建设中华民族现代文明贡献智慧和力量

"文明以止，人文也。观乎天文，以察时变；观乎人文，以化成

天下。”国家之魂，文以化之，文以铸之。为建设中华民族现代文明服务，是当前哲学社会科学界最重要的使命和任务。我们要站在推进中华民族现代文明建设的高度，全力加强中华民族现代文明研究，积极构建中国特色哲学社会科学，把历史责任和时代使命牢记心中、扛在肩上。

我们要深入学习领会、全面贯彻落实习近平总书记在文化传承发展座谈会上的重要讲话精神，更加深刻领悟“两个确立”的决定性意义，增强“四个意识”、坚定“四个自信”、做到“两个维护”，更好担负起新的文化使命，努力在建设中华民族现代文明方面取得实效。要自觉主动服务中华民族现代文明建设大局，既要推出具有较高学术水平的基础研究成果，更要推出对建设中华民族现代文明有重要参考、借鉴价值的应用对策成果，还要推出一批有说服力、有影响力的宣传阐释成果。要更加自觉地把建构中国自主的知识体系的重任肩负起来，推动中华民族现代文明研究知识创新、理论创新和方法创新，积极构建文化传承发展研究的学术范式。要加快构建中国话语和中国叙事体系，深化国际传播理论研究，创新国际传播方式方法，提高塑造国家形象、影响国际舆论的文化能力。要高度重视文明文化研究人才培养，努力建设一支政治可靠、学识深厚、贯通古今、融通中外的优秀中青年文明文化研究人才队伍。

使命光荣神圣，责任重如泰山。今天，赓续中华文明、推进中国特色社会主义文化建设开启了新的时代征程。我们要更加紧密地团结在以习近平同志为核心的党中央周围，切实把思想和行动统一到习近平总书记重要讲话精神上来，按照习近平总书记和党中央的要求办好中国社会科学院，为建设中华民族现代文明贡献自己的智慧和力量。

（本文原载2023年6月14日《人民日报》第9版）

中华文明的突出特性

中华优秀传统文化有很多重要元素，共同塑造出中华文明的突出特性。

中华文化在新时代扬帆破浪

王震中

2023 年 6 月 2 日，习近平总书记出席文化传承发展座谈会并发表重要讲话。习近平总书记指出："中华优秀传统文化有很多重要元素，共同塑造出中华文明的突出特性。中华文明具有突出的连续性，从根本上决定了中华民族必然走自己的路。如果不从源远流长的历史连续性来认识中国，就不可能理解古代中国，也不可能理解现代中国，更不可能理解未来中国。中华文明具有突出的创新性，从根本上决定了中华民族守正不守旧、尊古不复古的进取精神，决定了中华民族不惧新挑战、勇于接受新事物的无畏品格。中华文明具有突出的统一性，从根本上决定了中华民族各民族文化融为一体、即使遭遇重大挫折也牢固凝聚，决定了国土不可分、国家不可乱、民族不可散、文明不可断的共同信念，决定了国家统一永远是中国核心利益的核心，决定了一个坚强统一的国家是各族人民的命运所系。中华文明具有突出的包容性，从根本上决定了中华民族交往交流交融的历史取向，决定了中国各宗教信仰多元并存的和谐格局，决定了中华文化对世界文明兼收并蓄的开放胸怀。中华文明具有突出的和平性，从根本上决定了中国始终是世界和平的建设者、全球发展的贡献者、国际秩序的维护者，决定了中国不断追求文明交流互鉴而不搞文化霸权，决定了中国不会把自己的价值观念与政治体制强加于人，决定了中国坚持合作、不搞对抗，决不搞‘党同伐异’的小圈子。”习近平总书记概括的中华文明的连续性、创新性、统一性、包容性与和平性这五个突出特性，既是对中国历史文化的提炼，亦架起了历史与现实相联结的彩虹。中华儿女对于自己的文化和文明要传承弘扬、守正创新、与时俱进，要扬起时代风帆破浪前行。

中华文明具有突出的连续性

中华文明所具有的连续性，在世界各古老文明中是独一无二的。在世界六大原生形态文明（中华文明、两河流域文明、古埃及文明、古印度文明、中美洲玛雅文明、南美洲印加文明）中，唯有中华文明从五千多年前诞生伊始一直发展到今天，一直在传承、创新和发展。中华文化和文明延绵不绝，产生了许许多多原创性思想并形成自己的文化基因，孕育出一批又一批经天纬地的杰出人物，为人类文明发展作出了突出贡献。若从政治文明、国家形态结构和发展道路着眼，中华文明的起源和形成阶段经历了“聚落三形态的演变”：由大体平等的农耕聚落（距今 10000 多年到距今 6000 年），发展为含有不平等和初步社会分层的中心聚落（距今 6000 年到距今 5000 年），再发展为都邑国家形态（距今 5000 年到距今 4000 年），这属于五帝及其之前的时代。进入国家之后，国家形态经历了“邦国—王国（三代王朝国家）—帝国（帝制国家）”三大阶段；国家结构相对应的是：五帝时代单一制的邦国—夏商周三代多元一体复合制的王朝国家—秦汉至明清的以郡县制为机制的“中央—郡县”一元化的统一多民族国家。与此相对应，在族共同体上经历了“炎黄—华夏—中华”的演变历程。中华文明在其起源、形成和发展过程中，每个阶段都有不同程度的与外来文化的交流和交往，并不是封闭的，但她从起源和形成开始就既是本土的亦是多源的，多源合流，形成了多元（源）一体；在之后漫长的发展中与外界的交往因时而异，但从来不拒绝吸收外来文化的优秀部分，只是在吸收过程中很快使其走上了中国化的道路。中华文明的连续性对于世界历史研究具有重要参照系作用。

中华文明具有突出的创新性

中华文明的创新性所表现出的守正不守旧、尊古不复古、勇于接受新事物、与时俱进的风范，是伟大的。这一点同党的十八大以来强调的中华优秀传统文化须进行“创造性转化和创新性发展”是一致的；同党的二十大报告强调的“发展面向现代化、面向世界、面向未来的，民族的科学的大众的社会主义文化”也是一致的。“民族的科学的大众的社会主义文化”是对社会主义文化本质属性的概括，其要达到“面向现代化、面向世界、面向未来”，就必须对优秀传统文化加以创造性转化和创新性发展。

在历史长河中积淀形成的中华传统文化，并非一成不变。文化传统的变化，有两种机制：其一，传统文化每每随着自身所在社会的演变而发生变化；其二是通过吸收外来文化而补充新鲜血液、焕发新活力。随着时代而变化的传统文化，一般是采用“扬弃”的方式而弘扬其精华、丢弃其糟粕。通过吸收外来文化而变化的传统文化，通常是与“异质”的不同文化相融合而走向创新发展。这种融合也表现为外来文化通过“内化”（中国化）融入社会。对于当代中国而言，传统文化的“创造性转化和创新性发展”是特别需要融入科学文化的。这是因为从时代性上讲，传统文化是建立在农业社会、农耕文明基础上的。近代以来，历史的火车头是由工业文明驱动牵引的，特别是当代已进入信息化数字化时代，我把它称为“新科技文明”。所以，当代与中国式现代化联系在一起的中华文化建设，特别需要把优秀传统文化与科学文化相融合。也就是说，继承和创新优秀传统文化，不能按照惯性只是固守传统文化向前行，而需要科学文化的加入。

通过把优秀传统文化与科学文化相融合来建设面向现代化、面向世界、面向未来的，民族的科学的大众的社会主义文化，一是要坚持邓小平同志在改革开放之初提出的“科学技术是第一生产力”的论断，要在中华优秀传统文化原有的价值体系中加入尊重科学、崇尚科学的价值观；二是要把科学研究中实事求是、追求真实、追求真理的科学探索精神融入中华优秀传统文化之中；三是要把科学研究中的思维方式融入中华优秀传统文化之中；四是要在大学本科的教学中，以紧追科技前沿的要求经常更新或引进优质教材，传授新科技文明最新知识，使大学系统的基础教育与科技发展前沿相衔接，培养学生的创造创新能力，以适应新科技文明的社会需求。这样，只有将科学价值观、科学探索精神、科学研究的思维方式、新科技文明知识体系融合到优秀传统文化之中，才能使之成为当代中华文化的重要组成部分。这既是当代中华文化建设方面的马克思主义中国化时代化所需要，也是当代中国社会发展和中华民族伟大复兴所需要。

中华文明具有突出的统一性

中华文明的统一性所呈现出的国家统一、民族凝聚和文化融为一体，是中国历史发展道路和“国家认同”与“民族凝聚”的必然要求，此乃一体三面关系的国情所在。从中华民族共同体起源、形成的发展过程来看，“炎黄—华夏—中华”是其阶段鲜明的历史轨迹。在这样的轨迹中，“中国”与“中华民族”具有不可分割的密切关系。

关于中华民族形成的时间，诚如费孝通先生所言，我们不能因为“中华民族”一词出现在近代，就认为中华民族是从近代才开始形成的。费先生把中华民族的形成划分为“自在民族”和“自觉民族”两大阶段：作为“自觉”的中华民族是近代以来出现的，作为“自在”的中华民族“则是在几千年的历史过程中形成的”。中国自秦汉开始出现统一多民族国家起，作为“自在”的中华民族就已经形成。从秦汉到明清，在统一多民族国家内包含两个层次的民族共同体：一类是汉族和少数民族，一类是包括汉族和少数民族在内的“自在”的中华民族共同体。在当时的中华民族共同体内，也即在统一多民族国家内，汉族是主体民族，少数民族始终是中华民族共同体的重要组成部分，各个朝代的中华文化和中华文明是由中华民族共同体内的各族人民共同缔造的。

从秦汉到近代的历史可以看到：一个包含汉族和其他众多少数民族在内的中华民族的形成，其最基本的条件就在于以郡县制为机制的统一多民族国家结构。因为只有在这样的结构内，中华民族才既是多源的又是统一的，是“多源合流”，其统一性是由国家的统一而规定的，离开了统一多民族国家结构，离开了统一的中国，中华民族共同体的一体性就无从谈起。

从秦汉到明清“郡县制”这样的体制机制以及由此而呈现出的国家形态结构，是中国古代统一多民族国家的基本特征。郡县制使两千多年帝制王朝直接管辖地区的行政管理，也在结构上维护了多民族的“大一统”国家形态。在这样的行政区内，汉族是主体民族，也包含少数民族，也就是说，郡县之内已有不少地方民族杂处。这种由郡县制行政管理所带来的政治上的统合以及作为国家文化的汉文化所具有的包容性和凝聚力，可以逐渐融化郡县制行政区域内少数民族与汉族的差异，并进而走向民族融合。在郡县制行政区域之外的边疆地区，除了“夷汉相错而居”之外，两千多年的帝制王朝在边疆区域的行政体制上，经历了从“羁縻”政策到“土司”制，再到“改土归流”或移民实边或直接管辖，使边疆地区在逐步实现“封建化”的同时，也走向与内地“行政一体化”。边疆之所以能够逐步走向与内地的一体化，就国家结构而言，内地郡县制的行政区域是主体力量，“中央—郡县”一元化的体制机制是至关重要的。欧洲在其资本主义发展过程中，逐渐形成了一些民族国家（nation-state），其中有的是以一个主体民族为主，也包含少数其他民族的民族国家，有的是几个民族联合的民族国家。中国则是自秦汉开始就形成了一个统一多民族国家，从“自在”到“自觉”的中华民族经历了两千多年的发展历程。“中央—郡县”一元化的体制是中国历史道路显著区别于中世纪欧洲的地方，历史上中华民族的形成过程和机制也与近代欧洲的民族国家很不相同。

中华民族是由从秦汉开始的以郡县制为机制的统一国家结构造就的，以统一的国家为框架，是一个与统一的国家互为表里的全中国的民族共同体。中国历史是这样发展的，中华民族也是这样走过来的。为此我们说，“中华民族”与“中国”二者所具有的一体两面的关系，是中国历史发展道路的特色所在，是由中国历史上国家与民族的内在关系所规定的。

如果说中华民族共同体是从秦汉开始形成的，那么先秦时期的华夏族则是汉族和中华民族的前身。汉族在秦汉以来是作为“自在”的中华民族的主干或基干而存在的，当我们对作为中华民族的主干民族——汉族溯源时，可直接追溯到先秦时期的华夏民族。在主干的意义上，从先秦到近代，中华民族共同体的形成过程呈现出“炎黄—华夏—中华”这样的演进轨迹。在这样的演进轨迹中，每个阶段的族共同体的类型都有相对应的国家形态结构：与“炎黄族团”相对应的是五帝时代的单一制的部族国家；与“华夏民族”相对应的是夏商周三代多元一体的复合制国家结构；与中华民族共同体相对应的是以郡县制为机制的大一统的国家形态结构。

中华文明具有突出的包容性

中华文明的包容性，是民族个性，亦是文化特征；既是历史，亦是现实。历史上，中华民族的包容性每每呈现为中华文化的多彩一体性。中华文化既是多彩的，又是一体的。其“多彩”指的是它由包括汉族在内的众多民族文化所汇聚，既包括了汉文化向边远民族地区的辐射，也包括各少数民族地区文化向中央王朝的汇聚；“一体”既指它的载体的一体性，又指它在国家文化这一层面上是一体的。所谓载体的一体性，是说中华文化以国家通用语言文字——汉语和汉字为其载体，汉语和汉字就是民国时期和新中国初期所说的“国语”“国文”。当年，秦始皇统一六国，在建立以郡县制为机制的“大一统”国家时，特意统一了文字，使得两千多年来汉字和汉文化既是中华民族的主干文化，亦是国家文化，成为维系国家统一和中华民族统一的纽带。

中华文化的“多彩”与“一体”也是一种辩证关系：“多彩”使得“一体”颇为丰富且“和而不同”，“和而不同”是容许差异性存在的，它为中华文化的不断创新和创造提供了无限的可能性；“一体”

使得“多彩”是有序的整体，是与国家文化合而为一的。所以，“多彩一体”的中华文化是在一体性中有主体又多彩多样的文化形态。

中国历史中的民族交往交流交融表现在文化上则可称为“互化融合”。历史上，对于入主中原的少数民族而言，每每走上了“汉化”的道路；而对于汉文化乃至整个中华文化而言，则应称为“互化”。“汉化”是沿用以往一般历史著述所使用的概念，但实际上在民族交往交流交融的过程中，我更愿意使用“互化融合”这样的概念。这里所说的文化的互化，指的是原有的汉文化因少数民族文化的汇入或对少数民族文化的吸收而发生的改变。在中华文化里，既有少数民族汉化的一面，也有各民族文化互化的另一面，汉文化乃至整个中华文化的不断丰富和壮大是互化的结晶。无论是南北朝和五代十国的分裂时期，还是秦汉、隋唐、元明清的统一时期，中国历史上灿烂的文化和文明都是各族人民共同创造的，走的是文化互化与文明共建的道路。仅以在音乐和文学艺术方面汉文化因吸收少数民族文化而获得发展为例，从南北朝到隋唐在北方流行的所谓“胡歌”“胡乐”“胡舞”“胡戏”，最后都融进了汉文化，成为汉文化的组成部分。北朝的音乐直接影响了唐代的乐曲，唐十部乐中的燕乐和西凉乐大多来自北朝的胡汉混合乐。北方河朔文化和南方的六朝文化一起，构成了唐代高度发达的唐文化的两个来源，隋唐灿烂的文明是各族人民共同创造的。元朝的戏曲、散曲、元杂剧在中国文学史上占有重要地位，然而，它们却是各民族文学艺术交融的结果，是少数民族文化对汉文化影响和对中华文化贡献的又一显例。不断吸收各民族文化并通过互化而形成的汉文化和中华文化，具有极强的凝聚力，因其许多思想内涵具备超越时空的价值，而成为人类文明史上宝贵的精神财富。

中华民族和中华文化的包容性还表现在外来文化中国化之后成为中华文化的重要组成部分。例如在中华传统文化最基本的儒释道三个方面，儒家和道家是由中国本土生长起来的文化，自不待言，佛教是由外国传入中国的，但传入中国之后很快就中国化了，成为中华传统文化的重要组成部分。佛教之所以能够成为中华传统文化的重要组成部分，即在于中华文化本身具有极大的包容性。这种文化上的包容性对促进中华民族内各族的跨文化适应和文化融合以及各种矛盾的协调，形成了很大的弹性，取得了超常的成效。

中华文化的包容性，在历史上起着凝聚人心、吸收外来文明的作用。到了当代，它不但依旧是中华民族向心力和凝聚力的土壤，而且还会使中华文化与时俱进、融入“新科技文明”的潮流之中。

中华文明具有突出的和平性

中华文明的和平性，在内部是强调人与人的社会关系要讲究和合，其特质是“和而不同”。例如，《论语·子路》中，子曰：“君子和而不同，小人同而不和。”这是在和谐中保存了差异性，也就为创新发展提供了前提，提供了无限的可能性。为了和平，社会就得讲荀子所说的“礼法”。《论语·学而》：“礼之用，和为贵。先王之道，斯为美。”礼的实行和国家治理，都以“和为贵”。中国的儒释道都主张建立和谐社会。

中华文明的和平性，也表现在国与国之间。《尚书·尧典》说“协和万邦”，《礼记·礼运》讲“天下大同”。今天，我们讲文明互鉴，讲“各美其美，美人之美，美美与共，天下大同”。追求和平，既是中华民族的优良传统，也是全世界一切爱好和平的人民的普遍心声。因为追求和平，在战国七雄掠夺嗜杀时，人民希望统一。《孟子·梁惠王》（上）记载，梁惠王问孟子：“天下恶乎定?”孟子回答说："定于一。"王又问："孰能一之？"孟子回答说："不嗜杀者能一之。"这里的"一"就是"统一"。这段话清楚地表现了战乱时代人民渴望统一的心愿。因为追求和平，今天我们讲文明交流互鉴而不搞文化霸权，讲人类命运共同体。愿和平发展永远成为人类文明的主旋律！

（作者系中国社会科学院学部委员、黄河文化研究院学术委员会主任）

深刻认识中华文明统一性和包容性

邢广程

6 月 2 日，我在文化传承发展座谈会上聆听了习近平总书记的重要讲话，并作为代表作了发言。习近平总书记的重要讲话内涵十分丰富。给我印象最深的是，习近平总书记强调了中华优秀传统文化有很多“重要元素”，阐述了中华文明的“突出特性”，即中华文明具有突出的“连续性”“创新性”“统一性”“包容性”“和平性”。这里重点谈谈我对中华文明突出的“统一性”和“包容性”的认识。

中华文明具有“突出的统一性”

第一，中华民族各民族文化融为一体。中华文明的一个重要特征就是中华民族具有统一的共有精神家园。在中华文明五千多年的历史进程中，中华民族各民族通过交往交流交融，逐步形成了水乳交融的统一文化空间，各民族文化相互嵌入、融为一体。其重要基础就是中华文明的文化认同。中华民族各民族的共有精神家园是建立在文化认同基础上的。因此，不断增强文化认同是中华民族各民族文化融为一体的重要路径。习近平总书记指出，中华文明突出的统一性“从根本上决定了中华民族各民族文化融为一体、即使遭遇重大挫折也牢固凝聚”。在历史进程中，中华民族、中华文明曾遭遇很多重大挫折，但中华民族融为一体的状态并没有改变，中华民族共有的精神家园也没有毁灭，靠的是中华文明具有的高度文化认同，靠的是中华文明具有的强烈爱国主义精神。

第二，中华文明具有共同信念。中华文明突出的统一性是建立在“国土不可分、国家不可乱、民族不可散、文明不可断”基础上的。“国土不可分”就是要维护中华民族共同的家园——我们共同生活的疆域和空间，伟大祖国是中国各民族共同创造的美好家园，是老祖宗留给我们的一笔极其珍贵的遗产和财富。一切想分裂“国土”、割裂我们共同家园的行为都是逆潮流而动，都是违背祖训，都是必须要加以遏制的。“国家不可乱”就是要维护国家安定繁荣的局面。在中国历史进程中，曾不止一次出现过国家乱局、出现过政权割据和战乱，但统一稳定的国家始终是历史主流。一切想搞乱国家的行为，都会遭到全体中国人民的谴责。“民族不可散”就是要维护我国民族大团结的局面，因为我国在历史上就形成了统一的多民族国家，在五千多年的文明史进程中，我国逐步塑造出多元一体的基本格局。一切搞民族分裂的行径，都会遭到全体中国人民的反对和谴责，民族团结是福，搞民族分裂是祸。“文明不可断”就是要保持中华文明的连续性。中华文明五千多年的历史源远流长，中华文明是世界上唯一保持其连续性的文明。这就决定了我国在当下与未来的发展进程中也必须循着中华文明历史的足迹和轨道行进，不可能进行文明的“换轨”和“改道”，必须走中国自己的文明之路。从中华文明突出的连续性来观察中国，既能够正确理解古代中国，还能深刻理解现代中国，更能敏锐理解未来中国。

第三，国家统一永远是中国核心利益的核心。习近平总书记对中华文明突出的统一性的论述，高屋建瓴，将维护国家统一上升为中华文明特性的高度。在党的十九大报告中，习近平总书记就对国家统一问题有过极其重要的阐述，即“我们坚决维护国家主权和领土完整，绝不容忍国家分裂的历史悲剧重演。一切分裂祖国的活动都必将遭到全体中国人坚决反对。我们有坚定的意志、充分的信心、足够的能力挫败任何形式的‘台独’分裂图谋。我们绝不允许任何人、任何组织、任何政党、在任何时候、以任何形式、把任何一块中国领土从中国分裂出去!”

第四,一个坚强统一的国家是各族人民的命运所系。习近平总书记关于中华文明突出的统一性的论述，极其鲜明地指明了一个坚强统一的国家的极端重要性，这是各族人民的“命运所系”。中国五千多年文明史表明，我国各民族经过交往交流交融，逐渐形成了休戚与共、荣辱与共、生死与共、命运与共的共同体，这就是中华民族共同体。统一的中国就是中华民族共同体的载体，各民族的命运都与中国作为统一多民族国家息息相关，而一个坚强的统一的国家会最大程度地维护中国各民族的利益，最大程度地满足各民族不断增长的物质文化需求。

中华文明具有“突出的包容性”

第一，这决定了中华民族交往交流交融的历史取向。在漫长的历史进程中，我国各民族形成了“多元一体”格局。“多元一体”格局是通过中国各民族持续不断的交往交流交融而促成并长期保持的。中国各民族交往交流交融是中华文明包容性的生动体现，也是中华文明融为一体的基本途径和方式。在实现中国式现代化的伟大进程中，推动和促进我国各民族进行广泛而持久的交往交流交融，这是推动中华民族共同体建设的重要方式，是铸牢中华民族共同体意识的基本路径，是实现民族大团结的有效途径。从中华文明突出的包容性视角看中华民族交往交流交融的历史取向，需要正确处理中华民族意识与各民族意识的关系，引导我国各民族始终把中华民族整体利益放在首位，本民族意识要服从和服务于中华民族共同体意识。同时，在实现好中华民族共同体整体利益进程中，要实现好各民族具体利益。只有这样，才能不断拓展各民族之间交往交流交融的渠道和途径。

第二，这决定了中国各宗教信仰多元并存的和谐格局。在中国历史上，我国逐步形成了各宗教信仰多元并存的局面。道教是我国土生土长的宗教，而佛教、伊斯兰教、基督教和天主教是从国外陆续传入的。中华文明具有突出的亲和力和凝聚力，更具有突出的包容性和开放性。实现不同民族和不同信仰的和睦共存，对于中国这样一个拥有14亿多人口、56个民族和多宗教的国家十分重要；保持中国各宗教信仰多元并存的和谐格局，对国家长治久安弥足珍贵。

第三，这决定了中华文化对世界文明兼收并蓄的开放情怀。中华文明不断与其他文明交流互鉴，因为只有交流互鉴，一种文明才能充满生命力。事实上，中华文明是不断同其他文明交流互鉴而形成的文明。横贯东西的古代丝绸之路给中华文明与其他欧亚文明的交流提供了载体，中华文明不断与其他文明保持相互交流的状态。而源自中国本土的儒家思想，传播到世界各地，成为世界文明的重要组成部分。

文化传承发展是重要途径

加强边疆地区建设，推进兴边富民、稳边固边是党治理边疆的重要指导思想，而文化传承发展是实现党的治边思想的重要途径。

“大一统”思想是中华优秀传统文化极为重要的政治理念和人文思想。在中国历史进程中，中华民族始终把“大一统”看作极为重要的价值遵循，被视为“天地之常经，古今之通义”。新时代，“大一统”理念依然具有时代价值，在边疆地区建设中应将其创造性地转化为维护国家统一的重要思想理念，以“大一统”的人文理念为视角，更能深入理解“统一是历史趋势”这个大道理。爱国主义是中华优秀传统文化极为珍贵的核心价值。民族团结是中华优秀传统文化极为厚重的历史凝练，是中华优秀传统文化的重要特征。文化认同是中华优秀传统文化极为鲜明的历史特征，是中华民族共同体最深层次的认同。

党的十八大以来，习近平总书记在多个场合从政治高度来强调国家统一的重要性。在党的十九大报告中，习近平总书记强调，铸牢中华民族共同体意识，促进各民族像石榴籽一样紧紧抱在一起，坚持我国宗教的中国化方向，积极引导宗教与社会主义社会相适应，引导人们树立正确的历史观、民族观、国家观、文化观。在党的二十大报告中，习近平总书记指出，“一国两制”是中国特色社会主义的伟大创举，是香港、澳门回归后保持长期繁荣稳定的最佳制度安排，必须长期坚持。习近平总书记还指出：“解决台湾问题、实现祖国完全统一，是党矢志不渝的历史任务，是全体中华儿女的共同愿望，是实现中华民族伟大复兴的必然要求。”习近平总书记将实现“祖国完全统一”视为党和国家极其重要而崇高的政治使命。在这次座谈会上，习近平总书记从中华文明的历史高度，高屋建瓴、高度凝练、极其鲜明地指明了维护国家统一的极端重要性。其中，中华文明“突出的统一性”，决定了国家统一永远是中国核心利益的核心。这一重要论述具有深刻的历史内涵、深邃的理论视野和重大的现实意义。

（作者系中国社会科学院学部委员、中国边疆研究所所长）

不尽的江河不断流

杨共乐

6 月 2 日，习近平总书记考察中国历史研究院，出席文化传承发展座谈会并发表重要讲话。这一重要讲话立足历史、立足中华文明的永续传承，将建设中华民族现代文明置于中华民族伟大复兴的发展进程之中，号召中国人民为“赓续历史文脉”“建设中华民族现代文明”谱写当代华章。习近平总书记高度概括了中华文明的突出特性，指出中华文明具有突出的连续性、中华文明具有突出的创新性、中华文明具有突出的统一性、中华文明具有突出的包容性、中华文明具有突出的和平性。习近平总书记用“五个突出特性”归纳了中华文明的独特特征，为我们正确认识自己的文明、制定相关的政策提供了极为重要的准绳。

连续性是中华文明突出特征中最为基础的特征，也是世界原生文明中保存至今并一直发挥作用的核心特征。认识文明的连续性必须从认识历史开始。习近平总书记明确指出：“如果不从源远流长的历史连续性来认识中国，就不可能理解古代中国，也不可能理解现代中国，更不可能理解未来中国。”“中华文明具有突出的连续性”是历史的结论，同时又是“从根本上决定了中华民族必然走自己的路”这一结论的前提。中国人的道路必须由中国人自己来决定、必须由中国人自己来践行，这是历史的逻辑。

中华文明突出的连续性来自富饶的中华大地。与其他原生的农耕文明一样，中华文明也产生于大河流域。不过，中国地大物博，早期的灌溉面积远远超过古代两河流域和尼罗河流域。据测算，在古代两河流域的鼎盛时期，两河地区可灌溉的农田面积约为1.5万—2万平方公里。古代埃及尼罗河地区的灌溉面积也不会超过4万平方公里。这些灌溉区构成了尼罗河的绿洲带。尼罗河是埃及人的幸福河与生命河。埃及文明靠尼罗河而兴，靠尼罗河而存。而古代中国水系发达，适合于人类生活的地域极其广阔。仅黄河流域的灌溉面积就达70万—80万平方公里，加上长江、珠江等流域，总体面积则远超500万平方公里。至西汉末叶，中国的人口迅速增至6000余万人，这在世界上是一件了不起的事情。

中华文明源自大河流域，但又不限于大河流域。平原、草原、湖泊、丘陵、山地等都留下了中华先民活动的足迹。中华大地多元的地形造就了多彩的文化，而多彩的文化又不断地丰富着居住于中华大地上居民的物质生活和精神生活，使其养成了与不同环境抗争、共生的性格。正如梁启超所言，我中国之版图，包有温、寒、热之三带，有绝高之山，有绝长之河，有绝广之平原，有绝多之海岸，有绝大之沙漠，宜于耕，宜于牧，宜于虞，宜于渔，宜于工，宜于商。凡地理上之要件与特质，我中国无不有之。中国何以能占世界文明五祖之一？则以黄河、扬子江之二大川横于温带，灌于平原故也。富饶、广袤的中华大地不但为中华民族搭建了创造文明的广阔舞台，而且为中华文明的持续发展提供了不竭动力，承载着“厚德载物”的重任。

中华文明突出的连续性来自中国“超百万年的文化根系，上万年的文明起步”。考古证明，中国早在100万年前就已经有了人类，大约在1万年前进入新石器时代。据统计，至20世纪90年代，我国发现的新石器时代遗址就已达1万多处。在新石器时代晚期，中华大地上就出现了众多风格独特、发展各异且带有浓厚地方特色的史前文化。苏秉琦先生将其称为“满天星斗”。高度发达的史前文化，既分布于中原大地，又广见于辽西、长江中游、黄河下游、江浙等地区。大量的事实表明，中华文明属于原生文明，有庞大而厚实的发展根基。从现有的材料来看，根系发达的史前文化是孕育中华文明的关键力量。这在世界其他地区极为罕见。

中华文明突出的连续性来自中华民族各民族自身不间断的交往交流交融。习近平总书记指出：“一部中国史，就是一部各民族交融汇聚成多元一体中华民族的历史，就是各民族共同缔造、发展、巩固统一的伟大祖国的历史。各民族之所以团结融合，多元之所以聚为一体，源自各民族文化上的兼收并蓄、经济上的相互依存、情感上的相互亲近，源自中华民族追求团结统一的内生动力。正因为如此，中华文明才具有无与伦比的包容性和吸纳力，才可久可大、根深叶茂。”中华民族由各民族交融汇聚而成，中华文明也因各民族交融汇聚而兴旺发达、延绵持久。

中华文明突出的连续性来自中华文化的可持续发展。“文化”与“文明”是两个不同的概念。文化是文明的重要基础和底色，而文明则有规范文化行为、引领文化发展之特征。中国文化的活力来源于中华民族的伟大创造，来源于像周公、孔子、老子、荀子等一大批圣贤的贡献。中国所创造的文化传承体系以及它对社会产生的影响不断地推动着中华文明勇往直前、持续前行。

中华文明突出的连续性来自中国人对历史的高度重视与自觉意识。中国重视对史事的记录。在中国的古籍里，留下最多的是史籍。梁启超曾说，中国传下来的书籍，若问哪部分多，还是史部。中国和外国不同。外国史书固然不少，但是总体上不如中国。中国至少占十分之七八。甲骨文、金文中述说的史事以及《尚书》《春秋》《左传》

《国语》《战国策》和历代史家接连编撰的“图书长城”——“二十四史”，这些都是保存中华先人实践经验的独一无二的巨大的数据宝库，是体现中华文化自信的重要物证，更是世界文明史上的奇迹。法国思想家伏尔泰认为，世界上最古老的编年史是中国的编年史。中国的这些编年史连贯不断，详尽无遗，撰述严谨，没有掺杂任何神奇的成分。德国哲学家黑格尔也坦言，（中国）这个民族拥有自远古以来至少长达五千年前后相连、排列有序、有据可查的历史，记述详尽准确，与希腊史和罗马史不一样，它更为翔实可信。无论是伏尔泰还是黑格尔，虽然他们看到了中国史书记载的丰富与连贯，但都没有意识到中国史书记载的连续性特征，更没有意识到史书的连续性恰恰是中华文明连续发展客观存在的真实反映。

总之，中华文明突出的连续性特征在世界文明史上具有特别重要的价值。它表明：中华文明是带有独特精神特质的人类文明，具有顽强的生命力和内生的创造力，能够经受住外部和内部、自然和环境等各方面的考验。精神上的独立自主是中华文明的本质。可以肯定，中华文明在业已为世界作出重大贡献的基础上，必将对人类作出更大的贡献。

（作者系北京师范大学史学理论与史学史研究中心主任、教授）

中华文明的连续性及其文化基因

方 辉

6月2日，习近平总书记出席文化传承发展座谈会并发表重要讲话。习近平总书记指出，中华文明具有突出的连续性，从根本上决定了中华民族必然走自己的路。在参观了中国历史研究院的中国考古博物馆的“文明起源”和“宅兹中国”专题展之后，习近平总书记强调，认识中华文明的悠久历史、感知中华文化的博大精深，离不开考古学。要实施好“中华文明起源与早期发展综合研究”、“考古中国”等重大项目，做好中华文明起源的研究和阐释。

实证中华文明多元一体格局

习近平总书记发表重要讲话的当天，山东大学考古专业师生正在开展章丘焦家、高密前冢子头两个遗址的考古发掘。当天晚上，习近平总书记在文化传承发展座谈会上的重要讲话精神传来，正在两个遗址上进行考古作业的师生无不为亲身参与到中华文明探源和“考古中国”重大项目而深感自豪，备受鼓舞。焦家遗址考古项目是海岱地区中华文明探源工程的重大项目，曾经获批2017年度全国十大考古新发现，为实证黄河流域中华五千多年文明史提供了重要支撑；前冢子头遗址考古则是考古中国·海岱地区夏商周考古项目的重要组成部分，现已取得阶段性成果，为实证中华文明多元一体格局的形成提供了实物证据。两个考古项目都从区域历史、区域考古角度，助力中华文明探源、中华文明多元一体格局的形成这一重大历史命题的研究。因此，结合这两个考古项目学习习近平总书记的重要讲话精神，体会尤为具体、深刻！

习近平总书记站在历史全局和中华民族伟大复兴的高度，多次对中华文明、中华优秀传统文化作出重要指示。这次重要讲话首次系统阐述了连续性、创新性、统一性、包容性、和平性是中华文明的突出特性，再次强调，在五千多年中华文明深厚基础上开辟和发展中国特色社会主义，把马克思主义基本原理同中国具体实际、同中华优秀传统文化相结合是必由之路。

揭示中华文明史发展历程

考古学对于研究中华文明起源与早期发展具有不可替代的作用。2020 年 9 月 28 日，习近平总书记在中共十九届中央政治局第二十三次集体学习时强调，建设中国特色、中国风格、中国气派的考古学。他指出必须高度重视考古工作，为弘扬中华优秀传统文化、增强文化自信提供坚强支撑。2022 年 5 月 27 日，习近平总书记在中共十九届中央政治局第三十九次集体学习时强调，中华文明探源工程对中华文明的起源、形成、发展的历史脉络，对中华文明多元一体格局的形成和发展过程，对中华文明的特点及其形成原因等，都有了较为清晰的认识。同时，工程取得的成果还是初步的和阶段性的，还有许多历史之谜等待破解，还有许多重大问题需要通过实证和研究达成共识。习近平总书记在文化传承发展座谈会上的重要讲话，与上述重要讲话精神一脉相承，是习近平新时代中国特色社会主义思想的重要组成部分，尤其是对于我们深刻理解和认识“把马克思主义基本原理同中华优秀传统文化相结合”，具有重要的指导意义。

中华文明具有的最为突出的特征是其发展的连续性。一百多年来，考古发现和研究成果已经揭示出我国五千多年文明史的发展历程。尤其是中华文明探源工程实施以来，考古工作者在长江流域和黄河流域开展的考古发掘和多学科交叉领域的研究，揭示了五千多年前浙江良渚古国和山东焦家古国两个原生型古国的面貌。其中，作为中国最早一批原生型“古国”城址的代表，属于大汶口文化中晚期的山东章丘焦家遗址已发掘房址、大型贵族墓葬和祭祀坑等遗迹2000余处，出土各类文物万余件，从制造工具、建设村落、营造城池等各方面展现出“文明要素齐全、文明社会开启、以棺椁制度为代表的礼制初步形成”等多重特征，有力实证了中华五千多年文明史。由生活在大汶口、焦家、岗上等遗址的先民创造的一整套“礼制”，开启了我国礼乐文明的先河。历经沧海桑田，五千多年前曾经高耸的城墙虽然只残存不足半米的墙基和城门通道，但精美绝伦的白陶、黑陶、玉器、体现等级制度的多重棺椁仍然向世人诉说着焦家古国的辉煌。尤为重要的是，由大汶口文化创造的这套礼制系统，被夏商周三代王国礼制完整继承，为我国秦汉时期统一多民族国家的形成奠定了思想基础。考古中国·海岱地区夏商周考古研究项目的目标和任务，就是从区域考古、区域历史的角度，研究三代国家由夷夏东西到夷夏融合的过程，阐释中华文明多元一体格局形成的历史动因。目前正在开展发掘工作的高密前冢子头遗址地处胶河流域，是胶东半岛与内陆地区的分界线，也是王朝一体化过程中十分重要的区域，已初步揭示出作为王朝系统的周文化与东夷本地的珍珠门文化融合共生实物遗存，为实证中华文明多元一体格局的形成提供了重要支撑。

通过礼制认同达到文化认同

礼乐文明是中华文明的重要特质。当人类由平等社会发展到复杂社会，需要有一定的强制力对人们的行为加以约束、惩戒，由此产生了最早的社会准则、法规、制度，其核心就是王权。在我国，用于维系、支撑王权合法性的信仰体系就是礼乐文明。精英阶层通过不断的、季节性举行的礼仪乐舞活动，表达对天地山川圣灵的敬畏之心，通过反复再现、歌颂祖先的丰功伟绩，达到凝聚族群向心力、强化文化认同感的目的。这些礼乐仪式随着文字体系的成熟而发展成为典章制度，即礼制。

中华文明连续发展这一突出特征，是有其深厚的历史与文化基因的。习近平总书记指出，“中华文化积淀着中华民族最深沉的精神追求，是中华民族生生不息、发展壮大的丰厚滋养”。中华民族的文化基因有很多，学者们已经做了若干归纳。从考古发现和历史文献分析来看，笔者认为最核心的文化基因是以祖先崇拜为基础的文化认同，其精神实质就是礼乐文明，其物化形式则是产生于史前时期、成熟于三代王朝的不同材质的礼乐器具。三代文明的一体化过程，就是礼乐文化被接受的过程，其背后体现的是祖先认同、文化认同的过程。

世界上对中华文明史进行客观评价的学者不在少数，英国历史学家汤因比就曾说过，中国是世界历史上唯一一个有着五千多年文明史且文明发展没有出现间断的国家。他认为，就中国人来说，几千年来比世界任何民族都成功地把几亿民众从政治文化上团结起来。他们显示出这种在政治、文化上统一的本领，具有无与伦比的成功经验。这种本领和成功经验，无疑源自以礼乐制度为核心的文化认同。

作为中华文明重要表现形式的礼乐制度，在考古学文化方面具有极高的显示度。对此，美国耶鲁大学教授文德安（Anne Underhill）、芝加哥费尔德自然历史博物馆研究员加里·费曼（Gary Feinman）对此深有感触。长达20多年的考古调查、发掘与研究，揭示出鲁东南沿海地区上迄距今7000多年前的北辛文化、下至距今2000多年的秦汉帝国这一长达五千多年的文明起源与早期发展进程。费曼还与笔者合作发文，阐释从史前至周王朝时期各个区域不同族群通过礼制认同达到文化认同，并通过秦汉帝国巩固统一的一系列改革措施而达成文化共识的过程。

正如习近平总书记在文化传承发展座谈会上的重要讲话所指出的："如果不从源远流长的历史连续性来认识中国，就不可能理解古代中国，也不可能理解现代中国，更不可能理解未来中国。"中华文明的其他突出特性，也都以文明发展的连续性为基础。因此，坚定历史自信、文化自信，并将其发扬光大，是新时代每一位历史工作者和考古工作者的共同使命。

（作者系山东大学历史文化学院院长、教授）

从考古学视角看中华文明的融合特性

陈胜前

6月2日，习近平总书记出席文化传承发展座谈会并发表重要讲话。习近平总书记指出，中华文明具有突出的连续性，从根本上决定了中华民族必然走自己的路。如果不从源远流长的历史连续性来认识中国，就不可能理解古代中国，也不可能理解现代中国，更不可能理解未来中国。史前中国文明化进程具有一个非常显著的特征，那就是融合，并且由此成为主导中华文明发展的长时段特性。中华文明的融合特性是如何形成的？为什么会形成这样的特性？过去二十多年的考古发现与研究深刻地改变了我们有关史前中国文明化进程的认识，考古学成为中华文明探源的核心。当然，理解中华文明的融合特性必定需要将其置于更广泛的历史联系中来考察，把中国历史与文化贯通起来，才可能理解中华文明的融合特性，这需要多学科的合作才可能完成，尤其需要人文社会科学的参与。

多元一体融合趋势

费孝通、苏秉琦都从各自学科的角度提出过，中华文明的形成是“多元一体”的，前者是针对中国历史时期的民族融合而言，后者针对的是史前中国的考古学文化，二者殊途同归。这也说明“多元一体”其实是中华文明发展的长期趋势，是一个连续不断发展的过程。多元一体的融合趋势深刻地影响中华文明的发展，考古学研究把这种趋势延伸到新石器时代，并以具体的实物遗存来体现这一特征。持续的融合产生了一个超大型的文明体，而且绵延不绝，这在人类文明史上是十分罕见的。最近二三十年的考古学研究，一项重大的突破就是认识到史前中国的文明化进程中的确存在“多元性”。新石器时代的开端揭开了文化分化发展的序幕，在此基础上形成了若干文明发展的中心。最近，中国人民大学历史学院教授韩建业提出中华文明是“一元多支”，这种观点在文化传统意义上讲是成立的，多元一体更多说明的是文明化的具体进程。两种观点侧重说明的内容有所不同，并行不悖。

文化意义上的中国，万年前已经起源，到有文献记载的历史，又经历了数千年的发展。考古学是揭示这段未知历史的主要途径，目前考古发现与研究已经能够较为清楚地勾勒出中华文明起源的历史脉络。史前中国文明化进程可以分为三个特征分明的阶段：分化、融合、统一（或称扩散）。需要强调的是，分化与融合是同步进行的，只是不同时期的主要趋势有所不同。总体是先分化后融合，转折期在距今 6000 年前，分化开始让位于融合。这样的发展是原始农业文化生态系统成熟的产物，随着农业生产规模的扩大，人口增加，农业向周边地区扩散。农业发展还意味人们有能力提供更多生产剩余，专业化分工加强，社会内部的等级分化加剧。社会不平等、手工业的专业化生产等并不是文明起源阶段突然出现的，其起源至少可以追溯到农业发生阶段，到文明起源阶段其发展开始加速。

距今 6000 年前后，文明化进程出现明显的融合趋势，以宗教仪式用器统一为特征，文化意义上的中国开始形成，此时或可以采用中国社会科学院哲学研究所研究员赵汀阳所说的“神性中国”的概念，即人们在心理上可能已经具有文化共同体的认知。从距今6000年到距今4000多年前，融合的同时还在分化，不同地区发展出形态各异的文明，其进程更像是此起彼伏的浪潮。从崧泽、红山、西坡等古国到距今5000年前后的良渚古国，古国的发展达到了前所未有的规模、复杂程度，已经十分接近历史意义上的国家，或认为良渚已经是王国。在一波又一波的文明浪潮中，不同地区的文明进行交流互动，中原地区以其更优越的地理区位、更好的农业基础，在融合过程中广泛吸纳周边文化，为后来走向多元统一提供了坚实的基础。

距今4000多年前，文明化进程进入一个全新阶段，青铜时代开启，社会权力的组织效率有了显著的提升。以二里头文化为代表，文明扩散的特征明显，山东大学文化遗产研究院特聘教授邓聪注意到，其牙璋甚至扩散到越南，而且形制仍然与中原保持一致。从农业社会的形成到区域文明的形成，再从多元区域文明到具有统一形态的文明，三个阶段的发展一方面反映了史前中国复杂社会组织演化逐步成熟，另一方面反映了不同区域文明的融合。文明化进程是一个具有阶段性的发展过程，从考古学上看，距今6000年前后文明已经起源，标志就是古国的形成。这里需要进一步指出的是，国家起源的本质与形式是两个不同的问题，同样是国家这样的复杂社会组织，其外在的物质表现形式可能完全不同。如果采用简单唯一的标准（以西亚为标准的所谓“文明三要素”：城市、文字与青铜），就会极大地限制文明探源研究，不利于我们理解史前中国的文明化进程。

中华文明屹立不倒

人类文明史上有三大体系：中国、西亚与中南美洲，分别对应三大农业起源中心。美洲文明出现晚，完成整合的印加文明，覆盖的范围南北超过 5000 公里，但东西平均只有 300 公里，又处在交通不便的高原地带，维系成本高昂。真正可以与中华文明相提并论的是亚欧大陆西侧的文明，以西亚起源的农业为基础，分别形成了两河、古埃及、印度河、古希腊四支文明。虽然历史上也曾出现过亚历山大大帝这样的人物，试图统一四者，古罗马曾经形成以地中海为中心的庞大帝国，奥斯曼土耳其也曾形成地跨欧亚非的政权，但是都没有能够统一亚欧大陆西侧的四支文明。这些后来更是四分五裂，至今已然分化成为不同的文明体系。由于得天独厚的自然地理条件与有效的社会整合策略，中华文明在史前阶段就开启了多元一体的融合进程，并在各个历史时期发扬光大，将融合特性发展成为中华文明一项重要特征。它所缔造的结果，就是一个超大型的文明，这对于当代中国的发展意义重大。作为超大规模的单一市场，随着中国的进一步崛起，规模效应愈加明显。反过来说，超大规模让中华文明在动荡世界的剧烈冲击面前屹立不倒，发挥中流砥柱的作用。

融合不是简单的相加，也是竞争与选择。中国社会科学院考古研究所研究员陈星灿注意到，史前时代中原地区更像是集体导向的，而如海岱、辽西、良渚等地更多是个体导向的，其贵族首领的墓葬往往有丰富的随葬品，而中原重视规制，随葬品少得多，尤其缺乏贵重的随葬品。经过融合之后，集体导向的中原获得了优势地位。从这个意义上说，融合的过程是中原化的过程。不过，中原同时广泛吸收了周边地区的文化，如长江中游地区的图像、长江下游与辽西的玉文化、山东地区的礼器与工艺等。中原的融合文化不仅来自周边，还来自遥远的亚欧大陆西侧。这里可能需要回答为什么中原能够融合，而其他地区不能？除了区位优势之外，更重要的是社会结构的变迁，要在当时的诸文明体的竞争中获胜，必须得有革新。中原地区有更强烈的引入新文化的需求，中原地区率先完成了社会权力结构的改革，在传统神权的基础上融入了更多的军权。还需要注意的是，融合还可以是建构互补关系，这种关系特别表现在南北方之间。北方是注重礼仪秩序文化的发源地，而南方是精神超脱文化的故乡，中国思想文化中的儒道互补，其原始基础就是南北两种不同的文化传统。

在各层面实现文明融合

毋庸讳言，不论是历史时期的民族融合，还是史前阶段的文化融合，残酷的暴力与战争都是其中的重要组成部分，并且随着技术的演进，其规模不断扩大，残酷程度不断提高。也正是在这样的背景下，再来看史前中国文明化进程，可以发现其中保留有独特的道德因素，以玉文化为代表，发展成为“畏德不畏威”的道德精神。因此，尽管在文明整合期不乏征战，龙山时代的遗址发现不少暴力证据，更早的良渚也是如此，但是在政治层面进行整合的同时，还存在另外一条整合路径，那就是文化层面的整合，尤其是意识形态上的整合。在这个层面上，强调务本、世俗、礼制的中原文化成为起主导作用的核心思想，并由此形成了一种较为包容的文化，在处理不同于自身的文化时，更愿意采用“民胞物与”的价值观。中国历史时期，草原游牧群体与中原农耕群体的矛盾有时非常尖锐，草原族群不断入主中原，改朝换代，但不论统治集团采用怎样的政策，文化融合始终都在进行，以中原为中心的意识形态非但没有被抛弃，反而得到了加强，大量族群的汉化就是明证。中国的历史时期与史前时代并不存在断裂的鸿沟，史前时代开创的社会整合策略，当其行之有效时，就很容易为后世所接受。历史文献中不同朝代纷纷推崇三皇五帝以及三代时期明主的盛德，由此可见其对后世政治的影响。

文明融合是全方位的，这反过来影响了流传到后世的古史传说，比如家族世系的融合，黄帝成为不同族群的共同祖先。至于血统融合的说法是否在史前时代就已经形成，目前不得而知。采用血统融合的说法，显然能够增加不同族群对新的族群共同体的认同。融合不仅仅体现在政治上，还体现在文化意义上，并反映在物质遗存上，最终形成了一个统一的、稳定的结构，这就是我们熟悉的中华文化。我们为中华文明悠久而强大的生命力而骄傲，融合特性是其生命力的根本保证。中华文明不断接受并融入新的文化因素，甚至把天文、地理与人事都融为一体，形成了“天人合一”的思想传统。在融合特性的作用下，天下万邦逐渐归于一统，都是炎黄子孙，至近现代又进一步融为统一的“中华民族”。海纳百川，有容乃大。中华文明这一显著的特性在当代乃至未来，还将发挥重要的作用，对于纷乱的世界来说，文化包容的中华文明正是希望之所在。

（作者系中国人民大学历史学院考古文博系教授）

传承和平性　建设中华民族现代国际秩序文明

姚枝仲

习近平总书记到中国历史研究院考察，听取工作汇报，并在中国历史研究院召开的文化传承发展座谈会上发表了具有里程碑意义的重要讲话，作为中国社会科学院的一员，我倍感振奋，深受鼓舞，同时也感受到了莫大的鞭策和激励。

习近平总书记的重要讲话，明确提出了担负起新的文化使命的重要要求，发出了建设中华民族现代文明的伟大号召。学习贯彻习近平总书记重要讲话精神，响应总书记号召，在国际问题研究领域，我们应该传承中华文明突出的和平性，致力于建设中华民族现代国际秩序文明。

习近平总书记在座谈会上指出，中华文明具有突出的和平性，从根本上决定了中国始终是世界和平的建设者、全球发展的贡献者、国际秩序的维护者，决定了中国不断追求文明交流互鉴而不搞文化霸权，决定了中国不会把自己的价值观念与政治体制强加于人，决定了中国坚持合作、不搞对抗，决不搞"党同伐异"的小圈子。习近平总书记的这一重要讲话，为我们在国际问题领域，建设中华民族现代文明提供了根本遵循。

第一，从建设中华民族现代国际秩序文明的高度，深入学习研究阐释习近平外交思想。深入学习研究阐释习近平外交思想是中国社会科学院党组交给世界经济与政治研究所的重要任务。学习贯彻习近平总书记在文化传承发展座谈会上的重要讲话精神，我们需要从建设中华民族现代国际秩序文明的高度，重新认识和规划习近平外交思想的研究阐释工作。要深入学习和研究习近平外交思想的中华优秀传统文化渊源，理解好习近平外交思想植根于中华优秀传统文化，继承和发展了中华优秀传统文化中突出的和平性。要深入学习和研究习近平外交思想中蕴含的胸怀天下的世界观方法论，致力于人类和平与发展崇高事业的伟大理想，及其所传承的中国人民在长期生产生活中积累的天下观、道德观等在构建现代国际秩序中的运用，理解好习近平外交思想是使中华优秀传统文化成为现代文化的典范。要深入学习和研究习近平外交思想对于中国以和平发展的方式推进中国式现代化、推动构建人类命运共同体所形成的新的文化形态，理解好以习近平外交思想为基础建设的中华民族现代国际秩序文明是对人类文明进步的贡献。

第二，在服务中华民族伟大复兴和构建人类命运共同体的外交实践中，不断发展中华民族现代国际秩序文明。中国特色大国外交有两条主线，一是服务中华民族伟大复兴，二是推动构建人类命运共同体。这两条主线均面临新的战略机遇，但也面临前所未有的风险挑战。特别是当前世界之变、时代之变、历史之变正以前所未有的方式展开，国际社会中恃强凌弱、巧取豪夺、零和博弈等霸权霸道霸凌行径危害深重，和平赤字、发展赤字、安全赤字、治理赤字加重，针对中国的打压遏制随时可能升级。这些挑战既是中国的，也是全人类的。我们的研究工作需要直面这些挑战，服务中国外交实践、服务中华民族伟大复兴，在历史的十字路口上推动人类走和平发展道路，推动人类建立持久和平共同繁荣的国际秩序，在用研究工作服务实践的过程中，不断发展中华民族现代国际秩序文明。

第三，总结中国外交经验，提炼和构建中国特色国际政治理论，为建设中华民族现代国际秩序文明奠定更好的理论基础。近期，中国社会科学院世界经济与政治研究所根据高翔院长和院党组的要求，调整了基础学科体系，确定“两论一观一思想”为基础的研究主攻方向。“两论”分别是中国特色世界经济理论和中国特色国际政治理论，“一观”是总体国家安全观，“一思想”是习近平外交思想。对于如何推动这些基础研究取得进展，特别是推动中国特色国际政治理论研究取得进展，习近平总书记在文化传承发展座谈会上的重要讲话提供了明确的指导意见。习近平总书记在座谈会上强调，建设中华民族现代文明，要坚定文化自信，坚持走自己的路，立足中华民族伟大历史实践和当代实践，用中国道理总结好中国经验，把中国经验提升为中国理论，实现精神上的独立自主。实践是坚定文化自信的基础，也是最好的理论来源，构建中国特色国际政治理论，需要立足中国外交实践，理解中国外交实践背后的道理，用中国外交道理总结好中国外交经验，将中国外交经验上升为中国特色国际政治理论，从而为建设中华民族现代国际秩序文明奠定坚实的理论基础。

（作者系中国社会科学院世界经济与政治研究所党委书记）

在新的历史起点担负起新的文化使命

林雅华

习近平总书记在文化传承发展座谈会上的重要讲话中指出，在新的起点上继续推动文化繁荣、建设文化强国、建设中华民族现代文明，是我们在新时代新的文化使命。那么，如何在新的历史起点上更好地担负起新的文化使命？一要坚定文化自信，坚持走自己的路，立足中华民族伟大历史实践和当代实践，用中国道理总结好中国经验，把中国经验提升为中国理论，实现精神上的独立自主；二要秉持开放包容，坚持马克思主义中国化时代化，传承发展中华优秀传统文化，促进外来文化本土化，不断培育和创造新时代中国特色社会主义文化；三要坚持守正创新，以守正创新的正气和锐气，赓续历史文脉、谱写当代华章。

坚定文化自信，坚持走自己的路，实现精神上的独立自主

马克思主义自诞生以来，就以其真理的光辉指引着国际共产主义运动的革命实践。但是，由于复杂的政治、经济、文化、社会等原因，多数社会主义国家都未能在本民族的现代化发展中走出一条成功的道路。中国的现代化之路，在民族危亡与文明危机的双重挤

压之下，更是充满了艰辛曲折。十月革命之后，马克思主义传入中国，在其指引下，中国共产党找到了实现中华民族伟大复兴的正确道路，带领中国人民大踏步迈向了社会主义现代化的发展之路。马克思主义中国化的历程，就是马克思主义基本原理同中国具体实际、同中华优秀传统文化相结合的历程。“两个结合”所昭示的，正是中华民族伟大复兴的历史要求，也是建设中华民族现代文明的全新文化使命。

坚定文化自信，实现精神上的独立自主，必须坚持走自己的路，立足中华民族伟大历史实践和当代实践。中国特色社会主义道路既是在马克思主义指导下走出来的，也是从五千多年的中华文明中走出来的，是马克思主义基本原理同中国具体实际、同中华优秀传统文化相结合的结果。在初心使命层面，它坚持马克思主义的指导地位，以“全心全意为人民服务”的信念不断推进社会保障与民生改善，将“人的全面自由发展”落实在“为人民谋幸福”的具体行动中；在经济形式层面，它勇于打破陈规，探索建立社会主义市场经济体制，辩证地处理了市场资源配置与有为政府之间的关系，实现了国民经济的高速稳定发展；在政治制度层面，它通过人民代表大会制度与政治协商制度，保障了人民的有序政治参与，真正实现了“人民当家作主”；在发展理念层面，它着眼全人类的资源困境，在坚守马克思主义自然观的基础上，创造性地提出了社会主义生态文明。因此，它既不是对传统社会主义模式的机械模仿，也不是对西方现代化模式的照抄照搬，而是立足中华民族伟大的历史实践，“以古人之规矩，开自己之生面”，以“两个结合”的时代推进不断谱写中华民族新的时代华章。就此而言，中国式现代化是赓续古老文明的现代化，而不是消灭古老文明的现代化；是从中华大地上长出来的现代化，而不是照抄照搬其他国家的现代化；是文明更新的结果，而不是文明断裂的产物。

坚定文化自信，实现精神上的独立自主，必须用中国道理总结好中国经验，把中国经验提升为中国理论。1940 年，毛泽东同志在《新民主主义论》中旗帜鲜明地提出了“民族的、科学的、大众的”文化理念。这一文化理念不仅破除了近代以来非此即彼的“全盘西化”与“民族本位”的文化迷思，更以鲜明的中国立场、科学立场与人民立场开辟了马克思主义中国化的全新文化道路。党的十八大以来，中国特色社会主义进入新时代，民族复兴的进程全方位加速，中华优秀传统文化开始以全新面貌进入新时代中国共产党的文化视野。中华文化的复兴，将为世界贡献中国智慧和中国方案，也将向世界贡献融通中外的全新话语体系。2021 年 5 月 31 日，习近平总书记在主持中共十九届中央政治局第三十次集体学习时强调，“讲好中国故事，传播好中国声音，展示真实、立体、全面的中国”。当前，随着中国的发展和国际地位的提升，世界既关注中国，也需要了解中国。在这种历史契机下，构建融通中外的话语体系，根本目的是向世界讲述更生动的中国故事、传播更响亮的中国声音，把中国的发展优势、制度优势转化为话语优势、形象优势。构建融通中外的话语体系，核心是用中国话语解释中国实践，用中国道理总结中国经验，把中国经验提升为中国理论。唯其如此，才能从话语层面突破西方的媒体霸权，提升中国的国际话语权；进而从思想层面突破“西方中心主义”的文化霸权，打造立足中国经验与中国理论的中国式现代化话语体系，提升中华文化的影响力；最后从话语自觉、理论自觉层面提升我们的话语自信、理论自信，以中国实际为起点，阐释中国道路、解读中国实践，把中国发展进步的话语权、解释权牢牢掌握在自己手里，真正实现精神上的独立自主。

秉持开放包容，不断培育和创造新时代中国特色社会主义文化

源远流长的中华优秀传统文化与博大精深的马克思主义理论共同涵养了中国共产党人的世界眼光、天下情怀。想要推动中国这样一个具有悠久历史、深厚文明的国家向前发展，必须要秉持开放包容的理念，绝不能自我封闭、故步自封。

秉持开放包容，创造新时代的新文化，必须坚持马克思主义中国化时代化。中国共产党明确宣示“马克思主义必须和我国的具体特点相结合并通过一定的民族形式才能实现。……马克思主义在中国具体化，使之在其每一表现中带着必须有的中国的特性”。党的十八大以来，以习近平同志为主要代表的中国共产党人，坚持把马克思主义基本原理同中国具体实际、同中华优秀传统文化相结合，创立了习近平新时代中国特色社会主义思想，实现了马克思主义中国化新的飞跃。这一科学理论，在继承和弘扬中华优秀传统文化的基础上，开辟了马克思主义中国化时代化的新境界。在新的历史起点上，我们要以当代中国实践为坐标，坚持马克思主义在意识形态领域的指导地位，进一步推进马克思主义中国化时代化，推进马克思主义基本原理同中华优秀传统文化相结合。

秉持开放包容，创造新时代的新文化，必须传承发展中华优秀传统文化、促进外来文化本土化。在人类历史上，中国曾以胸怀广阔、兼收并蓄的天下主义情怀，引领了人类文明的发展。党的十八大以来，中国共产党人带着对“和而不同”的深刻理解，怀抱着吸纳不同文明的广博视野，一方面，从中华优秀传统文化中汲取智慧力量，把握中华优秀传统文化的独特定位，坚定守护中华民族文化根脉；另一方面，以海纳百川的胸怀打破文化交往的壁垒，积极汲取各国文明的

养分，以自信开放的姿态不断推动中华文化“走出去”，推动各国文明在交流互鉴中共同前进。只有植根本民族历史文化的沃土，马克思主义的真理之树才能根深叶茂。中华优秀传统文化是我们党创新理论之“根”，只有传承发展中华优秀传统文化，才能进一步夯实马克思主义扎根中国的历史根基、文化根基，不断赋予其崭新的生命活力；只有传承发展中华优秀传统文化，才能不断从中华五千多年文明的积淀中汲取人文精神、道德价值、历史智慧等精华养分，为培育和创造新时代中国特色社会主义文化提供源源不断的精神滋养。与此同时，我们还要弘扬全人类共同价值、落实全球文明倡议，以“坚守本根又不断与时俱进”的心态，推动文明交流互鉴，以“跨越时空、超越国度、富有永恒魅力、具有当代价值”的多元文化精神，吸纳世界一切优秀文化的精华，并在将其不断本土化的过程中，使其成为我们的思想资源和文化资源。唯其如此，我们才能共同努力创造属于我们这个时代的新文化，建设中华民族现代文明，在世界文化体系中开拓出更为广阔的文明空间，书写中国特色社会主义文化的崭新篇章。

坚持守正创新，赓续历史文脉、谱写当代华章

每一种文明都延续着一个国家和民族的精神血脉，既需要薪火相传、代代守护，更需要与时俱进、守正创新，以守正创新的正气和锐气赓续历史文脉、谱写当代华章。回望往昔，中华民族历经磨难而始终坚强屹立，中华文明饱经沧桑而始终薪火相传。在源远流长的中华文明血脉中，不仅沉淀着中华民族百折不挠的生命力，同时也包孕着中华民族源源不竭的创造力。“我们开辟了中国特色社会主义道路不是偶然的，是我国历史传承和文化传统决定的。”中国特色社会主义

文化源自中华民族五千多年文明历史所孕育的中华优秀传统文化，是我们在世界文化激荡中站稳脚跟的根基。只有全面深入了解中华文明的历史，才能更有效地推动中华优秀传统文化创造性转化、创新性发展，更有力地推进中国特色社会主义文化建设，建设中华民族现代文明，谱写中华民族的崭新篇章。

坚持守正创新，谱写当代华章，必须深入挖掘中华优秀传统文化的精髓要义，深刻理解中华文明突出的连续性、创新性、统一性、包容性、和平性。国家之魂，文以化之，文以铸之。中华优秀传统文化蕴含着中华民族的智慧、精神、文化，更蕴含着生生不息的力量。我们要对传统文化进行细致深入的学术研究，以尽可能宽广的视野对文化传统进行精细梳理，尤其要做好中华文明起源的研究和阐释工作，形成较为完整的基于中国文化基因的理念体系，进一步提炼、展示中华文明的精神标识。此外，我们还必须以现代学术研究的方式回溯历史，通过科学论证焕发中华优秀传统文化的现代光辉，使其既经得起理性检验，又能为新时代中国特色社会主义文化的培育与创造提供有力的支持，使得我们能够在更广阔的文化空间中，充分运用中华优秀传统文化的宝贵资源，探索面向未来的理论和制度创新。

坚持守正创新，谱写当代华章，必须以守正创新的正气和锐气推动中华优秀传统文化创造性转化、创新性发展。何为创造性转化？就是要按照时代特点和要求，对那些至今仍有借鉴价值的传统内涵和陈旧的表现形式加以改造，赋予其新的时代内涵和现代表达形式，激活其生命力。如何创新性发展？就是要按照时代的新进步新进展，对中华优秀传统文化的内涵加以补充、拓展、完善，增强其影响力和感召力。从根本而言，我们要以新的文化使命感不断推动“双创”由自发转变为自觉，推动新的思想解放，破除老观念，以去粗取精、由表及里的态度，在“民族的形式”与“时代的内容”之外，结合新的技术手段以及新的表达形式，赋予传统文化全新的时代内涵，让其精神内核与社会主义核心价值观、与中国特色社会主义文化产生融通与共鸣。在不断推动中华优秀传统文化在与当代社会相适应、与现代化进程相协调、与现代文化相融通的过程中，进一步激活中华优秀传统文化的生命力，激发全民族文化创新创造的活力，从而为新时代的新文化、中华民族现代文明提供更为澎湃的动力来源。对历史最好的继承，就是创造新的历史。

今天的中国以巍然之姿站立在世界舞台上，在历经磨难和淬炼之后，它所展示的是中华民族现代文明的光辉前景。“两个结合”让中国特色社会主义道路有了更加宏阔深远的历史纵深，拓展了中国特色社会主义道路的文化根基。中国式现代化赋予中华文明以现代力量，中华文明赋予中国式现代化以深厚底蕴。马克思主义基本原理同中国具体实际、同中华优秀传统文化相结合，不是“拼盘”，不是简单的“物理反应”，而是深刻的“化学反应”，将造就一个有机统一的新的文化生命体。让马克思主义成为中国的，让中华优秀传统文化成为现代的，让经由“结合”而形成的新文化成为中国式现代化的文化形态。能看到多远的过去，就能看到多远的未来，在展望未来之际，我们要坚定文化自信、担当使命、奋发有为，共同努力创造属于我们这个时代的新文化，建设中华民族现代文明。

（作者系中央党校文史部副教授）

中华文明在兼收并蓄中历久弥新

夏　静

习近平总书记在文化传承发展座谈会上的重要讲话中深刻阐明了中华文明的连续性、创新性、统一性、包容性、和平性五大突出特性，全面系统深入阐述了中华文化传承发展的重大理论和现实问题，为我们深刻理解中华文明兼收并蓄、历久弥新的内在机理和发展动因，提供了根本遵循。

习近平总书记指出，中华优秀传统文化有很多重要元素，共同塑造出中华文明的突出特性。中国文化源远流长，中华文明博大精深，千年传承的古老文明积淀着中华民族最深层的精神追求，代表着中华民族独特的精神标识，为中华民族生生不息、发展壮大提供了丰厚滋养。中华优秀传统文化是中华民族的文化根脉、精神血脉，是坚定文化自信、涵养社会主义核心价值观、积聚更深沉更持久力量的重要源泉，也是我们在世界文化激荡中站稳脚跟的坚实根基。只有深入了解中华文明的悠久历史，全面把握中华文明的突出特性，才能更有效地推动中华优秀传统文化的创造性转化、创新性发展，更有力地推进中国特色社会主义文化建设，建设中华民族现代文明。

中华文明具有突出的连续性。在世界几大古老文明中，中华文明虽历经 5000 多年的历史变迁，却能始终一脉相承、绵延至今，之所以如此，正是因为自身所具有的突出的稳固性与连续性。注重文明的渊源和传承，是我国古代思想文化一以贯之的传统。孔子说：“周监于二代，郁郁乎文哉！吾从周。”（《论语·八佾》）荀子说：“先王之道，仁之隆也。”（《荀子·儒效篇》）韩愈也说：“根之茂者其实遂，膏之沃者其光晔。”（《答李翊书》）在长期的历史发展中，中华民族走出了一条不同于其他国家和民族的文明发展道路，形成了一整套包括朝廷制度、郡县制度、土地制度、赋税制度、科举制度、监察制度、军事制度等在内的国家制度和国家治理体系，不仅维持了自身的长期稳定和持续发展，也为周边国家和民族提供了蓝本与借鉴。与此相应，中华文明的精神世界也是不断积淀、连续发展的，有着一脉相承的精神肌理与精神血脉。我们祖先在几千年前创造的汉字至今仍在使用，春秋战国时期思想家提出的很多观念，至今仍然深深影响着中国人，其中最核心的内容已经成为中华民族的文化基因。习近平总书记指出，中华文明突出的连续性，从根本上决定了中华民族必然走自己的路。如果不从源远流长的历史连续性来认识中国，就不可能理解古代中国，也不可能理解现代中国，更不可能理解未来中国。

中华文明具有突出的创新性。中华文明能够历经 5000 多年历史变迁始终保持生机活力，得益于中华优秀传统文化熏陶下形成的革故鼎新、与时俱进的精神气质。华夏先民很早就意识到创新的重要性，“周虽旧邦，其命维新”（《诗经·大雅·文王》），“天行健，君子以自强不息”（《周易·乾卦》），“苟日新，日日新，又日新”（《礼记·大学》）。创新是一个民族进步的灵魂，是一个国家兴旺发达的不竭动力，也是中华民族最深沉的民族禀赋与文化基因。世界文明发展史昭示这样一个规律，任何一种文明的形成与发展，都离不开民族精神血脉的传承与赓续，人类文明要实现永续发展，既需要薪火相传、代代守护，又需要顺时应势、推陈出新，以古人之规矩，开自己之生面。在中国历史上，长期居于主导地位的儒家思想和其他学说都是与时迁移、应物变化的，都是顺应了中国社会发展和时代前进的要求而不断发展更新的，因而具有长久的生命力。“问渠那得清如许？为有源头活水来。”（朱熹《观书有感》）历史不断证明，只有以本国实际为研究起点，批判继承国内外一切文化传统，不断吸纳时代精华，借助创新增添文明发展动力，激活文明进步的源头活水，才能创造出跨越时空、魅力永恒的文明成果。习近平总书记指出，中华文明具有突出的创新性，从根本上决定了中华民族守正不守旧、尊古不复古的进取精神，决定了中华民族不惧新挑战、勇于接受新事物的无畏品格。

中华文明具有突出的统一性。中国自古以来就不是一个单一民族的国家，而是一个统一的多民族国家。“车同轨，书同文”（《礼记·中庸》）是中华民族的共同信仰；民族团结、国家统一是各民族的共同追求。古往今来，中华民族之所以在世界上有地位、有影响，不是靠穷兵黩武，不是靠对外扩张，而是靠中华文化的强大感召力和吸引力。中国的领土向来不是通过武力扩张形成的，而是不同民族相互融合的结果。中国历史上的春秋战国时期、三国时期、南北朝时期、五代十国时期等，也多是民族融合、思想活跃的时期。博大精深的中华文明，正是由各民族优秀文化百川汇流而成。中华文明不仅有以汉族为主多民族共享的儒、释、道思想，各民族也都完整保存了自己的文化典籍和独特礼俗，各种思想和谐共处、并行不悖。多元统一的中华文明，对维护中华民族的团结统一，巩固中国多民族的和合一体，丰富中华民族的精神特质，激励中华儿女维护民族独立、反抗外来侵略，推动中国社会发展进步、促进中国社会利益和社会关系平衡，都发挥了十分重要的作用。习近平总书记指出，中华文明突出的统一性，从根本上决定了中华民族各民族文化融为一体、即使遭遇重大挫折也牢固凝聚，决定了国土不可分、国家不可乱、民族不可散、文明不可断的共同信念，决定了国家统一永远是中国核心利益的核心，决定了一个坚强统一的国家是各族人民的命运所系。

中华文明具有突出的包容性。中华文明兼收并蓄的品格，既植根于中华民族血脉深处的文化基因，有自己的本色、长处、优点，同时也是积极借鉴其他国家和民族思想文化的长处和精华，同其他文明不断交流互鉴才形成今天这个包容开放体系的。《孟子·滕文公上》说：“物之不齐，物之情也。”《礼记·中庸》说：“万物并育而不相害，道并行而不相悖。小德川流，大德敦化，此天地之所以为大也。”文明是包容的，人类文明因包容才有交流互鉴的动力。交流互鉴是文明发展的本质要求，只有同其他文明交流互鉴、取长补短，才能保持旺盛的生命活力。中国古代的丝绸之路不仅是一条通商易货之道，更是一条知识交流之路。沿着古丝绸之路，中国将丝绸、瓷器、漆器、铁器传到西方，胡椒、亚麻、葡萄、石榴等域外物产也传入中国；沿着古丝绸之路，佛教、伊斯兰教及阿拉伯的天文、历法、医药传入中国，中国的科技发明、养蚕技术也经此传向世界。更为重要的是，商品和知识交流带来了观念创新和思想变革。比如，儒家文化起源于中国，也同样受到莱布尼茨、伏尔泰等欧洲思想家的高度推崇。这些都是开放包容的魅力、互学互鉴的成果。文明在开放中发展，民族在融合中共存。习近平总书记指出，中华文明具有突出的包容性，从根本上决定了中华民族交往交流交融的历史取向，决定了中国各宗教信仰多元并存的和谐格局，决定了中华文化对世界文明兼收并蓄的开放胸怀。

中华文明具有突出的和平性。中华民族历来是一个爱好和平的民族，和平的思想早已融入中华民族的精神血脉，嵌进了中国人民的文化基因。中国人自古就推崇“协和万邦”（《尚书·尧典》），“亲仁善邻，国之宝也”（《左传·隐公六年》），“四海之内皆兄弟也”（《论语·颜渊》），“国虽大，好战必亡”（《司马法·仁本》）等和平思想。历史昭示我们，弱肉强食不是人类共存之道，穷兵黩武无法带来美好世界。从 1840 年鸦片战争爆发到 1949 年中华人民共和国成立，中华民族遭受了世所罕见的外族入侵和内部动荡，中国人民遭受了前所未有的苦难，一度濒临亡国灭种的危险境地。仅在抗日战争中，中华民族就付出了 3500 多万人伤亡的沉重代价。饱受战争摧残的中国人民深知和平的宝贵。文明文化可以传播，和平发展也可以传播，“己所不欲，勿施于人”(《论语·颜渊》)。中国需要和平、爱好和平，也愿意尽自己最大努力维护世界和平，真诚帮助仍然遭受战争和贫困煎熬的人们。习近平总书记指出，中华文明具有突出的和平性，从根本上决定了中国始终是世界和平的建设者、全球发展的贡献者、国际秩序的维护者，决定了中国不断追求文明交流互鉴而不搞文化霸权，决定了中国不会把自己的价值观念与政治体制强加于人，决定了中国坚持合作、不搞对抗，决不搞“党同伐异”的小圈子。

习近平总书记关于中华文明突出特性的重要论述，视野开阔、系统完备，科学准确地回答了中华文明为什么能成为世界古老文明中唯一传承至今的文明，全面深刻地阐释了中华文明为什么能在数千年的发展中兼容并蓄、历久弥新这一重大时代课题。我们要深入学习、全面领会、扎实贯彻。在新的起点上继续推动文化繁荣、建设文化强国、建设中华民族现代文明，是我们在新时代新的文化使命。我们要以习近平总书记重要论述为指引，深刻认识中华文明的突出特性，厚培滋养中华文明的思想土壤，进一步坚定文化自信，坚持守正创新，为中国式现代化建设汇聚起文化文明的力量，为实现中华民族伟大复兴提供源源不断的精神动能。

（作者系首都师范大学文学院教授）

正确认识中华文明的突出特性

韩庆祥　方兰欣

“中华优秀传统文化有很多重要元素，共同塑造出中华文明的突出特性。”习近平总书记在文化传承发展座谈会上发表的重要讲话，指明了中华文明具有的五个突出特性。中华文明的五个突出特性，既是其鲜明特质，更是显著优势。深刻认识中华文明的五个突出特性，有助于我们更好认识和认同中华文明，更有效地承担起我们在新时代的文化使命。

中华文明具有突出的连续性

在人类发展的历史长河中，许多原生或次生文明都已经中断或消逝，唯有中华文明绵延至今，从未中断。同世界其他文明相比，中华文明具有突出的连续性特质。

中华文明之所以绵延不断，得益于特定的地理环境屏障、超稳定的社会结构、生生不息的规模化人口、长盛不衰的语言文字、代代相传的文化典籍、咬定目标久久为功的民族特质、化人为善的文明本质。第一，特定的地理环境形成了天然性屏障，使中华文明自成体系并长期免遭大规模外敌入侵造成的文明覆灭。第二，自然经济、大一统政治、宗法社会和礼教文化形成的超稳定结构使中华文明具有极强的稳定性和自我调适性，即便多灾多难，依然绵延不断。第三，生生不息的规模化人口为中华文明的绵延传承、接续发展提供了源源不断的实践主体、承载主体。中华民族动辄千万级规模人口的持续性存在，是中华文明连续性发展的关键。第四，汉语言文字的不断延续维护了中华文明的绵延赓续。两河流域的楔形文字、古埃及的象形文字等世界上公认的代表古老文明的文字体系伴随其文明一同消亡了，汉字是世界上唯一传承和使用至今的自源古典文字体系。汉字书写和承载着中华文明，汉字的长盛不衰串起了中华文明的过去、现在和未来。第五，由汉字书写的文化典籍代代相传，使中华文明不因王朝政权更迭而中断。中华民族具有浓厚的“史学”传统，形成了浩如烟海的文化典籍。文化典籍跨越历史时空、传承文化传统，其代代相传涵养了中华民族一贯的价值理念、思维方式和精神风貌。任凭王朝政权更迭，中华文明的“道统”代代传承。第六，咬定目标、与时俱进、久久为功的民族特质，也是一个重要原因。中华民族具有咬定目标、与时俱进、久久为功的特质，必然使中华文明绵延不断。第七，化人为善的文明本质不可小觑。文明是在人和人关系框架中，针对“野蛮”而讲的，它注重“化人”“德行天下”“秩序建构”。这样的文明范式具有道义性，有助于使中华文明绵延不断。

中华文明绵延传承至今，从未中断，离开中华民族代代相承的五千多年文明史，就不可能真正理解中国。中华文明作为一种连续性文明，意味着中华民族是一个具有强大稳定性、统一性、独立性、自主性和应变性的民族，这从根本上决定了中华民族在继承中发展、在发展中继承，必然独立自主走自己的路。

中华文明具有突出的创新性

中华文明之所以能够绵延不绝，从根本上讲是因为中华文明具有突出的创新性。因为中华文明具有突出的创新性，所以中华民族能够识变应变求变，战胜一切艰难险阻，屹立于世界民族之林。

中华文明具有突出的创新性，源于中华优秀传统文化中的变易思维、革新意识、进取精神和大无畏气概等民族性元素，这些都聚焦于与时俱进。“人更三圣、世历三古”的《周易》一书被誉为群经之首、大道之源，在中国传统文化中长期居于主流地位。“易”是上日下月，讲的是日月轮回、万物流变。变易思维深刻影响中国人的世界观和方法论。万物流变必然产生新老交替问题，如何对待新事物和旧事物，中华文化守正而不守旧、尊古而不复古。革故鼎新、勇于创新是中华文明历经沧桑而依然葆有生机的根本所在。大化流行、以新代旧，“天行健，君子以自强不息”。刚健有为、自强不息是中华民族积极进取的民族精神。革新、创新、积极进取不仅会触碰外部势力，还要突破自我习惯势力，这需要大无畏的创新勇气。荀子讲：“义之所在，不倾于权，不顾其利，举国而与之不为改视，重死持义而不挠。”中华民族自古以来就有不惧艰辛、迎难而上、杀身成仁、舍生取义的人，他们挺起中华民族的脊梁，彰显中华民族坚持守正创新的大无畏气概。

中华文明在不断传承中吐故纳新，在守正创新中不断发展，在应时处变中不断升华。中华文明突出的创新性，从根本上决定了中华民族守正不守旧、尊古不复古的进取精神，决定了中华民族不惧新挑战、勇于接受新事物的无畏品格和与时俱进的创新精神。

中华文明具有突出的统一性

对比世界诸文明，中华文明是世界上统一时间最长的文明。同时，这种统一不是小国寡民式的统一，而是以广袤地域、超大规模人口、多元民族和多样性文化为基础的“大一统”。

首先，中华文化多样一体。中华民族栖息地环境和气候的多样性，催生了许多地域性文化。例如，东临沧海的齐鲁文化、四塞之地的三秦文化、天地之中的中原文化，以及长江流域的巴蜀文化、荆楚文化、吴越文化等，尽管风土人情不同，但在价值取向、思维方式和社会心理等方面具有高度一致性。以汉字为纽带，以中原文化为中心，多样性地域文化向中心靠拢，中华文明的形成和发展呈现出“重瓣花朵”向心结构。其次，中华民族多元一体。在漫长的历史发展中，我国各民族交往交流交融，形成了多元一体的中华民族大家庭。各民族水乳交融、休戚与共，像石榴籽一样紧紧抱在一起，共同抵御外辱、捍卫领土完整与国家利益。最后，国家政权长期大一统。秦朝一统天下后，郡县制在全国推广。与西方领主自治不同，郡县制把国家利益、地方利益和个人利益结合在一起。再加上车同轨、书同文、行同伦，这样疆土完整、国家强盛、民族团结、文明传承就成为中华儿女的共同信念。

长期大一统的疆域、政治、文化和民族历史赋予了中华文明“大一统”的情怀和理念。中华文明具有突出的统一性，从根本上决定了中华民族各民族文化融为一体，即使遭遇重大挫折也牢固凝聚，它决定了国土不可分、国家不可乱、民族不可散、文明不可断的共同信念，决定了国家统一永远是中国核心利益的核心，决定了一个坚强统一的国家是各族人民的命运所系。

中华文明具有突出的包容性

中华文明是在相对封闭的地理环境中自成体系地生成的，具有突出的统一性，但这并不意味着中华文明是一元排他、自我封闭的孤立体系。相反，同世界诸多文明相比，中华文明具有突出的包容性。

得惠于中华民族生息的广袤地理空间，多样性地域文化赋予中华文明以无所不包、无所不容的包容性基因。漫长的民族大融合历史丰富了民族交往交流交融的经验，深化了对民族交往交流交融历史取向的认识，强化了民族交往交流交融的感情，培养了民族交往交流交融的能力，涵养了中华文明的包容性力量。

西汉之时儒家思想已成为正统和主流，东汉时本土道教兴起，然而印度佛教却能够在两汉之际进入中国社会，到南北朝时期已经是“梁世合寺二千八百四十六，而都下乃有七百余寺”。从伊斯兰教进入中国，再到基督教进入中国，而今文庙、道观、佛寺、清真寺、基督堂可以比肩而立。对比其他文明，中国没有宗教裁判所，也没有出现“十字军”式的“圣战”，本土文化与外来文化、本土宗教与外来宗教和谐并存体现出中华文明兼收并蓄的开放胸怀。今天，我们强调“不忘本来”“吸收外来”“面向未来”，强调“中国化”，强调“普惠包容”，都表明中华文明的包容性。

中华文明海纳百川、博采众长，不仅对本民族文化元素具有包容性，而且能够包容异质文明。中华文明突出的包容性，从根本上决定了中华民族交往交流交融的历史取向，决定了中国各宗教信仰多元并存的和谐格局，决定了中华文化对世界文明兼收并蓄的开放胸怀。

中华文明具有突出的和平性

中华文明具有强大的包容性，因而体现出不偏激、不极端的平和性，体现出“为而不争”“利而不害”的和平性。

中华文明尚和合，“和”是中国社会一种普遍化的社会心理。哲学思想主张“和实生物”“和合共生”，生意场上是“和气生财”，日常生活是“家和万事兴”，人际关系上强调“和为贵”，中医学上讲“调和阴阳”，天人关系上主张“天人合一”，世界关系上强调“协和万邦、兼济天下”“美美与共”等。这体现了中国人不偏激、不极端，平和做人、平和处世之道。中华民族爱好和平，尧舜禹时代权力的和平禅让被后世尊为理想政治的典范。邦国交往中尚礼乐“以和邦国”，主张“故远人不服，则修文德以来之”，反对恃强凌弱和暴力胁迫。“为而不争”“利而不害”的爱好和平思想始终占据着主流位置。诚如习近平总书记所讲，“中华民族历来是一个爱好和平的民族”，“爱好和平的思想深深嵌入了中华民族的精神世界”，其强调“和平发展”“合作共赢”，构建人类命运共同体。

和平发展思想是中华文化的内在基因，决定了中国始终是世界和平的建设者、全球发展的贡献者、国际秩序的维护者。中国不断追求文明交流互鉴而不搞文化霸权，不会把自己的价值观念与政治体制强加于人。中国坚持合作、不搞对抗，决不搞“党同伐异”的小圈子。世界正处于百年未有之大变局，人类文明处在新的十字路口，中华文明作为人类唯一古老而又连续性的文明，具有鲜明的显著优势，能为建设美好世界提供更多更好的中国智慧和中国方案。

［作者系中央党校（国家行政学院）一级教授；郑州大学马克思主义研究院研究员］

中华文明具有源远流长的历史连续性

沈长云

6 月 2 日，习近平总书记在文化传承发展座谈会上就中华文化传承发展的一系列重大理论与现实问题作出了全面系统深入的阐述。习近平总书记特别强调了中国历史文化的重要性："中国特色社会主义道路，是在马克思主义指导下走出来的，也是从 5000 多年中华文明史中走出来的。"并深刻总结了中华文明具有的五个突出特性，即连续性、创新性、统一性、包容性、和平性，这是建设中华民族现代文明的基础。其中，居于这五个特性之首的中华文明的连续性最为重要。习近平总书记指出："中华文明具有突出的连续性，从根本上决定了中华民族必然走自己的路。如果不从源远流长的历史连续性来认识中国，就不可能理解古代中国，也不可能理解现代中国，更不可能理解未来中国。"习近平总书记把中华文明的连续性提高到决定我们民族未来发展道路的高度，既是我们把握今日前进方向的指南，也是我们正确理解 5000 多年中华文明发展史的关键。

源远流长的中华文明

习近平总书记所指出的中华文明突出的连续性，具有两个方面的含义：一是中华文明源远流长的性质，二是中华文明绵延不断地传承的性质。

就中华文明源远流长的性质而言，我国古代文明起源的时间甚早，与世界其他几大文明古国并列。其产生的具体时间则可以追溯到距今5000多年的新石器时代晚期，或历史记载的“五帝”时代早期。5000多年前正相当于我国仰韶文化晚期，这支著名的考古文化分布在黄河中游一带。仰韶文化晚期，随着社会生产力的发展，社会分工、财富分化和社会不平等产生，已经出现了不少大型聚落甚或城市。同时期黄河下游的大汶口文化以及长江中下游一带的大溪文化、良渚文化，也出现了类似规模的遗址或早期城市。

尤其引人注目的是出现了文字。大汶口文化、良渚文化这两支相邻的文化都出现了与后来汉字一脉相承的早期文字。稍后，在仰韶文化基础上发展起来的中原龙山文化亦出现了一系列早期城市及早期文字资料，加上各地出现的小件青铜器具，它们往往被视为文明出现的几项重要的物质因素。凡此之类，都可以与史载我国“五帝”时期社会发展的进程相互印证。作为“五帝”之首的黄帝号称人文初祖，《国语·鲁语》记载“黄帝能成命百物，以明民共财”；《世本·作篇》记载了黄帝时期，包括所谓黄帝臣下的多种发明创造，如“黄帝作旃冕”“黄帝见百物始穿井”“黄帝使羲和作占日”“伶伦作律吕”“大桡作甲子”“容成作调历”“沮诵、仓颉作书”……这些说法虽然有溢美的成分，但不少也与那个时期各地出现的一系列精神物质的进步与发明创造相吻合，说明有关记载并非向壁虚构。

就考古发现而言，这一时期我们发现的一系列巨大的古城址或古遗址，如浙江良渚古城、陕西石峁古城和山西襄汾陶寺古城，连同这些古遗址中出土的各种精美的工艺品，包括各种玉器、石器，各种大型陶质器具，还有一些用于吹奏的乐器，用于巫术或是娱乐的人面具，用于欣赏的各种动物造型，以及一些早期的文字符号，所有这些都表明了我们的祖先当时已迈入早期文明阶段。

作为文明集中体现的国家，"五帝"时期我国至少已经出现了"准国家"一类的社会政治组织——酋邦（亦称"族邦"）。我国古代文献描述这个时期是一幅"天下万邦"的壮阔社会组织场面。"万邦"即上万个族邦。这当然不是实指，极言天下族邦之多耳；黄帝、炎帝以及蚩尤亦皆是当时族邦或某一地方族邦联盟的首领。那时，作为文明社会的产物——战争也出现了，就是《史记》等诸多文献记录的我国古代部族间的阪泉之战和涿鹿之战等。后来，在族邦联盟的基础上，国家也出现了，就是夏商周早期国家。《礼记·礼运》描绘这一时期的社会转折，称夏以前为"大同"，亦即原始共产制社会；夏以后为"小康"，亦即文明社会，"小康"社会的标志是"天下为家（以天下为一家的私产）"，"大人世及以为礼（贵族世袭被当成了礼制），城郭沟池以为固，礼义以为纪，以正君臣，以笃父子，以睦兄弟，以和夫妇，以设制度，以立田里，以贤勇知（以此招纳文武贤才），以功为已，故谋用是作而兵由此起"。《礼记·礼运》将小康社会的各种现象，如私有制、家庭、礼仪、城堡、战争，以及国家制度、世袭制度、土地及居住制度等设为文明社会的标志，确实不错。可商榷之处乃是它把小康社会的各种文明现象，仅说成是在夏商周三代社会才出现的，实显得有些保守。根据现代考古学观察到的史实，它们中相当大的一部分其实在"五帝"时期就已经出现了。换言之，"五帝"时期才是中国进入文明社会的开端。

中华文明绵延不断传承的性质

关于中华文明绵延不断地传承的性质，习近平总书记有过如下论述："深厚的家国情怀与深沉的历史意识，为中华民族打下了维护大一统的人心根基，成为中华民族历经千难万险而不断复兴的精神支撑。""我们的祖先，在科学发萌之际，是走在前面的。千百年来，中华民族没有中断，中国文化没有中断"。

深入领会习近平总书记的重要论述，笔者认为中华文明绵延不断传承的内容，大致有以下几个方面。

一是中华民族的传承不绝。中华民族肇始于"五帝"时代。那时西方各古老部族均奉黄帝为首领，并在以后的征战中实现了与部分东夷族的融合。黄帝的后裔周族人继续向东征伐，周人自称为夏，并在其后封建亲戚的过程中，将所分封的诸侯称作诸夏，以至各诸侯相互融合为一体之后，这个新融铸成的共同体仍以诸夏相称呼。由于"华""夏"二字音同通用，诸夏又或称作诸华，或华夏连称，这就是华夏民族的由来。华夏族在汉朝以后改称为汉族。由于汉族相对周围少数族而言居中，其政权称"中国"，这样一种民族结构一直维持到清末。清末，梁启超为了提倡共和，宣称汉满蒙回藏为一家而使用"中华民族"的称号。尽管到了近代才使用"中华民族"的称号，然而中华民族的实体却早已存在，且历经千难万险而不断复兴，证明我们民族精神的伟大。

二是大一统政治体制的传承。过去说我国自秦汉以来就是一个统一的多民族中央集权的国家，似乎到秦汉时期我们才有了大一统的国家政治体制。这是偏颇的。我国大一统国家的政治局面至少在西周时期就已经形成了。《春秋公羊传》隐公元年："春，王正月……王者孰谓？谓文王也……何言乎王正月？大一统也。"公羊家以西周时期的制度为大一统。事实上，西周时期的版图已超过夏商二代，西周通过封建制，一度实现了对疆域内所有居民包括蛮夷戎狄的有效统治。西周的制度亦为后来王朝所继承。春秋战国的割据，是由王朝末年的衰微造成的，到秦汉时期又实现了统一。以后很长时间各王朝的统治，并没有多少超出周朝的统治范围。由此看来，我国大一统政治体制的传承，至少维持了 4000 年以上历史。

三是以民为本的国家治理方式的传承。如何治理好国家，在这个问题上，习近平总书记强调以民为本，从为人民服务、听取更广泛人民群众意见为出发点考虑治理国家的方式。他说：“我们党开创的人民代表大会制度、政治协商制度，与中华文明的民本思想，天下共治理念，‘共和’、‘商量’的施政传统，‘兼容并包、求同存异’的政治智慧都有深刻关联。”

赓续古老文明　实现旧邦新命

习近平总书记在文化传承发展座谈会上的重要讲话，启迪人心、令人难以忘怀。他说：“中国式现代化赋予中华文明以现代力量，中华文明赋予中国式现代化以深厚底蕴。中国式现代化是赓续古老文明的现代化，而不是消灭古老文明的现代化；是从中华大地长出来的现代化，不是照搬照抄其他国家的现代化；是文明更新的结果，不是文明断裂的产物。中国式现代化是中华民族的旧邦新命，必将推动中华文明重焕荣光。”这是对世界文明史的总结，也是对中国古老文明的追溯，更是对中华文明未来前进道路的宏伟构想。

“中国式现代化是中华民族的旧邦新命”，是对中华文明得以赓续的具体说明，中国式现代化将使中华民族重新焕发青春。这里用的是周族邦在迁居周原后在周文王的带领下获取新生的典故，语出《诗经·大雅·文王》“文王在上，于昭于天。周虽旧邦，其命维新”，以喻中华民族5000多年的文明史，在中国共产党的领导下获取新生。

中国特色社会主义道路离不开马克思主义的指导。习近平总书记强调:“在五千多年中华文明深厚基础上开辟和发展中国特色社会主义，把马克思主义基本原理同中国具体实际、同中华优秀传统文化相结合是必由之路。”尤其是马克思主义基本原理同中华优秀传统文化相结合，习近平总书记称它“是又一次的思想解放”。站在思想解放的高度，我们完全可以把习近平总书记这篇纵贯古今的重要讲话看作马克思主义基本原理同中国具体实际相结合、同中华优秀传统文化相结合的又一典范著作。

（作者系河北师范大学历史文化学院教授）

中华文明的突出特性贯穿古今且相互联系

韩建业

6 月 2 日，习近平总书记出席文化传承发展座谈会并发表重要讲话。他指出，只有全面深入了解中华文明的历史，才能更有效地推动中华优秀传统文化创造性转化、创新性发展，更有力地推进中国特色社会主义文化建设，建设中华民族现代文明。习近平总书记还指出，中华文明有五个突出的特性，即连续性、创新性、统一性、包容性、和平性。可以说，深入了解中华文明历史，准确把握中华文明的五个突出特性，是建设中华民族现代文明的必要前提。从考古发现并结合文献记载来看，中华文明的五个突出特性都能追溯到史前时期，贯穿文明起源、形成和发展全过程，且相互之间存在密切联系。

连续性是中华文明最突出的特性

中华文明突出的连续性在世界范围具有唯一性，几千年来中华民族一直走在一条属于自己的道路上。

中华文化植根于距今大约 200 万年的旧石器时代，肇始于一万多年的新石器时代早期。至距今 8000 多年的新石器时代中期，大部地区出现共有的宇宙观、伦理观、历史观和较为复杂的知识系统，迈开了中华文明起源的第一步。距今6000年前后各地涌现出大型聚落、大型祭祀中心、大型建筑、大型墓葬等，迈开了中华文明起源的第二步。距今5100年前后出现良渚和南佐等数百万平方米的都邑性聚落，是具有区域王权的早期国家，这标志着中华文明的诞生。距今4100年以后建立了初步具有“大一统”天下王权的夏朝。夏商周王朝相承相替，经秦汉以后历代以迄于今，早先产生的思想观念和知识系统绵延至今，中华文明始终只有一个且持续稳定发展。此外，至少从距今8000多年以来，中华民族的民族主体和语言主体得以延续发展，汉字至少可以追溯到四五千年前。其他人们日常熟悉的物质和精神文化方面的连续性表现还有很多。例如，中国典型的榫卯结构建筑、“南稻北粟”的农业格局、蒸煮食物的习俗、佩戴玉器的习俗等，可以追溯到上万年前，中国特色的夯土建筑技术和丝织品、漆器等，也都可以追溯到至少五六千年前。

创新性是中华文明连续发展的动力

中华文明古老而又常新，与时俱进、守正创新是中华文明的突出特性，不断创新为中华文明连续发展提供不竭动力。

中华文明的物质创造不胜枚举。两万年前发明了世界上最早的用于炊煮食物的陶容器（釜），一万年前发明了榫卯结构建筑技术，驯化了大米（水稻）、小米（粟、黍）和猪，为中华先民的日常生活提供了保障，促进了人口繁衍。五六千年前发明了夯土建筑技术、养蚕丝织技术、漆器制作技术，为都邑聚落的建设和社会复杂化准备了条件，促进了文明社会的形成。4000多年前发明了用复合陶范铸造青铜器技术，为夏商周王朝的文明发展提供了技术支持。2800年前发明了以生铁为本的钢铁冶炼技术，引发了生产力的大发展和社会大变革。此外，中医药的发明，为中华民族的健康保驾护航数千年。秦汉以后还有包括“四大发明”在内的更多发明创造。

中华文明精神创造的重要时期是距今8000多年前，中国大部地区出现了共有宇宙观即“天圆地方”观和敬天观，体现在八角形纹、龙凤形象以及祀天仪式，包含石子龟甲、八卦符号及数卜龟占行为，骨“规矩”、律管及其观象授时行为等方面。同时，大部地区出现了共有的伦理观和历史观，即重视亲情、崇拜祖先、牢记历史的观念，集中体现在“入土为安”的“族葬”习俗中。这种“敬天法祖”的信仰或观念，孕育了整体思维、天人合一、追求秩序、稳定内敛、和合大同等文化基因。祀天行为和敬天传统的延续传承，成为后世中国古代政权合法性的仪式见证和思想源头，现在则发展为尊重自然、敬畏自然的观念。祖先崇拜观念、宗族观念流传至今，成为中华民族孝慈伦理、家国情怀的渊源。

统一性是中华文明连续发展的重要基础

中华文明的统一性主要体现在文化和政治两个层面。文化上的统一性是“一体”结构的文化上的中国的形成和延续发展，政治上的统一性是“大一统”特征的政治上的中国的形成和延续发展。文化上和政治上的中国都是中华民族不断交往交流交融的结果，而且文化上的中国是政治上的中国在分裂时向往统一、统一时维护统一的重要基础。

中国各区域文化的交流融合在旧石器时代即已开始，距今8000多年前后文化交流加速，在中原地区裴李岗文化的纽带作用下，各文化系统初步联结为一个相对的文化共同体，从而成为早期中国文化圈或文化上早期中国的起源。距今约6000年，受中原核心区的仰韶文化东庄—庙底沟类型向外强力扩张影响，其他文化之间的交往交流交融也显著加强，中国大部地区的文化融合成一个以中原为中心的三层次的超级文化圈，文化上的早期中国正式形成。到距今4000年左右夏朝建立时，文化上早期中国的范围西到新疆，西南到西藏、云南，南至广东、广西，东南至包括台湾在内的沿海地区，东达山东半岛，东北达黑龙江地区，北部涵盖整个内蒙古中南部甚至更远，远大于秦汉以降大部分王朝的政治疆域范围。

距今5100年左右中华文明形成，在黄土高原和太湖周围等局部地区出现了早期国家。距今4700多年进入庙底沟二期或者广义的龙山时代以后，黄土高原尤其是陕北地区的急速崛起和以东地区文化格局的突变，很可能与轩辕黄帝击杀蚩尤的涿鹿之战有关。按照《史记·五帝本纪》等文献的记载，轩辕黄帝征途所至，东至海岱、西至陇东、南达江湘、北到华北，当时可能已有了萌芽状态的“天下王权”，成为政治上的中国的起源。夏王朝建立，夏王已经初步具有“大一统”政治王权，政治上的中国形成。经商、周王朝，至秦汉形成中央集权郡县制的“大一统”国家。

中华文明文化和政治上的统一性，植根于中国相对独立的地理环境，以及8000多年前早已形成的共有的“一元”宇宙观、伦理观、历史观，成为中华民族共同体意识的源泉。

包容性是中华文明连续发展的活力源泉

中华文明的包容性表现在内部多支文化的互融互通、多个社会发展子模式的相互借鉴，以及不断兼收并蓄外来文化新鲜血液的能力。中华文明充满活力，蕴藏多种发展契机，能够适应各种环境变化而不断前行。

中国的地理环境广大多样，文化也可分为多个支系。以先秦时期为例，现已命名的考古学文化数以百计，可归纳为多个考古学文化大区或大系统。比如，苏秉琦就有中国文化六大区的划分方案，即以燕山南北长城地带为重心的北方，以山东为中心的东方，以关中（陕西）、晋南、豫西为中心的中原，以环太湖为中心的东南部，以环洞庭湖与四川盆地为中心的西南部，以鄱阳湖—珠江三角洲一线为中轴的南方。文明起源和形成过程也有多种路径或多种子模式，我们将其归纳为“东方模式”、“中原模式”和“北方模式”三种模式。“东方模式”富贵并重，物质文化发达，社会分工明确；“北方模式”重贵轻富，物质文化不很发达，社会分工有限；“中原模式”介于二者之间。这些“多支”的文化及其人群不断交流交融、相互包容，形成我中有你、你中有我的“一体”局面；这些小有不同的社会发展子模式相互借鉴，共同奏响了中华文明起源、形成和早期发展的主旋律。求同存异、和而不同、和谐共存，是“多支一体”的中华文明维持秩序、稳定发展、绵长延续的秘诀之一。

中国从来都不是自立于世界之外的，除去旧石器时代的人类迁徙，真正意义上的中西文化的交往交流至少在5000多年前就已经出现。在此后的千余年时间里，西方的绵羊、黄牛、小麦、青铜技术、马车等先后传入中国，成为中国文化的有机组成部分，对中国经济格局的变革、生产力的发展乃至中华文明的形成和早期发展，都起到了促进作用。丝绸之路开通后，中外文化交流更加频繁、内容更加丰富。可以说，开放包容是中华文明连续发展的重要原因之一。

和平性是中华文明连续发展的必要条件

由于各地区各民族持续地交往交流交融，文化上的中国范围不断扩大。但夏代以后中国历代的政治疆域都小于文化上中国的范围，中华文明在数千年的起源、形成和发展过程中，主体范围也基本保持稳定，基本没有大规模对外扩张的现象。中国历史上当然也有冲突战争，但和平发展是主旋律。中国史前时期就很少有专门武器，新石器时代最常见的武器弓箭和钺，无非是狩猎所用弓箭和伐木工具斧的改进版。即便是欧亚草原主要用于打造兵器和工具的青铜，到了中国也多被铸造成象征社会秩序的青铜礼器。

中华文明突出的和平性基于广大深厚的农业基础。中国主体位于气候适中的中纬度大河地区，具备农业发展的良好条件，有着世界上最大范围的农业区。农业生产需要较长的周期，种子的选育、土地肥力的维持、生产工具与设施的制备、水利设施的建造维护、生产经验的传承等，都需要长期稳定的社会秩序。长此以往，就会积淀出追求秩序、稳定内敛、爱好和平的文化基因。中华文明的和平性是刻在骨子里的。

（作者系中国人民大学历史学院教授、教育部“长江学者”特聘教授）

从边疆考古看中华文明的突出特性

魏　坚　田小冬

2023 年 6 月 2 日，习近平总书记在文化传承发展座谈会的重要讲话中指出，“中华优秀传统文化有很多重要元素，共同塑造出中华文明的突出特性”，主要包括连续性、创新性、统一性、包容性与和平性，并强调：“认识中华文明的悠久历史、感知中华文化的博大精深，离不开考古学。”

边疆考古作为中国考古学的重要组成部分，因其所涉地域范围和文化内涵而越来越受到学术界的关注。中华文明是多民族文化碰撞、融和、升华的结果，边疆民族为中华文明的形成作出了重要贡献。几十年来，北部边疆考古的实践就从实证的角度，证实边疆民族在中国百万年人类史、一万年文化史和五千多年文明史中的重要地位，在阐释中华文明五个突出特性中具有重要作用。

实证中华文明的连续性

“中华文明具有突出的连续性”，从根本上决定了中华民族必然走自己的路。在世界四大文明中，两河流域的古巴比伦文明、印度河流域的印度文明与尼罗河流域的埃及文明最后都有所中断，而中华文明却能够一直延续下来，形成了独具特色、博大精深的价值观念和文明体系。旧石器时代晚期和新石器时代早中期是中华文明的滥觞时期，独特的文化基因在此时已经凸显。

北方边疆地区发现的旧石器时代遗址有 30 余处，从旧石器时代中晚阶段到青铜时代有连续地层堆积的遗址仅有一处，即内蒙古东乌珠穆沁旗金斯太遗址。2000 年和 2001 年，内蒙古文物考古研究所和吉林大学等单位联合组队对金斯太遗址先后进行了两次发掘，揭示了旧石器时代、新石器时代至青铜时代多个文化层。在距今 4.2 万—1.2 万年旧石器文化层中，发现了用火遗迹及大量石制品、动物化石等文化遗物，特别是存在具有欧洲旧石器技术风格的勒瓦娄哇剥片技术的石器，将此类遗存在欧亚大陆的分布范围向东扩展了近 2000 公里，对理解旧石器时代古人类迁徙、技术扩散和文化交流具有十分重要的意义。金斯太遗址作为中国北方地区距今 5 万年以来年代和文化序列最为完整的遗址，证实了早期中华文明的连续性。

进入新石器时代，分布在内蒙古东南部西辽河流域和内蒙古中南部黄河流域以及环岱海—黄旗海地区的新石器时代遗址有 2000 余处。位于乌兰察布市察右前旗黄旗海南岸的庙子沟遗址，是内蒙古中南部地区发掘面积最大、遗迹保存最完整、出土遗物最为丰富、研究最为深入的仰韶文化晚期遗址，年代距今约 5500 年至 5000 年。庙子沟遗址内房址成排分布，布局井然有序，窖穴散布其间，聚落延续发展有一定的时间性。该考古学文化被命名为“庙子沟文化”。可见，黄河流域以北的黄旗海地区在仰韶晚期，已经进入了文化发展的繁荣时期。阴山脚下的内蒙古中南部地区是中国北方文明化进程中的重要区域之一，在距今 5000 年前，也同中原地区一道跨入了中华文明的门槛。从源远流长的历史连续性来认识早期中国文明的肇始和演变脉络，才能更好地理解古代中国，从而更好地面对现代中国和未来中国。

彰显中华文明的统一性

中国统一的多民族国家是在秦汉时期形成的。统一的国家框架决定了国家发展的前景，也从根本上决定了中华民族各民族文化逐步融为一体，即使遭遇重大挫折也始终牢固凝聚。

两汉时期，汉朝面对主要来自以匈奴为主的北方民族的威胁，特别重视北方边塞防御体系的构建，开始大规模地修筑长城。西北河西四郡以北的额济纳河流域居延一线不仅是防御匈奴的战略要地，而且在此可以占据有利地形来控制额济纳河的水资源，在额济纳河下游设立居延都尉府和肩水都尉府来统辖边塞防务。居延地区现存最多的遗迹就是汉代的城障亭燧遗址，目前存有 3 座城址、8 座障城和 100 余座烽燧。1998—2002 年，内蒙古文物考古研究所领衔的联合考古队对居延遗址的调查、测绘及发掘工作，使得居延汉代塞防设施的面貌渐趋明朗。通过对居延都尉府辖区内两座城址的进一步调查和清理，特别是 BJ2008 的发现与研究，明晰了三座城址的修筑年代和主要功能；对亭燧障塞的考古调查与测绘，基本搞清楚了居延地区汉代城址和障城的具体分布，为进一步探讨烽燧功能提供了基础材料。

通过对居延汉代遗址的考古发掘和调查，结合以往出土汉简，我们可以初步描绘出边塞戍卒轮流值戍、施烟示警的军旅场景，大致复原出边塞将士在气候恶劣的苦寒边关“斥候望烽燧不得卧，将吏被介胄而睡”紧张艰苦的生活状态。

居延汉代遗址如今依然屹立在荒漠黄沙中，彰显着中华文明的统一性，让后人真切体会到“秦时明月汉时关，万里长征人未还”的豪迈与悲壮，牢牢树立国土不可分、国家不可乱、民族不可散、文明不可断的共同信念。

阐释中华文明的创新性

在数千年历史长河中积淀形成的中华文明里，包含很多通过吸收、融合外来文化而发生创新性改变的传统文化。北方游牧民族与中原农耕民族的碰撞和融合，一直是中国北方边疆历史的主旋律，同样也是中华文明不断发展和自我创新的重要推动力。

鲜卑是第一个入主中原的北方民族，是第一个把草原游牧区和北方农耕区置于同一政权统治之下的王朝。美国学者魏特夫认为鲜卑是许多北方民族建立“征服王朝”中的特例，属于“渗入王朝”。386年，拓跋珪改国号为“魏”，史称“北魏”；439年，太武帝拓跋焘统一了北方；494年，孝文帝拓跋宏迁都洛阳，进行汉化改革，促进了各民族之间的交往和经济发展。特别是开凿云冈石窟和龙门石窟等一系列举措，推动了北魏的汉化进程和民族大融合，产生了深远的影响。

内蒙古地区是4世纪以前鲜卑活动的主要地域。近年来，在呼伦贝尔市的海拉尔区，锡林郭勒盟的正蓝旗、二连浩特市，乌兰察布市的商都县、察右前旗、察右中旗和兴和县，包头市的九原区、固阳县、土右旗和鄂尔多斯市的准格尔旗等地，陆续发现和发掘了100多座鲜卑墓葬，拓宽了对鲜卑考古学文化认识的视野。这些墓葬为建构早期鲜卑史、扩充鲜卑王朝史提供了翔实的考古资料，用新的考古材料阐释了鲜卑民族创造的灿烂文明。

周边各个民族不断融入，特别是北方民族的强势融入，不断注入新鲜血液，才使中华民族更新强大。北纬41度线造成了农牧差异，也造成了征战与融合。而征战和融合是中华民族不断强大，开创新历史的原动力，从而印证了中华文明具有突出的创新性。

见证中华文明的包容性

中华文明的包容性表现为求同存异和兼收并蓄，中华民族以其博大的胸怀对各种文明吸收扬弃，使得中华文明具有非凡的融合力和创造力。唐朝墩古城遗址从考古实证的角度，为这种包容性作出了生动注脚。

唐朝墩遗址位于新疆维吾尔自治区奇台县，是天山北麓东西交通要道上的一座城址，西距北庭故城约 30 千米。2018 年至 2022 年，中国人民大学与新疆文物考古研究所合作，围绕唐朝墩遗址开展考古发掘，基本厘清了城址的形制结构和建置沿革，确认了其即是唐代庭州蒲类县县治所在。唐朝墩古城始建于唐贞观十四年，沿用于高昌回鹘、西辽和元代，14 世纪察合台汗国时期废弃。城内中心略偏西北处发掘清理了一处唐代院落遗址，该院落采用减地法构筑，清理出元代、西辽、高昌回鹘和唐代叠压的地层堆积。城址中心夯土台基为一处佛寺遗址，与城址同时修筑，可见佛教在唐代的重要地位。佛寺遗址整体坐西朝东，平面呈长方形，包括围墙、回廊、塔基地宫、佛殿、前庭和前院六部分。城内东北部发掘出的浴场遗址规模较大，建筑规格较高，在形制布局、建筑技艺等方面具有浓郁的罗马风格，整体结构由中心部位的砖砌主体建筑、东侧相接的土坯建筑和北侧中心的灶址及左右两端的供水井、排水井等相关遗迹构成，推测其作为城内公共浴场的可能性较大。城内北部中央清理出一处完整的景教寺院遗址，主体建筑坐东朝西，寺院由结构较为相似的南北两组建筑空间构成。

唐朝墩古城浴场遗址、佛寺遗址和景教寺院出土的生活器具和精美壁画，反映出东西方建筑传统和技术、佛教和景教宗教思想文化等在丝绸之路上的传播、交流与融合，印证了新疆地区唐代至元代多民族融合、多宗教共存、多文化兼容的历史事实，为进一步研究提供了生动而坚实的实物材料。

唐朝墩古城遗址作为探讨中华民族共同体形成与发展过程的一个生动例证，诠释了中华文明突出的包容性。正是这种包容性，从根本上决定了中华民族交往交流交融的历史取向，决定了中国各宗教信仰多元并存的和谐格局，决定了中华文化对世界文明兼收并蓄的开放胸怀。

体现中华文明的和平性

中华文明的和平性从微观视角来看是人与人的社会关系要和谐，从宏观视角来看是不同的文明形态、不同的价值观念要和合共生，最终实现“美美与共，天下大同”。草原都城元上都从宏观视角，体现出中华文明的和平性。

元上都遗址位于内蒙古正蓝旗，地处水草丰美的金莲川草原上，其地北依龙岗山，南临滦河，史籍赞其城为“龙岗蟠其阴，滦水迳其阳，四山拱卫，佳气葱郁”。元上都始建于1256年，三年建成，初名开平府，后大都建成，1263年将开平府改名为上都，亦称上京、滦京等，这里便成为和元大都并列的“北控沙漠，南屏燕蓟”的草原都城。通过对元上都遗址的考古发掘，明晰了遗址内三重城垣的布局、各部分宫殿的构筑方式以及民居房址、周边墓葬和包括铁幡竿渠在内的水利工程遗迹等遗存的特点，揭示了元上都文化融合的特质和丰富的历史内涵。宫城正中的大安阁是将南宋汴京熙春阁拆卸后运至上都复建而成；大安阁西南角出土的汉白玉角柱雕刻的龙纹神态飘逸、技法纯熟，表现出典型的中原文化传统；大安阁作为上都最重要的宫殿，采用的是中原风格的建筑方式，可见蒙元王朝对中原文化的推崇。意大利旅行家马可·波罗曾对这座闻名遐迩的都城繁华景象有过详尽的描述。上都作为连接欧亚大陆各国的重要枢纽，成为东西方文明交流的桥梁和纽带，在中外文化交流史上流光溢彩，其彰显的恰恰是中华文明的和平性。

如今，这座拥抱着巨大文明的废墟，屹立在辽阔的金莲川草原之上，以其宏大的气派，反映着中华民族多元开放的时代格局，其底蕴正是中华文明包容宽厚的和平性。2012 年，这座曾经高度繁荣的草原都城被列为世界文化遗产，在成为中华文明多元一体重要标识的同时，也为世界文化的多样性作出重要贡献。

随着边疆考古工作的不断发展和进步，考古学研究透物见人的优势日益明显，为探索中华民族多元一体格局形成的历史进程提供了重要证据。从边疆考古中可以充分理解中华文明的连续性、创新性、统一性、包容性与和平性这五个突出特性。边疆考古工作者应拓宽国际视野，立足边疆地区的区位优势与文物资源特色，深入推动边疆考古研究，构建中国边疆考古研究三大体系，为建设中国特色、中国风格、中国气派的考古学作出积极贡献。

（作者系中央民族大学民族学与社会学学院教授；中国人民大学历史学院博士研究生）

从中原考古看中华文明的突出特性

袁广阔

2023年6月2日，习近平总书记出席文化传承发展座谈会并发表重要讲话。习近平总书记指出，中国文化源远流长，中华文明博大精深，中华优秀传统文化有很多重要元素，共同塑造出中华文明的五个突出特性，即连续性、创新性、统一性、包容性、和平性。为了开好座谈会，习近平总书记来到中国历史研究院，参观了中国考古博物馆内的文明起源和宅兹中国专题展，随后察看了院内部分馆藏珍贵古籍和文献档案，并在中国历史研究院科研工作成果展前听取有关情况汇报。习近平总书记强调，认识中华文明的悠久历史、感知中华文化的博大精深，离不开考古学。

习近平总书记从全局战略高度，对中华文化传承发展的一系列重大理论和现实问题作了全面、系统、深入阐述，具有很强的政治性、思想性、战略性和指导性，这是对中华优秀传统文化一次整体性把握，也是对中华优秀传统文化作的高度理论性的评价。习近平总书记的重要讲话告诉我们，只有全面深入了解中华文明的历史脉络，深刻认识中华文明的突出特性，才能更有效地推动中华优秀传统文化创造性转化和创新性发展，更有力地推进中国特色社会主义文化建设。作为文物考古工作者，我们应从考古学角度深刻认识中华文明的五个突出特性。

中华文明具有突出的连续性

考古发现与研究证实，中国有着百万年的人类史、一万年的文化史、五千多年的文明史，而在漫长的文明发展史中，中国形成了多元一体格局，尤其是中原地区以贾湖、裴李岗、唐户、双槐树、大河村、黄山、王城岗、瓦店等为代表的人群创造的文明极富张力，为人类文明进步事业作出了重大贡献。

黄山聚落堆积丰富，包含仰韶、屈家岭、石家河等三个时期的文化遗存。遗址顶部台地仰韶早期至屈家岭文化堆积厚 3—5 米，基本由多层房址和墓葬叠压而成，遗迹丰富，从汉墓壁剖面观察到的仰韶晚期台式建筑有 5 层之多。第二台向第五台同期文化堆积渐薄至消失。山下西岗地高处同期文化堆积厚 0.5—1.2 米，其余无文化堆积，耕土下即为遗迹。古河道内堆积厚 7 米左右。

大河村聚落已发掘近 30 次，面积为 40 余万平方米，文化层厚 7—12.5 米，包含仰韶、龙山、二里头和商文化等四个时期，尤以仰韶三、四期遗存最为丰富，重要发现有环壕、城址、方形房屋、祭祀遗迹、墓葬等。

二里头聚落面积约为 300 万平方米，形成了网格状的总体规划。宫城占地约 10 万平方米，布局严整，包含东、西两组中轴线布局的四合院式宫室建筑，出土有绿松石龙、绿松石铜牌饰、青铜器等，还有专门的手工业作坊区。这种布局规划和宫室建筑是后世都城制度的先河。更重要的是，二里头丰富的文化堆积上面被商文化叠压，其下面又叠压仰韶、龙山时期的文化遗存。

以上中原地区的考古发现中，二里头是早期都邑的代表，黄山是大型功能性聚落的代表，大河村是延续时间较长的城址聚落的代表，它们有力证明了我国古文化遗址的特征是层垒文化层的连续性和跌宕相继的多期文化遗存并行。特别是二里头文化的崛起标志着中国进入广域王权时代，其后的商、周以及秦、汉、三国两晋南北朝、唐、宋、元、明、清，均是对前期文化的继承与发展。

中华文明具有突出的创新性

革故鼎新、与时俱进是中华文明永恒的精神气质。自新石器时代以来，中华文明在继承创新中不断发展，积淀着中华民族最深沉的精神追求。

距今约 8500 年的贾湖聚落已揭示出多个世界之最。第一个是最早的乐器——骨笛，已出土 30 余支，是迄今所见数量最多，保存最为完整，且能吹奏七声音阶的最早的乐器实物，把人类音乐史推进到 9000 年前。第二个是最早的发酵饮料——果酒，表明当时的原始农业、食品加工技术已经起步。第三个是最早的鱼类人工养殖行为，出土的鲤鱼骨骼表明，贾湖人群存在集中捕捞鱼类的行为，而这种行为可能带有人工养殖鱼类的原始迹象。除此之外，贾湖还是世界上最早的稻作农业起源地之一、最早的家畜驯养地之一、最早的原始宗教与卜筮起源地之一等。

距今约 5300 年的双槐树聚落是一处经过精心规划和布局的聚落，各功能区结构清晰、主次分明，反映出强烈的组织协调性。中心居址、大型夯土院落式基址、夯土祭坛和墓地大致分布于同一直线，已经初具中国早期宫室建筑的特征，为探索三代宫室制度的源头提供了重要素材。不同建筑的布局整体具有一定的台阶式特征，表现出的社会发展模式和承载的思想观念代表着古国时代的王都气象。该聚落是迄今为止黄河中游文明形成初期发现的规格最高的、具有都邑性质的中心聚落，填补了中华文明起源关键时期、关键地区的关键材料的空白，被专家称为“早期中华文明的胚胎”，进一步实证了中华文明起源史。

从中原地区新石器时代中、晚期的聚落发现来看，人们已经在居住方式、生业模式、知识体系、手工业传统、原始宗教文化等方面有了创新性内涵，这些内涵充分融入中原古文化，成为区别于周边地区的重要标识。

中华文明具有突出的统一性

中华文明是由各民族优秀文化百川汇流而成。严文明把中国新石器时代文化比喻成一朵重瓣花朵，认为由于中国自然地理的客观条件，中国史前文化发展呈现一种重瓣花朵式的多元一体结构，其“花心”在中原，这种结构本身具有凝聚与向心作用，因而在文明产生以后的发展过程中，相邻与相近的文化逐步融合，从而使文化的统一性越来越强，具体表现为“花心”部分越来越大。

中原地区的裴李岗文化历时 2000 年左右，通过三个阶段发展演变逐步将河南大部区域整合起来，作为对外扩张的大本营。在冀南、关中、海岱、长江中游和淮河中下游地区，裴李岗文化格外强势，包括磁山、白家、后李、北辛、彭头山、顺山集、双墩等文化皆受到其不同程度影响，而这种影响也最终将黄、淮河流域紧密团结在一起，形成广域而统一的中华早期文化互动圈。

裴李岗文化通过打磨石器、驯养家畜、开垦田地，率先进入新纪元。其有规划合理的居址和墓地，有农业、畜牧业和采集渔猎业并重的多元生计模式，也有先进的制陶、制石、制骨等技术，还有成熟的知识体系，更有杈形器、骨笛、龟甲和响石等勾描出的繁缛祭祀程序。这些先进因素随后被仰韶、龙山文化传承和改造，并在广泛吸收黄河、淮河、长江、西辽河流域先进文化因素的基础上进行交融、损益，最终造就了中华文明在中原地区的诞生。可以说，裴李岗文化是中华文化的基石、黄河文明的肇端，孕育了中华文明。

中华文明具有突出的包容性

仰韶文化时期，中华文明的包容性和兼容并蓄、多元文化互动交融的特征极其突出。郑州—洛阳一带的大河村文化以双槐树、大河村、西山、汪沟、青台等为代表，呈现出四方通衢、文化汇聚的特征，这种文化多样性不仅限于同期不同文化类型的汇聚与交互，也表现为不同时期多元文化的沉淀与融合。

器物特征上，大河村文化形成之际就伴随有一定的外来文化因素。随着时间的推移，外来因素呈现逐步增加的趋势，尤其是东部大汶口文化与其最为密切。大河村文化出土的陶器中，盆形鼎、折腹鼎、折腹豆、长颈壶等吸取了大汶口文化的优秀元素；圈足杯、双腹豆、喇叭形杯吸收了屈家岭文化的因素；折肩折腹壶、玉璜等可在崧泽文化中找到原型。另外，我们在大河村、双槐树等遗址，还可看到双墩文化靴形器、薛家岗文化折腹杯、大溪文化杯等文化元素。这些器物充分证明，河洛地区在距今 5000 年前后就是连通四方的交通孔道。

在人口增长上，外来人口会聚，一定程度上促进了大河村文化人口的增长。大河村有房子出土成组大汶口文化器物，还发现典型屈家岭文化窖穴和墓葬，侧面说明大河村文化聚落扩大，外来人口迁移此地是一个原因。杜金鹏将分布于淮河支流的遗址命名为“大汶口文化颍水类型”，认为大汶口文化进入颍、汝河流域后，与当地土著文化进行了长期的接触与交流，逐渐与土著文化融为一体。张忠培认为大河村文化利用地理优势博采众长，广泛吸收先进因素，从而加速了自身的历史进程。大河村文化所处新石器时代晚期偏早阶段是一个极为重要的文明蝶变期，在承继庙底沟文化深厚文化基因的基础上，大河村文化蓄势中原，吸收并融合周边先进文化因素，走出了一条重民生、务实际的可持续发展道路，迈入了中原地区最早的古国门槛，深刻影响了中华文明的延续与发展。

中华文明具有突出的和平性

龙山文化时期，中原各地聚落形态的发展出现了新的气象，各区域出现城址林立的局面。太行山南麓有温县徐堡、博爱西金城、辉县孟庄等城址；太行山东麓有安阳后岗、柴库，濮阳戚城等城址，嵩山一带有登封王城岗、古城寨、郾城郝家台、禹州瓦店等城址。这些城址多依托自然河流，强调防御功能。

这一时期，聚落内部和聚落之间的等级分化进一步加剧。从龙山晚期聚落内部的结构布局来看，城址或中心聚落内常集中发现有各类高等级遗存，表明聚落内部的等级分化已十分鲜明，而在紧张的社会关系中首先受到保护的是身份和地位较高的贵族阶层。城址的出现也是社会矛盾冲突的体现。因此《尚书·尧典》有“协和万邦”,《礼记·礼运》有“天下大同”,《论语·子路》有“君子和而不同，小人同而不和”，说明中华文明崇尚“以和邦国”“和而不同”“以和为贵”，和平融入了中华民族的血脉中，刻进了中国人民的基因里。

中国是世界文明古国之一，在这片热土上，中华民族以自己的勤劳智慧创造了灿烂辉煌的文明。中华文明是中华民族独特的精神标识，是中国文化的根基。我们只有全面深入了解中华文明的历史，才能更有效地推动中华优秀传统文化创造性转化和创新性发展，推进中国特色社会主义文化建设，建设中华民族现代文明。正如习近平总书记所指出的:“如果没有中华五千年文明，哪里有什么中国特色？如果不是中国特色，哪有我们今天这么成功的中国特色社会主义道路？我们要特别重视挖掘中华五千年文明中的精华，把弘扬优秀传统文化同马克思主义立场观点方法结合起来，坚定不移走中国特色社会主义道路。”

（作者系首都师范大学历史学院教授）

中华文明绵延发展的内在机理和“亘古亘今”的精神魅力

王泽应　周　宇

习近平总书记指出：“中华文明具有突出的连续性，从根本上决定了中华民族必然走自己的路。如果不从源远流长的历史连续性来认识中国，就不可能理解古代中国，也不可能理解现代中国，更不可能理解未来中国。”中华文明是唯一从未断流的“亘古亘今”的文明类型，可谓世界连续性文明的典范，具有强大的融合力、内化力、延续力和凝聚力。

冯友兰《国立西南联合大学纪念碑碑文》有言：“盖并世列强，虽新而不古；希腊罗马，有古而无今。惟我国家，亘古亘今，亦新亦旧，斯所谓‘周虽旧邦，其命维新’者也。”黑格尔在《历史哲学》中考察并比较了恒河流域和印度河流域、幼发拉底河和底格里斯河流域、尼罗河流域，以及黄河、长江流域所形成的文明体系及其发展状况，指出：“假如我们从上述各国的国运来比较它们，那末，只有黄河、长江流过的那个中华帝国是世界上唯一持久的国家。”在黑格尔看来，中国实在是最古老的国家，同时又是最新的帝国。“古而又新”是中华文明的本质特征。英国历史学家汤因比认为，在近 6000 年的人类历史上，出现过 23 个文明形态，但是在全世界只有中国的文明形态是长期延续发展而从未中断过的文明。中华文明形成了一个绝无仅有的、完整伟大的传播传承体系，它的“连续性即使是在中华文明的其他要素发生最严重断裂的情况下，也没有出现任何中断”。中国历史和中华文明具有漫长的跨度，不仅表现为一个大一统国家的理想不断地化为现实，而且由于文化的统一建构了一个既承前继往又启后开来的文明体系。

人类古代先后出现过几大文明范例，创造过农业文明、游牧文明和早期海洋文明的许多成果。但是，无论是美索不达米亚文明、埃及文明、印度河文明，抑或是古希腊文明、古罗马文明，都未能避免衰亡的命运，唯有中华文明在不断迎接挑战中继续向前发展。在中国历史的发展进程中，无论发生改朝换代还是遭遇外侮内乱，中华文明都能生生不息、代代相传，始终不间断地延续着中华文明的基因和血脉，传承着中华文明的核心价值观和基本精神，并在革故鼎新中开拓新局面，创造新辉煌。那么，中华文明绵延发展的内在机理和“亘古亘今”的精神魅力到底何在呢？这是一个我们在传承和弘扬中华文明、建设中华民族现代文明的神圣事业中必须努力探究并深入开掘的重大理论和现实问题。从较为宏大和最为基本的精神基因的角度考察，继往开来的价值共识、多元一体的发展格局、民为邦本的治政理念、中正仁义的道德追求、革故鼎新的使命担当、自强不息的精神气质、厚德载物的博大襟怀、以和为贵的伦理品质，拱立和支撑中华文明绵延发展的精神大厦并为之提供“源源不竭”的价值动能。

第一，继往开来的价值共识。中华文明既坚守本根又不断与时俱进，把“继往圣，开来学”和“为往圣继绝学，为万世开太平”作为基本的价值追求和民族精神，形成了“慎终追远”、“慎终于始”、“垂裕后昆”和“钦崇天道，永保天命”（《尚书·仲虺之诰》）的承前启后、继往开来的意识以及“周虽旧邦，其命维新”的国性基质，凸显了“七世之庙，可以观德；万夫之长，可以观政”（《尚书·咸有一德》）和“终始惟一，时乃日新”、“其难其慎，惟和惟一”（《尚书·咸有一德》）的伦理价值，在中华民族心灵深处内化为一种对传统的礼敬和对未来的创新等代际伦理人格，培育了共同的情感和价值、共同的理想和精神。无论商朝取代夏朝，还是周族完胜商族，胜利者都没有令前代文明灰飞烟灭，而是在尽力保存前代文明基本主题和发展模式基础上对之予以改造和发展。以孔子为代表的儒家既祖述尧舜，宪章文武，对此前的各种文献予以全面系统的整理，又针对当时所面临的“礼崩乐坏”的社会情势提出了一系列价值主张和应对措施，建立了一个对后世影响深远的仁学思想体系。之后，历代思想家都十分强调文明既要承前继往，更要启后开来，凸显了不忘初心和砥砺前行的重大意义。中华文明之所以绵延数千年，正是得益于旧邦新命的国性基质和继往开来的价值追求。正是这种承前启后、继往开来的价值共识使中华文明成为人类历史上唯一一个绵延 5000 多年至今未曾中断且充满无限活力的灿烂文明。

第二，多元一体的发展格局。中华文明不但是本土起源的，而且也是多源并发的，“多源”相互融合为一体，形成了多元一体的发展格局。高度发达的史前文化，既存在于中原大地，也分布于辽西、长江中游、黄河下游、江浙等地区，苏秉琦先生将之总结为“满天星斗”，它们经过不断融合初步形成带有鲜明区域特色的中华文化圈。中华文明自起源至秦汉，经历了从不同地域各种文化的“多元并行”，到周边文化向中原地区汇聚的“多元一体”，再到秦汉统一以后多民族国家形成的“多元一统”的文明发展进程。中华文明的起源是多元的，而且多元的因素一直伴随中华文明的发展过程，中华文明的演进过程实际上就是多元文明相互整合的过程。一体在中国人民心灵深处铸造了国土不可分、国家不可乱、民族不可散、文明不可断的共同信念和集体人格，不断促进中华文明向前发展。

第三，民为邦本的治政理念。中国自古就有“民为邦本”“君舟民水”“得民心者得天下”等民本思想和政治智慧。《尚书·五子之歌》提出了“民为邦本，本固邦宁”的治国主张，要求统治者爱民而不能轻视人民，因为人民构成了国家的根本，只有人民这一根本坚固了，国家才会安宁太平。《尚书·大禹谟》认为“德惟善政，政在养民”，并且将“正德”“利用”“厚生”视为天下和谐安定的三大基础价值。德行正，财用利，资生厚，则经世致用之道备矣，才能成就盛德富有之大业，使黎民百姓生生不息，文明不断得以创化和发展。中华文明倡导民为邦本，形成并发展了“民为贵，社稷次之，君为轻”的民本主义。孟子强调指出：“得天下有道，得其民，斯得天下也。得其民有道，得其心，斯得民矣。得其心有道，所欲与之聚之，所恶勿施尔也。”统治者要得到天下并很好地治理天下，就必须尊重人民的主体地位，以赢得民心作为得道的根本。

第四，仁义中正的道德追求。周敦颐《通书》认为，“圣人之道，仁义中正而已”。孔子的仁学将仁的本质确立为“爱人”，提出“夫仁者，己欲立而立人，己欲达而达人”，倡导“为仁由己”“仁以为己任”，并努力去实现“天下归仁”的理想。一部《论语》，“仁”字出现了 109 次之多，反映了孔子及其弟子对仁德的重视。孟子仁义并称，将“仁”界说为“人心”和“人之安宅”，将“义”界定为“人路”和“人之正道”，认为仁义是人之所以区别于禽兽的“几希”。《周易》提出“立人之道曰仁与义”，认为人可以凭借仁义之道无愧地立于天地之间。与对仁义的崇尚密切相关，中华文明十分推崇中正中庸之道，唐尧虞舜时期开始“定国名为‘中’”，将“上古以来尚中之德”上升到国德的高度，凸显了笃行并坚守“中道”的国性意义。尧之授舜，舜之授禹，其要旨在“允执厥中”。在中华文明中，“中者”被认为是“天下之正道”，“庸者”是“天下之定理”。凡事讲求适度和中正既是天地的秩序，天之为道是“刚中而应，大亨以正”的，也是人类存续的法则，人道以中道中正立身处世，“极高明而道中庸”。因此，尚中成为中华文明的基本精神和道德价值追求。

第五，革故鼎新的使命担当。几千年前，中华民族的先民们就秉持“周虽旧邦，其命维新”的精神，开启了缔造中华文明的伟大实践。革故鼎新是新事物和旧事物的更替，是新事物在旧事物基础上变化和发展的结果。革故就是破除旧事物的弊端，为制度更新扫清道路、提供前提；鼎新就要确立有利于新事物成长的新思想、新制度、新体系，进而实现历史性更迭转换。《周易》用“穷则变，变则通，通则久”“天地革而四时成，汤武革命，顺乎天而应乎人”“生生之谓易”等来说明革故鼎新是宇宙万物运动变化的规律，体现了中国古人永不僵化、永不停滞的进取姿态和变中求新、新中求进的精神追求。战国时，商鞅主张“苟可以强国，不法其故；苟可以利民，不循其礼”。《礼记·大学》记载汤之盘铭曰：“苟日新，日日新，又日新”,《尚书·康诰》曰“作新民”。古人还提出“周虽旧邦，其命维新”“不日新者必日退”“以不息为体，以日新为道”等具有创新精神的观点。在中华文明绵延赓续的进程中，“革故鼎新”一直是中华民族屹立不倒的精神内核，成为中华文明永恒的精神气质，中华民族也在革故鼎新、守正创新中实现自身跨越，并将在变革创新中取得更多成就。

第六，自强不息的精神气质。“天行健，君子以自强不息”。中华文明既不像西方文明那样追求外在的征服与占有，始终以外物来填充内心不断膨胀的欲望，甚至不惜发动十字军东征、近代海洋争霸和现代两次世界大战以及战后多次侵略性战争；也不像印度佛教那样视现世的一切为虚妄的存在而与世隔离，追求一个空寂的梵天世界，而是立足于现实世界，追求一种刚健有为、日生不滞而又不断发展完善的文明，自强不息正是中华文明内具的精神气质。中华文明依靠自强不息的精神品质在认识和改造自然、社会和人生的过程中不断地攻坚克难、闯关夺隘，创造了一个又一个彪炳史册的伟大奇迹，书写了中华历史上物质文明、制度文明和精神文明的辉煌史诗。

第七，厚德载物的博大襟怀。“地势坤，君子以厚德载物。”中华文明既有自强不息的律己待己之精神价值追求，也有厚德载物的待人应世之精神价值的涵育和敦化。中华文明一经形成，就具有开放性和包容性，能够在开放中吸收异质文明、在包容中消化异质文明、在多元融会中更新自身。中华文明，是在与其他文明交流互鉴中发展、演进、成就其伟大的。中华文明以其深厚的底蕴和不屈的韧性，实现了文明的创造性转化，焕发出新的勃勃生机。中华文明之所以能够在数千年发展过程中始终保持强大生机与活力，关键在于其面对异域文化在中国的传播，不是采取绝对的抵制态度，而是兼容并蓄，积极吸收外来文化的优秀部分，从而不断创造中华文明新的理论形态。

第八，以和为贵的伦理品质。有着 5000 多年历史的中华文明，始终崇尚和平，对于和平、和睦、和谐的追求深深植根于中华民族的精神世界之中，深深融化在中国人民的血脉之中。作为群经之首的《易经》建构的思想文化，本质上是一种于乾坤并建中追求阴阳和合、健顺和美，以及人我和谐、己群和谐、天人和谐的和谐型文化。不仅《易经》崇尚天人和谐、人我和谐、群己和谐，《尚书》、《诗经》、《春秋》、《礼记》以及儒家《四书》等经典也莫不以和谐中正为核心的价值理念和伦理原则，深刻阐释和论述了和平、和睦、和谐、和美的丰富内涵和伦理意义，对中华伦理文明产生了极为重要的影响。《尚书·尧典》提出：“克明俊德，以亲九族。九族既睦，平章百姓。百姓昭明，协和万邦。”从家族和睦到社会和谐，从四海一家到世界和平，凸显了中华文明“以和为贵”“和而不同”“睦邻友邦”“天下大同”等价值理念，塑造着中华文明的和平发展特质。

上述八个方面的内容，作为拱立并支撑中华文明不断“亘古亘今”的基本价值和精神气质，不仅是中华文明由古走到今的源头活水和价值动能，而且也是传承和新造中华文明的价值血脉和精神禀赋。

中华文明绵延发展的内在机理和“亘古亘今”的精神魅力，是中华民族文化自信和精神自信的重要源泉，有助于我们坚定中国特色社会主义文化自信，有助于我们在把马克思主义基本原理同中国具体实际相结合的同时，将马克思主义基本原理同中华优秀传统文化相结合，探寻马克思主义基本原理同中华优秀传统文化相结合的路径、机理和重大理论与现实问题，为创造中华文明的现代形态、促进马克思主义中国化时代化提供中华文明的丰厚资源。

（作者系湖南师范大学道德文化研究中心教授；湖南师范大学道德文化研究中心博士研究生）

中华文明的连续性与“传承”品格

王秀臣

6 月 2 日，习近平总书记出席文化传承发展座谈会并发表重要讲话。讲话指出，在新的起点上继续推动文化繁荣、建设文化强国、建设中华民族现代文明，是我们在新时代新的文化使命。习近平总书记的重要讲话系统、深刻地阐明了中华文明的基本特性、“两个结合”的价值意义，以连续性特性为依据，深刻揭示了中华文明区别于其他任何一种文明形态的“传承”品格，为建设中华民族现代文明指明了方向，具有深远的历史影响和现实指导意义。

没有传承就没有连续

习近平总书记指出，中华文明具有突出的连续性，从根本上决定了中华民族必然走自己的路。如果不从源远流长的历史连续性来认识中国，就不可能理解古代中国，也不可能理解现代中国，更不可能理解未来中国。五千多年中华文明的连续性是在传承中完成的。在世界文明史进程中，连续性是中华文明独有的特性，而连续性形成的根本原因就是传承。中华文明从孕育、滥觞的那一刻起就开启了独特的传承方式。文明的连续性体现为文化的连续性，展现中华文明发展脉络的中华文化以从未间断的方式绵延至今，而保证文化连续性的根本原因也是传承。

文明传承最典型的方式是文化传承，而文化传承最典型的方式是学术传承。近一段时期以来，古典学研究颇为热闹，在面对中西古典学差异的时候，不少学者忽略了一个基本事实，即西方古典学是以断裂为前提，而中国则是连续的。与西方古典学以“黑暗时代”的断裂为前提不同，中国古典学以传承为使命，在变化中发展，延续数千年而不断。与西方古典学有意而为之的主观行为不同，中国古典学具有潜移默化的自觉性。与西方古典学以复古、怀旧为基调不同，中国古典学是复兴和转化。西方千年中世纪漫长的黑暗时代将西方的古典与现代割裂开来，西方古典学之于现代西方社会，只能回忆，无法重建。就中国而言，文明的连续性总是能让我们看到那些日用而不觉的古典文明在当下的延续。

这就提醒我们，古典学之于中国，不理解学术、文化传统的传承性，是无法领悟其要义的。也就是说，理解传承性是研究中国传统学术的基本前提，同时也是理解中国文化、解读中华文明的基本前提。中国传统学术的传承支撑着中华文化的连续性，中华文化的传承支撑着中华文明的连续性。今天，我们身处一个伟大的时代，中华民族伟大复兴进入不可逆转的历史进程，古老的中华文明是构建中华民族现代文明的必然前提，也是构建现代文明的根基和底蕴。中华民族现代文明的构建，既要传承古老中华文明的精神积累，也要传承其得以延续的“传承”品格。

没有传承就没有归属

习近平总书记指出，中华文明具有突出的统一性，从根本上决定了中华民族各民族文化融为一体、即使遭遇重大挫折也牢固凝聚，决定了国土不可分、国家不可乱、民族不可散、文明不可断的共同信念，决定了国家统一永远是中国核心利益的核心，决定了一个坚强统一的国家是各族人民的命运所系。这种突出的统一性决定了中华文明孕育的中华文化具有超强的凝聚力、强烈的归属感和认同感，因而也具有顽强的生命力。

归属感和认同感是一种文化具有凝聚力的集中表现，也是其具有生命力的重要表征。中华文化之所以绵延不断，之所以长盛不衰，成为世界上生命力最为顽强的最古老的文化，其中一个原因就是这种文化在孕育形成的早期阶段，归属感和认同感就已成为其显性基因，并不断在后世被传承。传承的时间越长，历史越久远，文化越古老，归属感和认同感就越深厚，对隶属于这一文化群体成员的凝聚力和向心力就越大。

比如说中华文化的“家国情怀”，起源于原始社会以血缘为纽带的氏族制度，表现出“以礼治国”“齐之以礼”的治国理念。早期国家形态呈现出“家国一体”“家国同构”的家族国家面貌，“家国情怀”以一种朴素的、原始的情感形式，将家族、伦理、宗教等观念融合，成为中华文化原始国家观念和社会政治观念的原型，不断传承，长久延续。“家国同构”，将“家”与“国”连接，认为“家国一理”，家是国的缩影，国是家的扩大，群体对家族、血亲的归属感和认同感同构于对国家和民族的归属感和认同感。没有国哪有家？没有家哪有我？中华文化的“家国同构”意识和“家国情怀”，将个体与群体、家族与国家的命运紧密联系在一起，极大地促进了中华文化大一统国家观念的形成和中华民族各民族文化的大融合，也加速形成并进一步巩固了中华文明突出的统一性，成为中华文明凝聚力和向心力的不尽之源，也成为民族团结、国家统一的恒久动力。

没有传承就没有交流

习近平总书记指出，中华文明具有突出的包容性，从根本上决定了中华民族交往交流交融的历史取向，决定了中国各宗教信仰多元并存的和谐格局，决定了中华文化对世界文明兼收并蓄的开放胸怀。中华文明是以汉文化为主体的文明，但决不能抹杀各兄弟民族在文明史进程中的历史作用，各民族文化大融合是中华文化的生成机制。中华文化形成和发展的历史实际上就是各民族文化的交流史。

中华文明的包容性特质，决定了中华文化的开放性品格。战国时期，赵武灵王“胡服骑射”，通过服饰文化的交流，促进了中原汉族与边地各少数民族的融合，为秦汉大一统帝国的形成奠定了基础。两汉之际，佛教传入中国，到唐代得到朝廷的大力支持，逐渐本土化，彻底融入中华文化。大唐盛世，“胡乐”“胡舞”盛行，各民族文化交汇，中华文化在开放、包容和交流中达到鼎盛。宋元时期的泉州港，“种族、语言、文化多样，商人无数”，“商人云集和货物麇集的情形简直无法尽言”，各种宗教、文化和思想通过贸易进行广泛传播，泉州港成为世界贸易的中心，也成为举世闻名的文化交汇地。

中华文明对于不同类型的文明形态，从来不是拒绝和冲突，而是吸纳和包容。中华文明秉承“物一无文”“和而不同”“和实生物”的哲学理念，总是以无比包容的姿态，接受和促进各民族的大融合，并不断接受外来文明的影响。近现代以来，西方文明要素进入古老的中国，中华文化以前所未有的开放姿态学习、借鉴。特别是改革开放以来，中华文化同世界重新紧密连接，中华文明展现出新的生机与活力。

20 世纪 90 年代，哈佛大学教授塞缪尔·亨廷顿提出“文明冲突论”。他认为，世界的矛盾、冲突及不和谐，一切皆因“文明的冲突”，不同文明之间的矛盾无法调和，未来的世界冲突将会是文明与文明之间的冲突，进而认为以中国为代表的儒家文明将是冷战后西方文明的最大威胁。这种论调充满着傲慢与偏见，更是对中华文明的曲解和污蔑。中华文明开放的胸怀、包容的本质传承了数千年，“文明冲突论”不适用于中华文明的过去，也不适用于现在和未来。

没有传承就没有创新

习近平总书记指出，中华文明具有突出的创新性，从根本上决定了中华民族守正不守旧、尊古不复古的进取精神，决定了中华民族不惧新挑战、勇于接受新事物的无畏品格。熟悉中华文明发展进程的人都知道，中华文明的连续性是在不断创新中延续的，没有创新就没有中华文明的连续性。文化史上的每一次民族大融合，每一次学习借鉴其他文明成果的过程，都是中华文明发展创新的过程。中华文化不断地在创新中传承，也在传承中创新。

有趣的是，中华文化的每一次创新往往都会伴随着“复古”思潮的兴起，从一定意义上而言，中华文化发展史就是一部“复古”史。然而，“复古”的目的并不是一成不变地回到古代，而是在结合时代特征的基础上，吸收古代优秀的文化成果，本质上是在创新。孔子主张回到西周，墨子主张回到夏代，庄子主张回到伏羲时代，“复古”的步伐一个比一个大，但远古的场景并没有呈现。在“礼崩乐坏”的残酷现实面前，孔子开启了中华文化的崭新时代，成为中华文化的先哲和学术思想的元祖。以墨子、庄子为代表的诸子百家，百花齐放，百家争鸣，取得思想与哲学的突破，开创了中华文化史上具有原发意义的“轴心时代”。中华文化总是以“复古”的名义，推动着文化的创新发展，体现出不断进取的文化精神。同时，文化复古思潮也时常表现出将历史与现实割裂，脱离现实、脱离时代的错误倾向，集中表现为对传统的顽固守持和对新生事物的摒弃。这种倾向对传统形成伤害，对传承构成挑战，必须努力克服。

“守正不守旧、尊古不复古”，确定了传承的创新导向，有效地解决了中华文化传承过程中的历史性难题，避免了文化复古思潮的虚无主义陷阱，为传承中华文化、构建中华民族现代文明指明了方向。“两个结合”的阐释，更加明确地指出了马克思主义基本原理与中华优秀传统文化之间的辩证关系。马克思主义激活了中华文明的基因活力，古老的文明形态迸发出光芒四射的现代光辉；中华文明的文化底蕴反哺马克思主义思想学说，促进了马克思主义的创新发展。这是中华民族现代文明的历史性成就，也是中国共产党人的历史性贡献。

（作者系中国社会科学院文学研究所研究员、《文学评论》副主编）

传承中华优秀传统文化　铸牢中华民族共同体意识

李学成

习近平总书记在文化传承发展座谈会上强调，中华文明具有突出的统一性，从根本上决定了中华民族各民族文化融为一体、即使遭遇重大挫折也牢固凝聚，决定了国土不可分、国家不可乱、民族不可散、文明不可断的共同信念，决定了国家统一永远是中国核心利益的核心，决定了一个坚强统一的国家是各族人民的命运所系。中华文明具有突出的包容性，从根本上决定了中华民族交往交流交融的历史取向，决定了中国各宗教信仰多元并存的和谐格局，决定了中华文化对世界文明兼收并蓄的开放胸怀。习近平总书记的重要讲话具有里程碑意义，丰富了铸牢中华民族共同体意识的理论内涵，为新时代推进文化自信自强，铸就社会主义文化新辉煌提出了要求，指明了方向。

中国文化源远流长，中华文明博大精深。只有全面深入了解中华文明的历史，才能更有效地推动中华优秀传统文化创造性转化、创新性发展，更有力地推进中国特色社会主义文化建设，建设中华民族现代文明。新时代党的民族工作以铸牢中华民族共同体意识为“纲”，铸牢中华民族共同体意识离不开中华文化的给养。发挥中华优秀传统文化的作用，以中华优秀传统文化推进铸牢中华民族共同体意识，是民族工作的一项重要的理论和实践课题。

中华民族共同体意识是中华民族之魂，习近平总书记在党的二十大报告中再次强调了铸牢中华民族共同体意识的主线和坚持中国特色社会主义文化发展道路、增强文化自信的使命和任务，提出要发展面向现代化、面向世界、面向未来的，民族的科学的大众的社会主义文化，激发全民族文化创新创造活力，增强实现中华民族伟大复兴的精神力量；要以社会主义核心价值观为引领，发展社会主义先进文化，弘扬革命文化，传承中华优秀传统文化，满足人民日益增长的精神文化需求，巩固全党全国各族人民团结奋斗的共同思想基础。在学习贯彻习近平新时代中国特色社会主义思想主题教育过程中，挖掘中华优秀传统文化至关重要。

中华优秀传统文化是铸牢中华民族共同体意识的历史根基和思想源泉

中华优秀传统文化是中华民族之精神命脉，其深厚的历史积淀和历史渊源奠定了铸牢中华民族共同体意识的历史根基。中华文明源于中国各民族的优秀传统文化，凝聚了中国各族人民的聪明智慧，承载了中国各族人民在其特有的文化场域、不同历史时期形成的民风民俗、社会生活方式和价值观等文化符号。中国各族人民在漫长的历史实践过程中，共同创造中华优秀传统文化是民族团结的基石，是和睦之魂。

习近平总书记在全国民族团结进步表彰大会上指出，在历史长河中，农耕文明的勤劳质朴、崇礼亲仁，草原文明的热烈奔放、勇猛刚健，海洋文明的海纳百川、敢拼会赢，源源不断注入中华民族的特质和禀赋，共同熔铸了以爱国主义为核心的伟大民族精神。中华民族精神是各族人民共同培育、继承、发展起来的，已深深融入各族人民的血液和灵魂中，成为推动中国发展进步的强大精神动力。中华文化和中国各民族文化有着紧密的内在联系，是“主干”和“枝叶”的关系。中华优秀传统文化是中国各族人民血脉相连、情感交融的沃土，既体现了各民族的文化特征和精神风貌，也为中华优秀传统文化提供源源不断的生命滋养。中国各族人民共同共通的文化促使各族人民互嵌共生、团结一心，共同追求美好生活。

中华优秀传统文化也是铸牢中华民族共同体意识的思想源泉。中华优秀传统文化具有强大的生命力和包容性，为增强中国各族人民的文化认同提供了思想之源，为铸牢中华民族共同体意识提供了文化基础。具有中国各民族特色的发展与中华民族共同性的发展，存在着相辅相成、相互促进、共同发展的关系。中华民族“多元”“一体”是辩证统一的关系，体现出中国各民族之间有着血脉相连的精神纽带，体现出共同的文化认同、民族认同、国家认同。中国各民族的“多元”“枝叶”充分体现了各族人民百花齐放的文化多元性，也体现了中华优秀传统文化兼收并蓄的思想。中华民族一体多元的格局是一体包含多元，多元组成一体，二者是互不可分的辩证统一关系。铸牢中华民族共同体意识旨在尊重差异性、包容多样性、增进共同性。

中华优秀传统文化是铸牢中华民族共同体意识的内驱动力

中华优秀传统文化是中国各族人民在几千年的社会实践中逐渐形成的。中华优秀传统文化承百代之流、汇古今之变，它所具有的强大感染力、生命力是铸牢中华民族共同体意识的深层原动力。铸牢中华民族共同体意识涉及政治、经济、文化等各个方面。铸牢中华民族共同体意识是中国共产党的民族工作在新时代的创新和发展，也是学习贯彻习近平新时代中国特色社会主义思想主题教育的重要内容。中华优秀传统文化是以人民为中心发展思想的理论来源之一，“人心是最大的政治，共识是奋进的动力”，中国共产党带领全国各族人民在抵御外来侵略、推进中国特色社会主义事业过程中凝聚中华民族的价值共识。在这一过程中，中华优秀传统文化是中国各族人民凝心聚力的重要纽带。

经济是人类活动的基础，经济基础决定上层建筑，是人类一切发展的基础，而经济发展往往要依赖诸多因素的推动。中国幅员辽阔，人口众多，各民族所处的地理位置、气候条件和经济发展各有特色，呈现了不同的文化风格和丰富的文化样态。我国各族人民在社会实践中形成了丰富的独具特色的文化，如农耕文化、民俗文化、古道文化、商贸文化、游牧文化、石窟文化、北地文化等，这些具有民族和地域特色的文化成果是中华优秀传统文化的重要组成部分。

中华优秀传统文化是我国各族人民在长期的生产生活过程中逐渐形成的共同认同的思想品格、价值取向、行为规范的精髓，是维系中华民族薪火相传、繁荣进步的不竭动力。几千年来，中国各族人民在各自聚居地区形成了团结互助、扶危济困、匡扶正义的良好社会风尚，是铸牢中华民族共同体意识在社会实践中的有力佐证。

生态文明作为中国社会文明新形态，是以人与自然、人与人、人与社会和谐共生、良性循环、全面发展、持续繁荣为基本宗旨的社会形态，是人类文明发展的一个新阶段，是人类遵循人、自然、社会和谐发展这一客观规律而取得的物质与精神成果的总和。它是贯穿于经济建设、政治建设、文化建设、社会建设全过程和各方面的系统工程。中国各族人民在几千年的劳动实践中形成了丰富的人与自然和谐相处的知识和智慧。这些知识和智慧丰富了中华优秀传统文化的内涵，铸就了中国各民族共享的精神基础，构筑了共同的精神家园，是中华民族生生不息的动力。

社会主义先进文化引领铸牢中华民族共同体意识的根本方向

中国特色社会主义文化源自中华民族五千多年文明史所孕育的中华优秀传统文化，熔铸于党领导人民在革命、建设、改革中创造的革命文化和社会主义先进文化，植根于中国特色社会主义伟大实践，是对中华优秀传统文化的发展和创新。它塑造了稳固的中华民族共同认知，发挥了凝心聚力的核心作用，为新时代铸牢中华民族共同体意识开启了前进方向。

社会主义先进文化引领着铸牢中华民族共同体意识的根本方向，集中体现了当代中国以爱国主义为核心的民族精神、以改革创新为核心的时代精神，是凝心聚力的兴国之魂、强国之魂，是中国各族人民追求共同价值的凝结，是在新时代构筑共同精神家园的根本，对牢固树立正确的国家观、民族观、文化观、历史观，铸牢中华民族共同体意识至关重要。所以，不断发展社会主义先进文化，增强对中华民族的认同感和自豪感，其核心和关键就在于增进各族同胞对社会主义核心价值观的认同，巩固全党全国各族人民团结奋斗的共同思想基础，铸牢中华民族共同体意识。社会主义核心价值观从国家、社会和个人层面鲜明地反映了新时代中国遵循的价值准则和价值理想，除了维系民族情感、凝聚共识外，同时具有指引方向的作用。

在当今世界的大背景下，各国之间文化交流与交锋无处不在，不同国家的价值观和软实力的竞争日趋激烈。社会主义核心价值观代表社会主义先进文化，以坚持人民根本利益作为根本立场，同时兼顾了整体与个体的关系。社会主义核心价值观生动地阐释了个体、社会和国家的价值标准、价值追求，在与各种思想文化的交流和交锋中，为中华民族铸就了精神高地，为铸牢中华民族共同体意识引领了根本方向。

总之，传承中华优秀传统文化就是要坚定文化自信，深入挖掘中华优秀传统文化的思想观念，推动中华优秀传统文化创造性转化、创新性发展，使中华优秀传统文化同马克思主义基本原理贯通起来，同人民群众日用而不觉的共同价值观念融通起来，充分发挥中华优秀传统文化凝聚共同体意识的功能，建设各民族共有的精神家园，巩固发展中华民族大团结，进一步铸牢中华民族共同体意识。

（作者系辽宁社会科学院研究员、《社会科学辑刊》总编辑）

“两个结合”是最大法宝

在五千多年中华文明深厚基础上开辟和发展中国特色社会主义，把马克思主义基本原理同中国具体实际、同中华优秀传统文化相结合是必由之路。这是我们在探索中国特色社会主义道路中得出的规律性的认识，是我们取得成功的最大法宝。

“必由之路”和“最大法宝”

孙正聿

习近平总书记在文化传承发展座谈会上的重要讲话中强调，“在五千多年中华文明深厚基础上开辟和发展中国特色社会主义，把马克思主义基本原理同中国具体实际、同中华优秀传统文化相结合是必由之路”，并强调这个“必由之路”是“我们在探索中国特色社会主义道路中得出的规律性的认识，是我们取得成功的最大法宝”。聆听和学习习近平总书记讲话，我深切地体会到这个“必由之路”和“最大法宝”对发展中国特色社会主义、建设中华民族现代文明的巨大指导意义。

“两个结合”的深刻内涵和深厚基础在于“中华民族拥有在5000多年历史演进中形成的灿烂文明，中国共产党拥有百年奋斗实践和70多年执政兴国经验”，并实现了“从理论到实践的伟大创造”。正是在“两个结合”的伟大实践中，中国共产党领导中国人民开创了“中国式现代化”道路和超越资本主义文明的“人类文明新形态”。坚定不移地从理论到实践推进“两个结合”，我们才能在自己选择的“中国式现代化”道路上昂首阔步地走下去，才能在创建“人类文明新形态”的进程中实现中华民族伟大复兴，为人类作出更大的贡献。

中国特色社会主义，是在五千多年中华文明深厚基础上开辟和发展的。中华优秀传统文化是中华民族的根和魂，积淀着中华民族最深层的精神追求，代表着中华民族的精神标识，是弘扬中国精神、凝聚中国力量的“活的灵魂”。中国共产党从成立之日起，就既是中国先进文化的积极引领者，又是中华优秀传统文化的忠实继承者和弘扬者。中华优秀传统文化不仅熔铸于中国共产党领导人民在革命、建设、改革中形成的革命文化和社会主义先进文化之中，而且根植于中国特色社会主义伟大实践之中。明确地、鲜明地提出马克思主义与中华优秀传统文化相结合的“第二个结合”，这是我们党对马克思主义中国化时代化历史经验的深刻总结，是对中华文明发展规律的深刻把握，表明我们党对中国道路、理论、制度的认识达到了新高度，表明我们党的历史自信、文化自信达到了新高度，表明我们党在传承中华优秀传统文化中推进文化创新的自觉性达到了新高度。中国有坚定的道路自信、理论自信、制度自信，其实质是建立在五千多年中华文明传承基础上的文化自信。

习近平总书记指出：“国家之魂，文以化之，文以铸之。”文化的力量深深地熔铸在民族的生命力、创造力和凝聚力之中。在一个国家、一个民族的文明历程及其凝练的文化传统中，总是蕴含着这个国家、这个民族的苦难、奋斗和追求，总是体现着这个国家、这个民族对世界、历史和文明的独特的感受、体悟和思辨，并积淀和升华为这个国家、这个民族的文化传统、文明血脉和精神家园。在文化传承发展中推进“第二个结合”，就要坚守中华文化立场，维护中华文化基本元素，强化对中华优秀传统文化的深度挖掘和创造性转化，着力阐发中华优秀传统文化的爱国主义精神和勇于担当的家国情怀，使之成为弘扬中国精神、凝聚中国力量的“活的灵魂”；就要立足中国当代现实，准确把握我国社会政治经济文化发展的新要求，准确把握人民群众对文化生活和精神家园的新期待，为人民群众的理想追求奠定新时代的“安身立命之本”；就要面对当代世界思想观念和价值取向日益多样、意识形态和社会思潮纷纭激荡的新形势，在当代的价值观冲突和不同社会制度的深刻比较中，增强全体人民对中国特色社会主义的道路自信、理论自信、制度自信和文化自信，强化全体人民对自己选择的中国特色社会主义道路深刻认同的“文化底蕴”。

明确地、鲜明地提出“第二个结合”，原因在于中国式现代化深深植根于中华优秀传统文化。中国式现代化赋予中华文明以现代力量，中华文明赋予中国式现代化以深厚底蕴。“第二个结合”是又一次的思想解放，让我们能够在更广阔的文化空间中，充分运用中华优秀传统文化的宝贵资源，探索面向未来的理论和制度创新。习近平总书记在讲话中高度概括和阐述了中华文明的突出的连续性、创新性、统一性、包容性、和平性。中华文明的连续性，从根本上决定了中华民族必然走自己的路；中华文明的创新性，从根本上决定了中华民族守正创新的进取精神和无畏品格；中华文明的统一性，从根本上决定了中华各民族文化融为一体、维护国家统一的坚定信念；中华文明的包容性，从根本上决定了对世界文明的兼收并蓄的开放胸怀；中华文明的和平性，从根本上决定了中国的和平发展之路。正是中华文明的突出特性，彰显了中国式现代化的深厚基础，彰显了中国式现代化所创造的文明新形态的深刻的思想内涵、时代内涵和文明内涵，彰显了中国特色社会主义的“必由之路”。在中华文明深厚基础上开辟和发展中国特色社会主义，这是我们的“必由之路”，也是我们的“最大法宝”。

（作者系吉林大学哲学社会科学资深教授）

深刻把握“第二个结合”的重大意义

周　丹

习近平总书记在文化传承发展座谈会上的重要讲话中强调，“‘第二个结合’是又一次的思想解放”，突出强调了马克思主义基本原理同中华优秀传统文化相结合的重要意义。“第二个结合”让我们掌握了思想和文化主动，为建设中华民族现代文明指明了根本途径。

马克思主义和中华优秀传统文化内在契合

中华优秀传统文化是中华民族的精神之根，马克思主义是中国共产党人的信仰之本，二者虽然诞生在不同的历史时空，但是彼此存在高度的契合性。马克思主义与中国相遇，正是国家蒙辱、人民蒙难、文明蒙尘之际，中华民族面临前所未有的危机。十月革命一声炮响，给中国送来了马克思列宁主义，使困顿中的中国人找到了实现民族独立解放、走向现代化的理论武器。

马克思主义的思想精髓同中华优秀传统文化的精华相贯通，同人民群众日用而不觉的共同价值观念相融通。在宇宙观上，马克思主义主张人与自然辩证统一，中华文化讲求“天人合一”的境界，以天道为准则，尊重自然、顺应自然、保护自然，融天道与人道为一体，促进人与自然和谐共生。在天下观上，马克思主义以实现全人类解放为目标，中华文化追求“天下大同”的理想，至大无外、至公无私，坚定站在历史正确的一边、人类文明进步的一边，自觉维护世界和平发展，积极构建人类命运共同体。在社会观上，马克思主义坚持运用矛盾观点来认识和化解各种社会矛盾，中华文化秉持“和而不同”的思想，在社会交往中尊重差异、包容多样，在“不同”中寻求“共同”，在多样性中寻求统一。在道德观上，马克思主义要求不断提高人的思想觉悟和道德品质，中华文化倡导“人心和善”的理念，弘扬仁爱精神，倡导从自身修养上下功夫，养浩然之气，做一个对国家、对民族、对社会有用的人。

马克思主义和中华优秀传统文化互相激发互相成就

马克思主义基本原理同中华优秀传统文化相结合，不是简单的“物理反应”，而是深刻的“化学反应”，造就了一个有机统一的新的文化生命体。一方面，马克思主义以真理之光激活了中华文明的基因，使中华文明迸发强大的精神力量。譬如，在新民主主义革命时期，马克思主义的人民立场激活了传统的民本思想，“民为贵，社稷次之，君为轻”，我们强调“劳工神圣”，工农是至高无上的社会力量；马克思主义的革命理论唤起了传统的变易思想，“天地革而四时成”，鼓舞着中国人民排除万难把革命进行到底；马克思主义的共产主义学说激发了国人对大同社会的憧憬和追求，前仆后继为崇高理想而奋斗；马克思主义的唯物论、辩证法升华了中国古代世界观和辩证思维，《实践论》《矛盾论》应运而生，指导中国革命在把握规律中摆脱困境、走向胜利。另一方面，中华优秀传统文化充实了马克思主义的文化生命，为马克思主义中国化时代化提供了丰厚的历史文化滋养。当代中国是历史中国的延续和发展，中国的历史和文化是中国之为中国、中国人之为中国人的底色。

党的十八大以来，实现中华民族伟大复兴进入关键时期，世界百年未有之大变局加速演进。这迫切需要我们立足中华文明的主体性、中国实践的主体性，大力建设引领时代进步、支撑民族复兴的中华民族现代文明。经过新时代十年的理论创新、实践创新，我们进一步认识到，坚持和发展马克思主义，必须同中华优秀传统文化相结合。“第二个结合”让马克思主义成为中国的，中华优秀传统文化成为现代的，两者互相激发互相成就。

以中国式现代化的文化形态建设中华民族现代文明

党的二十大明确提出，“以中国式现代化全面推进中华民族伟大复兴”。中国式现代化是强国建设、民族复兴的康庄大道。中国式现代化是赓续古老文明的现代化，不是消灭古老文明的现代化；是从中华大地生长出来的现代化，不是照搬照抄其他国家的现代化；是文明更新的结果，不是文明断裂的产物。强调“两个结合”特别是“第二个结合”，就是因为世界现代化进程发展至今，那些一味的模仿者、盲目的追随者注定没有前途。中华文化是常新的，本身包含着许多现代性因素。中国式现代化离不开中国理论的科学指引，离不开民族精神的有力支撑，离不开中华文化的深厚滋养。中国式现代化赋予中华文明以现代力量，中华文明赋予中国式现代化以深厚底蕴，经由“结合”而形成的新文化就是中国式现代化的文化形态。

习近平总书记强调，文化自信，是更基础、更广泛、更深厚的自信，是更基本、更深沉、更持久的力量。文化自信来自文化主体性。“中国”和“中华”，不仅是一个地理指称，更是一个历史文化概念。没有文化自信的民族，立不住、站不稳、行不远；失去文化主体性的民族，常常湮没于历史烟云。建设社会主义文化强国，建设中华民族现代文明，都是以“中国”为主体展开的伟大实践，离开“中国”这个“本”，什么都干不了、成不了。有了文化主体性，就有了文化意义上坚定的自我，中国共产党就有了引领时代的强大文化力量，中华民族和中国人民就有了国家认同的坚实文化基础。中华民族现代文明是中国共产党带领中国人民在中国大地上创造的。中国共产党既是马克思主义的坚定信仰者和践行者，又是中华优秀传统文化的忠实继承者和弘扬者。正是在这个意义上，建设中华民族现代文明必须坚持马克思主义基本原理同中华优秀传统文化相结合。

（作者系中国社会科学院哲学研究所研究员）

迈向伟大复兴的思想解放

辛　鸣

思想解放推动人类社会发展进步是历史客观规律，也是历史客观事实。西方文艺复兴如此，马克思主义中国化时代化也同样如此。一百多年来，中国共产党领导中国人民进行的每一次思想解放，都极大地推进了中华民族伟大复兴的历史进程。

20 世纪 70 年代末以来的思想解放，把人们的思想从对马克思主义的错误的和教条式的理解中解放出来，开辟了中国特色社会主义道路，中华民族实现了从站起来到富起来的伟大飞跃。党的十八大以来，我们党把马克思主义基本原理同中国具体实际相结合、同中华优秀传统文化相结合，中国特色社会主义进入新时代，中华民族迎来了强起来的伟大飞跃，伟大复兴进入不可逆转的历史进程。习近平总书记在文化传承发展座谈会上的重要讲话强调指出，“第二个结合”是又一次的思想解放，这是对马克思主义中国化时代化历史经验的深刻总结，对中国特色社会主义建设规律的深刻认知，对以中华文化创造人类文明新形态的高度自信与自觉。

“第二个结合”推动了对传统与现代关系问题的思想解放

长期以来，由于多方面原因，中国社会对传统文化有许多不同看法。五四时期，学术界、思想界对中华传统文化进行了不同程度的批判，提出了“打倒孔家店”的口号。改革开放以来，以西方文化为底色的西方现代化实践的优势地位使得一些人把传统与现代对立起来。

事实上，传统与现代之间不是对立的关系，也不应该是对立的关系。“至今人类依然靠着那时所产生、所创造以及所思考的东西生活。每值新的飞跃产生之时，人们都会带着记忆重新回归到那轴心时代，并被它重燃激情。”德国哲学家雅斯贝尔斯通过“轴心时代”这一标识性概念对传统与现代关系作了十分有见地的阐述。进入 21 世纪，以习近平同志为主要代表的中国共产党人通过“第二个结合”推动对传统与现代关系问题的思想解放，充分肯定了中华优秀传统文化在走向现代化进程中的主体地位和时代价值。

中华文化源远流长，积淀着中华民族最深层的精神追求，代表着中华民族独特的精神标识，为中华民族生生不息、发展壮大提供了丰厚滋养。像“讲仁爱、重民本、守诚信、崇正义、尚和合、求大同”，像“天下为公、民为邦本、为政以德、革故鼎新、任人唯贤、天人合一、自强不息、厚德载物、讲信修睦、亲仁善邻”等思想和理念，不论过去还是现在，都有其永不褪色的时代价值。英国哲学家罗素说：“中国至高无上的伦理品质中的一些东西，现代世界极为需要”，“若能够被全世界采纳，地球上肯定比现在有更多的欢乐祥和”。尽管当今世界客观存在意识形态斗争，一些西方国家恶意污名化中华文化，但是国际社会仍然出现“中华文化热”“孔子热”的现象，很多人都在探讨中华文化的时代价值，这也表明了中华文化具有重要现实意义。

传统联系着现代，如果不从源远流长的历史连续性来认识中国，就不可能理解古代中国，也不可能理解现代中国，更不可能理解未来中国。

从传统到现代的前进与发展不是突如其来的“飞来峰”，不是另起炉灶的“圣诞树”，而是传统这粒种子在历史文化土壤中潜移默化的“化育”与日积月累的“生长”。不忘本来才能开辟未来，善于继承才能更好创新。习近平总书记讲“中国式现代化是赓续古老文明的现代化，而不是消灭古老文明的现代化”，讲的就是这个道理。中华优秀传统文化既随着时间推移和时代变迁而不断与时俱进，又有其自身的连续性和稳定性。我们坚持“第二个结合”就是本着科学的态度，继承和弘扬中华优秀传统文化，努力用中华民族创造的一切精神财富来拥抱现代化，迎接伟大复兴。

“第二个结合”推动了对中国与马克思主义关系问题的思想解放

同样是由于多方面原因，长期以来，在关于中国与马克思主义的关系问题上存在一些凝固化的认知。比如，马克思主义改变了中国，马克思主义教化了中国，中国是马克思主义展现其科学性与真理性的广阔舞台等。这样的认知毫无疑问是正确的。作为中国共产党和中国社会的指导思想，马克思主义的主导地位不仅毋庸置疑，还应该进一步强化提升。但是，停留于这样的认知是不全面的，只看到了问题的一个方面。指导中国共产党和中国社会的马克思主义从来不是一百多年前马克思恩格斯写在本本里面的那些话，不是马克思主义在 19 世纪的理论形态与实践模式，而是中国化时代化的马克思主义，是在 20 世纪和 21 世纪发展了的马克思主义。这样的马克思主义一定是马克思主义和中国作为对等的思想理论主体相互作用的结果。坚持“第二个结合”推动了对中国与马克思主义基本关系问题的思想解放。

应当认识到，尽管马克思主义是对西方思想批判超越的一种科学思想，但客观上也是来自西方社会的思想，体现着西方文明的思维与风格。因此，马克思主义中国化时代化仅仅停留在同中国具体实际相结合是不够的。这一结合做得再好，也只是对马克思主义运用得好，并没有把马克思主义变成中国自己的思想文化。真正的马克思主义中国化时代化一定要解决“中国化”的问题，要体现5000多年来积淀在中华民族生命和血液中的中国情感、中国意志、中国愿望、中国思维，体现中国人民的精气神。

我们坚持“第二个结合”，把马克思主义基本原理同中华优秀传统文化相结合，不是出于对中华文化的情感偏好的一厢情愿，而是来自马克思主义与中华优秀传统文化彼此存在高度的契合性。马克思主义传入中国后，科学社会主义的主张受到中国人民热烈欢迎，并最终扎根中国大地、开花结果，绝不是偶然的，而是同我国传承了几千年的优秀历史文化和广大人民日用而不觉的价值观念相融通的。马克思对中国古代农民起义提出的具有社会主义因素的革命口号有过敏锐的观察。他说，“中国社会主义之于欧洲社会主义，也许就像中国哲学与黑格尔哲学一样”。

我们坚持“第二个结合”，把马克思主义基本原理同中华优秀传统文化相结合，不仅让马克思主义深刻改变了中国，让马克思主义成就了中华优秀传统文化，更让中华优秀传统文化成就了马克思主义，创造出一个有机统一的新的文化生命体。中华优秀传统文化中的天下为公、天下大同的社会理想，民为邦本、为政以德的治理思想，九州共贯、多元一体的大一统传统，修齐治平、兴亡有责的家国情怀，厚德载物、明德弘道的精神追求，富民厚生、义利兼顾的经济伦理，天人合一、万物并育的生态理念，实事求是、知行合一的哲学思想，执两用中、守中致和的思维方法，讲信修睦、亲仁善邻的交往之道，等等，这些具有浓重中华文化色彩的宇宙观、历史观、价值观、文明观，与西方文明滋养孕育的马克思主义相互激荡，使得马克思主义具有了更为宽广、更为深厚的文明底蕴，呈现出 21 世纪崭新的理论与实践形态，成为了中华文明和西方文明交流互鉴的新文明形态。

“第二个结合”推动了从保持精神独立性到巩固文化主体性的思想解放

中华民族伟大复兴不仅是经济社会发展的复兴，更是文化文明的复兴，甚至文化文明的复兴更为基础、更为根本。一个民族、一个国家、一个社会如果没有自己的精神独立性，政治、思想、文化、制度等方面的独立性就会被釜底抽薪，就不可能真正走自己的路、做自己要做的事情。而滋养中国社会精神独立性的土壤，孕育中国社会精神独立性的源泉正是中华优秀传统文化。中华优秀传统文化源远流长、博大精深，中华民族形成和发展过程中产生的各种思想文化，记载了中华民族在长期奋斗中开展的精神活动、进行的理性思维、创造的文化成果，反映了中华民族的精神追求，其中最核心的内容已经成为中华民族最基本的文化基因，根植在中国人内心，潜移默化地影响着中国人的行为方式。这是我们区别于其他国家和民族的根本特征，铸就了中国人民的精神底色，也给予了我们高度自信。我们生为中国人，最根本的是我们有中国人的独特精神世界，有百姓日用而不觉的价值观。

坚持“第二个结合”，让我们保持精神独立性。马克思主义中国化时代化不仅是让马克思主义说“中国话”，更是让马克思主义彰显中国思维、中国价值、中国精神。同中华优秀传统文化相结合不是停留于对中华优秀传统文化中具体文化内容的简单重复，而是重视文化精神的阐幽发微，实现创造性转化、创新性发展，使中华民族最基本的文化基因与当代文化相适应、与现代社会相协调，把跨越时空、超越国度、富有永恒魅力、具有当代价值的文化精神弘扬起来。习近平总书记强调保持精神独立性，就是强调伟大复兴的文化与文明支持。

坚持“第二个结合”，让我们巩固文化主体性。我们讲文化主体性就是讲让中华优秀传统文化在思想文化创造中处于“普照的光”的地位，决定和改变着外来思想的色彩与样态。中国共产党人在二十一世纪创立习近平新时代中国特色社会主义思想，就是文化主体性的最有力体现。习近平新时代中国特色社会主义思想之所以当之无愧地成为当代中国马克思主义、二十一世纪马克思主义，成为中华文化和中国精神的时代精华，实现了马克思主义中国化时代化新的飞跃，在于新时代十年的伟大变革创造出奇迹，在于二十一世纪中国的宏大实践具有世界意义，更在于中华优秀传统文化的主体性为马克思主义注入新的源头活水，展现出二十一世纪人类社会新文明光辉。从“苟日新、日日新、又日新”到将改革进行到底，从“天人合一”到人与自然和谐共生的美丽中国，从“天下情怀”到推动构建人类命运共同体，习近平新时代中国特色社会主义思想“以古人之规矩，开自己之生面”，让古老的智慧浇灌出绚丽的现代治国理政方略之花、谱写出夺目的人类社会发展新篇章。虽然世界社会主义只有500余年的历史，但我们讲中国特色社会主义是在对中华民族5000多年悠久文明的传承中走出来的，这是因为中国特色社会主义是社会主义这粒种子在5000多年的中华优秀文化土壤中孕育生长，汲取了5000多年中华优秀传统文化的营养而长成的参天大树。

［作者系中共中央党校（国家行政学院）教授］

担负起马克思主义同中华优秀传统文化相结合的历史使命

张　晶

6 月 2 日，习近平总书记在文化传承发展座谈会上的重要讲话指出了传承中华优秀传统文化、建设中华民族现代文明的基本原理和根本规律，指明了中国式现代化的文化发展方向，为人文社会科学的进步指引了方向。

习近平总书记在讲话中高度概括了中华文明的突出特性，这是以历史唯物主义和辩证唯物主义的思想方法，在明辨世界诸种文明的特性中提出来的，对从事中国思想文化研究的学者具有至关重要的意义。习近平总书记指出：中华优秀传统文化有很多重要元素，共同塑造出中华文明的突出特性。中华文明具有突出的连续性，从根本上决定了中华民族必然走自己的路。如果不从源远流长的历史连续性来认识中国，就不可能理解古代中国，也不可能理解现代中国，更不可能理解未来中国。中华文明具有突出的创新性，从根本上决定了中华民族守正不守旧、尊古不复古的进取精神，决定了中华民族不惧新挑战、勇于接受新事物的无畏品格。中华文明具有突出的统一性，从根本上决定了中华民族各民族文化融为一体、即使遭遇重大挫折也牢固凝聚，决定了国土不可分、国家不可乱、民族不可散、文明不可断的共同信念，决定了国家统一永远是中国核心利益的核心，决定了一个坚强统一的国家是各族人民的命运所系。中华文明具有突出的包容性，从根本上决定了中华民族交往交流交融的历史取向，决定了中国各宗教信仰多元并存的和谐格局，决定了中华文化对世界文明兼收并蓄的开放胸怀。中华文明具有突出的和平性，从根本上决定了中国始终是世界和平的建设者、全球发展的贡献者、国际秩序的维护者，决定了中国不断追求文明交流互鉴而不搞文化霸权，决定了中国不会把自己的价值观念与政治体制强加于人，决定了中国坚持合作、不搞对抗，决不搞"党同伐异"的小圈子。习近平总书记提出的中华文明的五个突出特性，即连续性、创新性、统一性、包容性及和平性，是关于中华文明根本属性的深刻概括，既有坚实的文化基础，又有洞察历史的哲学意义。这是对中华文明属性最为科学、最具真理性质的总结，对于人文社会科学工作者来说，深刻认识、深入理解关于中华文明的这五个突出特性，是进一步加强新时代中国特色哲学社会科学"三大体系"建设的重心所在。

对于开辟和发展中国特色社会主义文化，习近平总书记提出了"把马克思主义基本原理同中国具体实际、同中华优秀传统文化相结合是必由之路"的重要命题。这对于人文社会科学研究来说，是在立场、观点和方法上的基本路线。习近平总书记指出："在五千多年中华文明深厚基础上开辟和发展中国特色社会主义，把马克思主义基本原理同中国具体实际、同中华优秀传统文化相结合是必由之路。这是我们在探索中国特色社会主义道路中得出的规律性的认识，是我们取得成功的最大法宝。第一，'结合'的前提是彼此契合。马克思主义和中华优秀传统文化来源不同，但彼此存在高度的契合性。相互契合才能有机结合。第二，'结合'的结果是互相成就，造就了一个有机统一的新的文化生命体，让马克思主义成为中国的，中华优秀传统文化成为现代的，让经由'结合'而形成的新文化成为中国式现代化的文化形态。第三，‘结合’筑牢了道路根基，让中国特色社会主义道路有了更加宏阔深远的历史纵深，拓展了中国特色社会主义道路的文化根基。中国式现代化赋予中华文明以现代力量，中华文明赋予中国式现代化以深厚底蕴。第四，‘结合’打开了创新空间，让我们掌握了思想和文化主动，并有力地作用于道路、理论和制度。更重要的是，‘第二个结合’是又一次的思想解放，让我们能够在更广阔的文化空间中，充分运用中华优秀传统文化的宝贵资源，探索面向未来的理论和制度创新。第五，‘结合’巩固了文化主体性，创立新时代中国特色社会主义思想就是这一文化主体性的最有力体现。‘第二个结合’，是我们党对马克思主义中国化时代化历史经验的深刻总结，是对中华文明发展规律的深刻把握，表明我们党对中国道路、理论、制度的认识达到了新高度，表明我们党的历史自信、文化自信达到了新高度，表明我们党在传承中华优秀传统文化中推进文化创新的自觉性达到了新高度。”习近平总书记这段论述是中国式现代化在文化建设上的根本方针。把马克思主义基本原理同中国具体实际、同中华优秀传统文化相结合，是中国特色社会主义的必由之路，当然也是中国人文社会科学研究发展的必由之路。

习近平总书记指出，“结合”的前提是彼此契合，马克思主义基本原理与中华优秀传统文化有着内在的、深刻的契合。这种契合是客观的存在。马克思主义是对人类社会文明的深刻总结与展望，与中华优秀传统文化中的历史观、哲学观、文艺观有着非常广泛的内在契合度。这既是马克思主义与中华优秀传统文化相结合的坚实基础，也是在结合中创新的内生力量。“结合”并不仅是回望文明史，更是着眼于中国式现代化的文化建设。“结合”的结果是造就一个有机统一的新的文化生命体。它不是个案的，不是局部的，而是充盈在中国特色社会主义整体框架中的文化有机生命体。“结合”具有鲜明的创新性，是马克思主义基本原理与中华优秀传统文化在自觉的互渗与融合中产生的强烈创新动能。中华优秀传统文化本身具有创新的内在需求，而作为科学的思想方法的马克思主义为这种创新注入了目标、理想和动力。“结合”打开了创新空间，这对于人文社会科学研究来说，是一个巨大的推动力，具有空前的创新感召力。马克思主义与中华优秀传统文化结合所产生的创新前景是无限广阔的，在这个思想的照耀下，广大人文社会科学工作者可以充分发挥自己的思想智慧，回望历史，探索未来，必然会有更多的创新性成果问世。“结合”巩固和强化了我们的文化主体性。党的十八大以来，文化自信的增强使我们的文化主体性得到了极大的加强。习近平总书记强调以“结合”巩固文化主体性，给了我们前进的方向和动力。

习近平总书记在讲话中还着重谈到了“第二个结合”，并指出这是又一次的思想解放。这是令人振奋的，思想解放可以释放出无限的创造力，可以为中国式现代化增添不可胜数的文化成果。同时，“第二个结合”又是对马克思主义中国化历史经验的深刻总结，是对中华文明发展规律的深刻把握。对于思想文化战线上的同志们来说，当下是在正确的思想指导下投身时代、奋力创造的伟大契机。

习近平总书记在文化传承发展座谈会上的重要讲话，给了我们指引坦途的路标，给了我们跃跃欲试的创造欲望，给了我们献身中国式现代化的莫大激情。站在新的历史起点上登高望远，将马克思主义与中华优秀传统文化深入结合，有无限的创造空间，有明确的前进目标，必将有更多的灿烂成就！

［作者系中国传媒大学文科资深教授、人文学院院长、中国文艺评论（中国传媒大学）基地主任］

深刻把握“第二个结合” 凝聚文化强国建设磅礴力量

王维国

文化关乎国本、国运。习近平总书记在文化传承发展座谈会上的重要讲话中指出：“在五千多年中华文明深厚基础上开辟和发展中国特色社会主义，把马克思主义基本原理同中国具体实际、同中华优秀传统文化相结合是必由之路。”习近平总书记特别阐述了把马克思主义基本原理同中华优秀传统文化相结合的“第二个结合”。这一重要论述深刻体现了我们党对中华文明发展规律的深刻把握，充分彰显了我们党高度的文化自觉和坚定的文化自信，是中华民族现代文明建设历程的经验总结，更是在新的历史起点上掌握思想和文化主动，推进中华民族现代文明建设的科学指引，必须倍加珍惜、始终坚持。

“第二个结合”深刻体现了我们党对中华民族现代文明建设规律的理论把握

习近平总书记深刻揭示了“第二个结合”的前提是彼此契合。习近平总书记指出：“马克思主义和中华优秀传统文化来源不同，但彼此存在高度的契合性。相互契合才能有机结合。”“结合”不是“拼盘”，不是简单的“物理反应”，而是深刻的“化学反应”。马克思主义和中华优秀传统文化之所以能够结合，其深层原因在于马克思主义的基本原理同中华优秀传统文化的诸多元素，如天下为公、天下大同的社会理想，民为邦本、为政以德的治理思想，九州共贯、多元一体的大一统传统，修齐治平、兴亡有责的家国情怀，厚德载物、明德弘道的精神追求，富民厚生、义利兼顾的经济伦理，天人合一、万物并育的生态理念，实事求是、知行合一的哲学思想，执两用中、守中致和的思维方法，讲信修睦、亲仁善邻的交往之道等具有高度的契合性。所谓“契合性”，代表的是马克思主义和中华优秀传统文化作为两个独立的价值体系，虽来源不同，却有着价值共通性；所谓“高度”，代表的是二者契合，是必然的、本质的契合，而不是偶然的、表面的契合。马克思主义和中华优秀传统文化的高度契合性是在马克思主义基本原理同中华优秀传统文化相结合的语境下提出的，这种高度契合性表明了马克思主义基本原理同中华优秀传统文化的结合不是一种强加，也不是一种外部嵌入，而是其自身固有价值属性的体现。如果没有“高度的契合性”作为前提条件，马克思主义基本原理同中华优秀传统文化相结合就会缺乏相应的历史基础和群众基础，中国化时代化的马克思主义也不能更好地为中国人民所喜爱、所认同、所拥有。

习近平总书记深刻揭示了“第二个结合”的结果是互相成就。习近平总书记指出，“让马克思主义成为中国的，中华优秀传统文化成为现代的，让经由‘结合’而形成的新文化成为中国式现代化的文化形态”。这一重要论述深刻揭示了“第二个结合”的结果是马克思主义和中华优秀传统文化的互相成就、彼此滋养。一方面，“第二个结合”让马克思主义成为中国的。中国共产党深刻认识到，只有植根本国、本民族历史文化沃土，马克思主义真理之树才能根深叶茂。马克思主义基本原理同中华优秀传统文化相结合，不仅为马克思主义在中国的传播与发展提供了丰富的人文精神、道德价值和历史智慧养料，更让马克思主义真正成为中国的马克思主义。另一方面，“第二个结合”让中华优秀传统文化成为现代的。将马克思主义的基本立场观点方法与中国实践、中国历史、中国文化结合起来，不仅使马克思主义能够深深根植于中国历史文化土壤之中，更用马克思主义的真理力量激活了中华文明；不仅使中华文明突出的连续性、创新性、统一性、包容性与和平性在科学理论的指引下得到激发，更让中国人民在长期生产生活中积累的宇宙观、天下观、社会观、道德观在历史与现实的碰撞下打开了创新空间。可以说，“第二个结合”是又一次的思想解放，让我们能够从增强历史自觉、坚定文化自信、实现民族复兴的高度，在更广阔的文化空间中建设中华民族现代文明，推进马克思主义的理论主脉与中华民族的精神血脉内在贯通、历史中国的深厚底蕴和现实中国的崭新气象相互融通，赋予中华文明以现代力量、赋予马克思主义以深厚底蕴，造就一个有机统一的新的文化生命体。

“第二个结合”深刻体现了我们党对中华民族现代文明建设历程的历史总结

“第二个结合”是中华民族现代文明建设在中国革命、建设和改革伟大实践中的充分彰显。习近平总书记指出：“中国共产党从成立之日起，既是中国先进文化的积极引领者和践行者，又是中华优秀传统文化的忠实传承者和弘扬者。”回望中国共产党带领中国人民建设现代文明的壮阔历史，在推动马克思主义中国化时代化的征程中，中国共产党始终重视马克思主义基本原理同中华优秀传统文化相结合，同中华民族的思维方式、民族心理、审美情趣和行为习惯相结合。在新民主主义革命时期，毛泽东同志指出，“马克思主义必须和我国的具体特点相结合并通过一定的民族形式才能实现”。以毛泽东同志为主要代表的中国共产党人，始终坚持用民族的形式、大众的话语来说明中国革命的基本问题。例如，用“实事求是”来说明马克思主义认识论，用“愚公移山”来激励中国人民顽强奋斗，用“知行观”来说明认识与实践的关系。在社会主义革命和建设时期，毛泽东同志指出：“艺术离不了人民的习惯、感情以至语言，离不了民族的历史发展。”我们党坚持百花齐放、百家争鸣的“双百”方针，对中华优秀传统文化中的哲学、历史、文学、艺术等进行了系统整理与研究。在改革开放和社会主义现代化建设新时期，我们党继续推进马克思主义基本原理同中华优秀传统文化相结合。比如，邓小平同志用“小康”这一具有浓厚中华文化底蕴的概念来指代“中国式的现代化”，提出到 20 世纪末“在中国建立一个小康社会。这个小康社会，叫做中国式的现代化”。

“第二个结合”是新时代中华民族现代文明建设奋进历程的实践写照。党的十八大以来，党中央在领导党和人民推进治国理政的实践中，不断深化对文化建设的规律性认识，不断开创马克思主义基本原理同中华优秀传统文化相结合的新境界。在治国理念方面，习近平总书记指出，在几千年的历史演进中，中华民族创造了灿烂的古代文明，形成了关于国家制度和国家治理的丰富思想，包括大道之行、天下为公的大同理想，六合同风、四海一家的大一统传统，德主刑辅、以德化人的德治主张，民贵君轻、政在养民的民本思想，等贵贱均贫富、损有余补不足的平等观念，法不阿贵、绳不挠曲的正义追求，孝悌忠信、礼义廉耻的道德操守，任人唯贤、选贤与能的用人标准，周虽旧邦、其命维新的改革精神，亲仁善邻、协和万邦的外交之道，以和为贵、好战必亡的和平理念，等等。这些思想中的精华是中华优秀传统文化的重要组成部分。在道德修养方面，强调“己所不欲，勿施于人”“与人为善”“以己度人”“推己及人”，要恪守“良知”，做到“俯仰无愧”；强调人要“止于至善”，倡导“兼善天下”“利济苍生”“修身齐家治国平天下”“见贤思齐焉，见不贤而内自省也”，做君子、成圣贤。在行为方式方面，以“慎易以避难，敬细以远大”强调做事不弃微末，精益求精；以“吾生也有涯，而知也无涯”强调博采知识精华，畅游知识海洋。这些重要观点是新时代“第二个结合”生动实践的经验总结，体现了对马克思主义基本原理同中华优秀传统文化具有的高度契合性的深刻把握，体现了运用中华优秀传统文化中凝结的哲学思想、人文精神、道德理念来明是非、辨善恶、知廉耻的实践自觉，不断夯实马克思主义中国化时代化的历史基础和群众基础，让马克思主义真理之树根深叶茂。

“第二个结合”是在新的历史起点上推进中华民族现代文明建设实践的科学指引

积极推进马克思主义与中华优秀传统文化的核心思想理念相结合。中华民族和中国人民在修齐治平、尊时守位、知常达变、开物成务、建功立业的过程中形成了革故鼎新、与时俱进，脚踏实地、实事求是，惠民利民、安民富民，道法自然、天人合一等一系列基本思想理念，为我们认识世界、改造世界提供了有益启迪，为改革发展稳定、内政外交国防、治党治国治军提供了有益借鉴。在建设中华民族现代文明的伟大进程中推进马克思主义基本原理同中华优秀传统文化相结合，应大力弘扬中华优秀传统文化中的讲仁爱、重民本、守诚信、崇正义、尚和合、求大同等核心思想理念。传承弘扬讲仁爱的理念，守望相助、扶危济困；传承弘扬重民本的理念，始终把人民放在心中最高的位置；传承弘扬守诚信的理念，言必信、行必果；传承弘扬崇正义的理念，努力让人民群众切实感受到公平正义就在身边；传承弘扬尚和合的理念，推动人与人、人与社会、人与自然以及人的自我身心的和谐；传承弘扬求大同的理念，致力于推动构建人类命运共同体。我们应深入挖掘中华优秀传统文化核心思想理念的时代价值，不断赋予其新的时代内涵与现代表达形式，使中华优秀传统文化的核心思想理念与中华民族现代文明相适应、与推进中国式现代化相协调。

积极推进马克思主义与中华传统美德相结合。习近平总书记指出："中华传统美德是中华文化精髓，蕴含着丰富的思想道德资源。"中华优秀传统文化蕴含的天下兴亡、匹夫有责的担当意识，精忠报国、振兴中华的爱国情怀，崇德向善、见贤思齐的社会风尚，孝悌忠信、礼义廉耻的荣辱观念等道德理念与规范，体现着评判是非曲直的价值标准，潜移默化地影响着中国人的行为方式。在建设中华民族现代文明的伟大进程中推进马克思主义基本原理同中华优秀传统文化相结合，应大力弘扬自强不息、敬业乐群、扶危济困、见义勇为、孝老爱亲等中华传统美德，充分发掘文化经典、历史遗存、文物古迹承载的丰厚道德资源，弘扬古圣先贤、民族英雄、志士仁人的嘉言懿行，坚持在继承传统中创新发展，积极推动中华优秀传统文化创造性转化、创新性发展，使之与现代文化、现实生活相融相通，成为全体人民精神生活、道德实践的鲜明标识，不断增强道德建设的时代性实效性。

积极推进马克思主义与中华人文精神相结合。习近平总书记指出："国家之魂，文以化之，文以铸之。"中华优秀传统文化积淀着求同存异、和而不同的处世方法，文以载道、以文化人的教化思想，形神兼备、情景交融的美学追求，俭约自守、中和泰和的生活理念等多样、珍贵的精神财富，是中国人民思想观念、风俗习惯、生活方式、情感样式的集中表达，滋养了独特丰富的文学艺术、科学技术、人文学术，至今仍然具有深刻影响。在建设中华民族现代文明的伟大进程中推进马克思主义基本原理同中华优秀传统文化相结合，应大力弘扬中华人文精神，深入阐发其文化精髓，着力构建有中国底蕴、中国特色的思想体系、学术体系和话语体系；倡导中华美学精神，善于把中华优秀传统文化的有益思想、艺术价值与时代特点和要求相结合，在传承中华优秀传统文化中推进文化创新，产出传承中华人文精神、具有大众亲和力的优质文化产品，推动美学、美德、美文相结合，大力彰显中华文化魅力，赓续历史文脉、谱写当代华章。

（作者系中国社会科学院大学马克思主义学院副院长、北京市人文社会科学研究中心副主任）

在“两个结合”中铸就中国式现代化的文化形态

郝立新

当代中国社会实践发展与文化进步紧紧交织在一起。中国式现代化进入新阶段，需要有更多的文化动力或文化支撑。马克思主义中国化时代化的推进需要进一步实现同中国具体实际、同中华优秀传统文化的结合，在“两个结合”中使马克思主义基本原理同中华优秀传统文化相结合并形成新的文化有机体，为中华民族现代文明注入新的活力，为中国式现代化提供更多更重要的思想智慧。时代的发展需要我们进一步认识中华文明的悠久历史、感知中华文化的博大精深，从而为中国式现代化建设提供更多的智慧和力量。习近平总书记在文化传承发展座谈会上的重要讲话，为我们深刻认识源远流长的中国文化、博大精深的中华文明的历史及特点，推进“两个结合”，铸就中国式现代化的文化形态指明了方向。

深刻把握中华文明的突出特点

习近平总书记全面而深刻地概括了中华文明的突出特性，为理解文化自信和“两个结合”提供了新的历史文化视角（社会发展的文明支点）。党的十八大以来，习近平总书记多次强调文化自信的重要性，并高度评价中华优秀传统文化的重要性。中华优秀传统文化是中华文明的智慧结晶和精华所在，是中华民族的根和魂，是我们在世界文化激荡中站稳脚跟的根基。中华优秀传统文化中具有讲仁爱、重民本、守诚信、崇正义、尚和合、求大同的精神特质，是中国道路的深厚文化底蕴。党的二十大报告指出，中华优秀传统文化源远流长、博大精深，是中华文明的智慧结晶，其中蕴含的天下为公、民为邦本、为政以德、革故鼎新、任人唯贤、天人合一、自强不息、厚德载物、讲信修睦、亲仁善邻等，是中国人民在长期生产生活中积累的宇宙观、天下观、社会观、道德观的重要体现，同科学社会主义价值观主张具有高度契合性。天人合一的宇宙观主张万物相互联系，强调整个世界的有机关联，崇尚天人合一、道法自然，追求人与自然和谐共生。协和万邦的天下观主张亲仁善邻、天下一家、世界大同，倡导化干戈为玉帛，和谐相处、开放包容、文明交流互鉴。和而不同的社会观主张“和实生物，同则不继”，“君子和而不同，小人同而不和”，倡导求同存异，承认和尊重差异，追求平等和睦、共生共荣。人心和善的道德观重视人与自身、人与他人、人与社会、人与自然的伦理关系，崇德向善，追求心灵祥和安宁，以及“仁者爱人”“推己及人”的道德境界。在文化传承发展座谈会上的重要讲话中，习近平总书记进一步揭示了中华优秀传统文化的特质。中华优秀传统文化蕴含的多方面的重要元素，共同塑造出中华文明的突出特性。中华文明具有“突出的连续性”“突出的创新性”“突出的统一性”“突出的包容性”“突出的和平性”，从根本上决定了中华民族具有历史韧性、独立自主、开拓进取、无畏品格、文化融合、团结统一、兼收并蓄、开放胸怀和爱好和平等精神特质。

这些新的重大论断揭示了中国式现代化道路得以形成和继续发展的文化基因和精神基础。从国家发展道路和国家核心利益层面看，中华文明源远流长的历史连续性决定了中华民族必然走自己的道路；中华优秀传统文化培育了中华民族“国土不可分、国家不可乱、民族不可散、文明不可断”的共同信念，树立了中华民族“国家统一永远是中国核心利益的核心，一个坚强统一的国家是各族人民的命运所系”的坚强决心。因此，中华优秀传统文化的传承发展构成中国式现代化建设的巨大的不可或缺的精神力量和文化支撑。

全面理解“两个结合”的重大意义

推进马克思主义中国化时代化，推进“两个结合”，推动中华优秀传统文化的创造性转化和创新性发展，促进形成马克思主义基本原理同中华优秀传统文化相结合的新的文化生命体，即中国式现代化的文化形态，是中国式现代化建设的重要使命。在文化传承发展座谈会上的重要讲话中，习近平总书记提出让马克思主义同中华优秀传统文化“结合”而“形成的新文化成为中国式现代化的文化形态”的重大命题，是一个重大的创新，对于推进马克思主义中国化时代化和中国式现代化进程中的文化建设具有重要指导意义。

“两个结合”深化了对马克思主义中国化时代化和文化建设的规律性认识。以习近平同志为主要代表的中国共产党人，坚持把马克思主义基本原理同中国具体实际、同中华优秀传统文化相结合，创立了习近平新时代中国特色社会主义思想。“两个结合”是对马克思主义中国化时代化历史经验的高度概括和总结，是对马克思主义中国化时代化进程内在规律的深刻揭示。它充分表达了中国共产党人的理论自觉和文化自信，表明对马克思主义与中华优秀传统文化关系的认识达到了一个新的高度。同中华优秀传统文化相结合的必要性和重要意义在于，只有植根本国、本民族历史文化沃土，马克思主义真理之树才能根深叶茂；只有夯实马克思主义中国化时代化的历史基础和群众基础，马克思主义才能回答好中国之问、人民之问，才能在中国大地深深扎根。

习近平总书记在讲话中进一步深刻阐明了马克思主义同中华优秀传统文化“结合”的根据、结果和意义。

其一，“结合”是当代中国社会发展的必由之路。在五千多年中华文明深厚基础上开辟和发展中国特色社会主义，把马克思主义基本原理同中国具体实际、同中华优秀传统文化相结合是必由之路。这是我们在探索中国特色社会主义道路中得出的规律性认识，是我们取得成功的最大法宝。实践证明，离开了深厚的文化土壤，马克思主义就不可能实现中国化时代化，中国式现代化就不可能形成和发展。

其二，“结合”的前提是彼此契合。马克思主义和中华优秀传统文化来源不同，但彼此存在高度的契合性。相互契合才能有机结合。马克思主义基本原理之所以能够同中华优秀传统文化相结合，是因为二者具有高度契合性。所谓契合性，就是指二者有某种共同性、一致性或结合点。虽然马克思主义基本原理与中华优秀传统文化产生的背景、土壤和理论基础不一样，但是在价值追求上存在一致性或共同性，以及在思维上的辩证性，是二者相契合的基本的重要方面。

其三，“结合”的结果造就一个有机统一的新的文化生命体。马克思主义同中华优秀传统文化在“结合”中互相成就，二者的结合是双向互动的，其基础是中国特色社会主义实践，是中国式现代化进程。二者“结合”而成的新的文化生命体，即融合为一体并具有强大活力的文化形态，包含了马克思主义基本原理、中国传统文化的精华、革命文化和社会主义先进文化以及世界文明的积极成果等因素。它体现时代发展的要求和人民群众的根本利益，对推动中国式现代化起到积极重要的作用。这种“结合”的目标是：让经由“结合”而形成的新文化成为中国式现代化的文化形态。

其四，“结合”对于实践发展和思想文化建设具有重大意义。一是筑牢了中国道路的根基，让中国特色社会主义道路有了更加宏阔深远的历史纵深，拓展了中国特色社会主义道路的文化根基。中国式现代化赋予中华文明以现代力量，中华文明赋予中国式现代化以深厚底蕴。二是“结合”打开了创新空间，让我们掌握了思想和文化主动，并有力地作用于道路、理论和制度。特别是“第二个结合”，它是又一次的思想解放，让我们能够在更广阔的文化空间中，充分运用中华优秀传统文化的宝贵资源，探索面向未来的理论和制度创新。三是“结合”巩固了文化主体性，创立习近平新时代中国特色社会主义思想就是这一文化主体性的最有力体现。

推进文化发展繁荣和文化强国建设

推进“两个结合”，铸就中国式现代化的文化形态，必须落实在行动上和工作中。在中国式现代化建设中，要把文化建设摆在全局工作的重要位置，不断深化对文化建设的规律性认识。

在新的历史起点上继续推动文化繁荣、建设文化强国、建设中华民族现代文明，必须做到以下几点。首先，要坚定文化自信，坚持走自己的路。必须坚定历史自信、文化自信，坚持古为今用、推陈出新。要求我们树立科学的马克思主义观和文化观，正确地理解和对待马克思主义的发展及其与中华优秀传统文化之间的关系。要立足中华民族伟大历史实践和当代实践，用中国道理总结好中国经验，把中国经验提升为中国理论。其次，要把马克思主义基本原理的精髓同中华优秀传统文化的精华贯通起来。要把握好马克思主义基本原理的精华（基本立场观点方法），提炼好中华优秀传统文化精华。要把马克思主义基本原理同人民群众日用而不觉的共同价值观念融通起来，即要接地气，要把这种结合落细落小落实，融合进人民群众的日常生活文化和观念之中，不断夯实马克思主义中国化时代化的历史基础和群众基础，让马克思主义在中国牢牢扎根。最后，要实现精神上的独立自主。要加快构建中国特色哲学社会科学，特别是建构中国自主的知识体系。要秉持开放包容，坚持守正创新，推进中华优秀传统文化的创造性转化和创新性发展，促进外来文化本土化，不断培育和创造新时代中国特色社会主义文化，铸就中国式现代化的文化形态。

（作者系“中国共产党人‘心学’与党的建设伟大工程高端智库”首席专家、中国人民大学习近平新时代中国特色社会主义思想研究院研究员）

马克思主义基本原理同中华优秀传统文化相结合的内在机理

臧峰宇

习近平总书记在文化传承发展座谈会上的重要讲话中指出："在五千多年中华文明深厚基础上开辟和发展中国特色社会主义，把马克思主义基本原理同中国具体实际、同中华优秀传统文化相结合是必由之路。这是我们在探索中国特色社会主义道路中得出的规律性的认识，是我们取得成功的最大法宝。"马克思主义在中国具体化，彰显了中国特色社会主义发展规律，体现了中华民族的文化形式。马克思主义基本原理同中国具体实际、同中华优秀传统文化相结合，为党领导革命、建设、改革提供了科学理论指导。作为中华文化和中国精神的时代精华，习近平新时代中国特色社会主义思想是马克思主义基本原理同中华优秀传统文化相结合所巩固的文化主体性的最有力体现，深刻阐明了马克思主义基本原理同中华优秀传统文化相结合的内在机理，为新时代党和国家事业发展提供了根本遵循。

马克思主义基本原理同中华优秀传统文化是内在契合的有机整体

马克思主义在中国的百年传播，改变了中国人的思维方式和价值观念，以科学理性精神审视中华优秀传统文化并赋予其时代新义。同中华优秀传统文化相结合的中国化时代化的马克思主义具有中国风格和中国气派，其每一表现都带有中国的特性，都带有在反思性把握中呈现的内在一致性。马克思主义基本原理同中华优秀传统文化的内在契合是经过实践验证的历史事实，创造了在实践基础上会通而成的新文化，彰显了中华民族在现代化进程中塑造的文化自我。

马克思主义与中华优秀传统文化具有不同的观念来源。马克思主义是批判地继承英国古典政治经济学、英法空想社会主义和德国古典哲学而形成的现代观念体系，是以实践思维方式展现的辩证唯物主义和历史唯物主义的思想整体。中华优秀传统文化及其在实践中转化的文明形态在农耕文明时代遥遥领先，强调修齐治平、经世致用，重视日用伦常、为仁由己。两种具有不同来源的观念体系存在高度的契合性，是马克思主义为中国有识之士所选择，并满足中国社会发展实际需要的内在根由，是马克思主义基本原理同中华优秀传统文化相结合的前提。可以说，马克思主义以巨大的思想穿透力深入中国传统文化的根基，从把握客观事物的规律角度重释“实事求是”，使“相反相成”具有现代意涵，从未来理想社会的高度为实现大同社会提供科学路径，以自律和内敛的方式提升个人修养。马克思主义中国化使中华优秀传统文化从前现代走向现代，也实现了中国革命的马克思主义化。

马克思主义基本原理同中华优秀传统文化的内在契合，是实践基础上的观念会通，是一种生成着的文化创造，是在观念融合中形成的新范畴。这种文化创造并非“理论—实践”与“知行”，抑或“规律”与“道”之间的简单互释，而是彰显了一种在中国经济社会发展中积极运用马克思主义指导实践的思维方式、一种以创造和运用新文化的自觉推动实现中华民族伟大复兴的自主逻辑。

马克思主义基本原理同中华优秀传统文化互相成就，在结合中造就了一个有机统一的新的文化生命体。在民族危亡之际选择马克思主义，体现了中国共产党早期领导人的责任担当意识，从中可见马克思主义基本原理同中华优秀传统文化相结合的文化自觉。根据中国的实际运用马克思主义，在百余年来我们党团结带领人民走过的光辉历程中得到了实践的确证。马克思主义在中国社会发挥深刻的作用，使中国人从思想到生活进入一个崭新的时期，是通过体现为新鲜活泼的、为中国老百姓喜闻乐见的中国风格和中国气派来实现的。马克思主义要在思想和情感上为中国人民所接受，就必须植根于中国历史和文化，在中国具体化的马克思主义实现了实践创造，形成了中国问题意识，对中国的经济、政治、文化等问题给予了科学解答。

文化是在历史进程中流动的活水，中华优秀传统文化的创造性转化、创新性发展取决于时代条件和实践需要。中华文化像是一条历史的长河，有些河段可能九曲十八弯，但终究是“大河向东流”。这条文化长河的流向和流速与经济社会发展紧密相关，有生命力的文化观念总要实现实践转化，转化是具体的、有条件的。从历史事实出发理解中华文化发展过程，就会看到“大河向东流”的历史必然性，就会认识到促进中华优秀传统文化与当代文化相适应、与现代社会相协调的重要性，使之成为人们普遍认同并广泛参与的文化形式，从而不断促进社会主义文化繁荣兴盛。

马克思主义基本原理同中华优秀传统文化相结合是又一次思想解放

马克思主义基本原理同中华优秀传统文化相结合，让中国特色社会主义道路有了更加宏阔深远的历史纵深，筑牢了中国式现代化的文化根基。正是实现了现代重塑的中华文明赋予中国式现代化以深厚底蕴，拓展了中国特色社会主义道路的文化根基。马克思主义基本原理同中华优秀传统文化相结合，生成了文化的再生机制，促进了民族精神与时代精神的融合。我们党之所以高度重视中华民族的文化遗产，是因为深刻认识到中华优秀传统文化对中国社会结构、民族性格和人们价值观念的深刻影响。我们党善于汲取中华优秀传统文化中包含的丰富的治国理政、立德化民的智慧。

运用实现创造性转化、创新性发展的中华优秀传统文化进行社会治理，是建设社会主义文化强国之所需。文化进步是在社会进步中实现的，同马克思主义相结合的中华优秀传统文化满足时代的需求，反映时代的关注，体现了时代创造和历史选择，提升了文化自信的底气。中国式现代化是马克思主义基本原理同中华优秀传统文化相结合的实践场域，中华优秀传统文化在社会主义现代化进程中获得与时俱进的生命力和创造力。正是在结合的过程中，马克思主义成为中国的，中华优秀传统文化成为现代的，从中形成的新文化成为中国式现代化的文化形态。

马克思主义基本原理同中华优秀传统文化相结合，打开了让我们掌握思想和文化主动的创新空间。我们在这个更广阔的空间里充分运用中华优秀传统文化的宝贵资源，使之实现创造性转化和创新性发展，使中国特色社会主义文化有力地作用于中国特色社会主义道路、中国特色社会主义理论和中国特色社会主义制度，从而探索面向未来的理论和制度创新，因而这个结合是新时代新征程上又一次思想解放。

从新的思想解放的角度理解马克思主义基本原理同中华优秀传统文化相结合，具有很高的文化立意。马克思主义以真理之光激活了中华文明的基因。从社会发展的角度理解生生不息的文化传统，就会深刻理解“旧邦新命”：只有同中华优秀传统文化相结合，马克思主义才能在中国落地生根、开花结果；只有深入研究中国历史上治国理政的经验，深入理解中华优秀传统文化中的辩证智慧和生态观念，才能建成社会主义文化强国。同时，任何传统中有生命力的文化基因都会在时代发展中实现自我更新，都会彰显时代精神。只有发扬传统文化中“活的东西”，才是尊重和传承传统文化应有的态度。这里有一个新旧文化转化的问题，以新文化取代旧文化，体现了文化发展的基本规律。因而，不应固守传统、亦步亦趋，而应超越既往、别开生面，使中华优秀传统文化在新的时代条件下发扬光大。

马克思主义基本原理同中华优秀传统文化相结合巩固了中华民族文化主体性

把马克思主义思想精髓同中华优秀传统文化精华贯通起来、同人民群众日用而不觉的共同价值观念融通起来，赋予科学理论鲜明的中国特色，巩固了中华民族的文化主体性。习近平新时代中国特色社会主义思想是这一文化主体性的最有力体现，是当代中国马克思主义、二十一世纪马克思主义，实现了马克思主义中国化新的飞跃。从文化主体性角度看，马克思主义基本原理同中华优秀传统文化相结合，既立足于现实的中国，又植根于历史的中国。这种文化主体性使我们党在新时代高度重视文化建设。习近平总书记强调文化自信是更基础、更广泛、更深厚的自信，认为没有文化的繁荣兴盛，就没有社会主义现代化。马克思主义基本原理同中华优秀传统文化相结合的重大意义得到深入认识，我们党重视挖掘中华五千多年文明中的精华，推动中华优秀传统文化创造性转化、创新性发展，揭示了中国特色社会主义文化的基本结构，阐明了培育和践行社会主义核心价值观的科学路径，提出实现中华民族伟大复兴的文化使命，体现了当代中国马克思主义文化观的重大理论创新。

正如习近平总书记所指出的："'第二个结合'，是我们党对马克思主义中国化时代化历史经验的深刻总结，是对中华文明发展规律的深刻把握，表明我们党对中国道路、理论、制度的认识达到了新高度，表明我们党的历史自信、文化自信达到了新高度，表明我们党在传承中华优秀传统文化中推进文化创新的自觉性达到了新高度。"以高度的文化自信实现马克思主义基本原理同中华优秀传统文化相结合，实现中华优秀传统文化的创造性转化和创新性发展，体现了中华民族文化自我的时代勃兴。文化自信体现了中华民族内心深处的自豪，是国家富强与民族复兴的动力源。这种自信源自对中国思想家强调的仁义理念、中性思维、大同境界的创新性发展，是复兴中华民族光荣梦想的精神明证。这种自信是对中华优秀传统文化的创造性转化的自信，它表明在社会主义现代化进程中复兴的中国文化，将以其积淀深厚的思想传统解析中国社会的实际问题，提供在历史发展过程中被反复证明为有效的合理性思路。

中华民族是中华优秀传统文化的主体，不断实现创造性转化和创新性发展的中华优秀传统文化是支撑中国人艰难跋涉、艰苦奋斗、矢志创新的久远绵长的精神力量。近代以来中华民族苦难辉煌的历程表明，中国人从来没有失掉文化自信力。我们党在中华民族五千多年文明史的长线逻辑中理解文化自信，使中华优秀传统文化具有科学理性精神，恢复了中华民族生气勃勃的文化信心。这种自信是对一脉相承的中华优秀传统文化、革命文化和社会主义先进文化的自信，反映了中国文化的历史性、时代性和开放性。正是由于坚定文化自信，我们党才能带领人民在新时代创造新文化，实现符合时代发展要求、满足人民需要的文化创新，在创造美好生活的过程中实现文化繁荣兴盛。

正如习近平总书记所指出的：“对历史最好的继承，就是创造新的历史；对人类文明最大的礼敬，就是创造人类文明新形态。”正是因为秉持文化主体性，强调中华民族的新文化，我们党才带领人民将落后的中国建成文明先进的中国。中华优秀传统文化在走向世界历史的过程中实现了独特的思想创造，它超越既往、借鉴外来，在现代化探索中发挥作用，不断促进马克思主义中国化时代化。今天，我们要坚持学以致用，以守正创新的正气和锐气，担负起新的文化使命，努力建设中华民族现代文明，在文化建设和文明发展的征程上赓续历史文脉、谱写当代华章。

（作者系中国人民大学哲学院院长、教授）

充分认识马克思主义基本原理同中华优秀传统文化相结合的重大意义

刘建军

习近平总书记多次强调，要坚持把马克思主义基本原理同中国具体实际、同中华优秀传统文化相结合。这一重要论断是习近平新时代中国特色社会主义思想的重要内容，是习近平总书记的重大理论创新。充分认识“两个结合”的重大创新价值，必须深刻把握“第二个结合”，即“把马克思主义基本原理同中华优秀传统文化相结合”的独特而重大的意义。在6月2日召开的文化传承发展座谈会上，习近平总书记对中华文明和中华优秀传统文化作了系统论述，深刻揭示了“把马克思主义基本原理同中华优秀传统文化相结合”的科学内涵和重大意义，为我们深化认识、提升自觉提供了科学指南。

“两个结合”是推进马克思主义中国化时代化的根本途径，是开辟和发展中国特色社会主义的必由之路。习近平总书记关于“两个结合”的论述是不断丰富和发展的。从庆祝中国共产党成立一百周年大会上首次明确提出这一命题，到党的二十大报告中进一步展开论述，再到党的二十大闭幕后考察延安等地过程中提出“两个结合”是“推进马克思主义中国化时代化的根本途径”，习近平总书记明晰了“两个结合”的理论定位。在文化传承发展座谈会上，习近平总书记又从中国特色社会主义事业开辟与发展的角度深入论述了“两个结合”的重大意义，明确指出："在五千多年中华文明深厚基础上开辟和发展中国特色社会主义，把马克思主义基本原理同中国具体实际、同中华优秀传统文化相结合是必由之路。这是我们在探索中国特色社会主义道路中得出的规律性的认识，是我们取得成功的最大法宝。"这就告诉我们，中国特色社会主义道路的开辟和发展，是以中华文明五千多年历史为深厚基础的，如果没有这一基础或没有实现马克思主义与这一基础的结合，就不能开辟和发展这一伟大事业；同时，也告诉我们，"两个结合"是一种把握社会发展本质的规律性认识，是党和人民事业取得成功的诸多法宝中最大的法宝。

把马克思主义基本原理同中华优秀传统文化相结合，筑牢了中国特色社会主义的道路根基。道路是人们前行的遵循和依托，它不仅有一个方向是否正确的问题，也有一个基础是否坚实的问题。地基的坚实性是我们选择和确定道路的重要依据和考量因素，如果把正确的道路建立在沙滩上，也不能让事业的列车到达成功的终点。同样，中国特色社会主义道路也有自己坚实的根基，这就是中华文明、中国历史文化。当今世界上，并不是每一个民族和国家在走向现代化的过程中都具有如此坚实的历史文化积淀。幸运的是，中国是一个规模巨大的"文明型国家"，是世界上唯一一个数千年文明史从未中断的国家，我们的祖先给我们留下了极为丰厚而珍贵的历史文化遗产。近现代以来，马克思主义真理的闪电射入这块古老的东方土地，激活了中华文明的生命力，为中华文明实现现代化指明了方向。中国共产党人把马克思主义基本原理同中华优秀传统文化相结合，让中国特色社会主义道路有了更加宏阔深远的历史纵深，有了更加深厚有力的文化支撑。中国特色社会主义事业从五千多年中华文明史中走来，脚踩着坚实的大地，迈着雄壮的步伐，展现着文化的风采，昂扬走向光明的未来。

把马克思主义基本原理同中华优秀传统文化相结合，打开了中国特色社会主义的创新空间。马克思主义中国化时代化的历史表明，“两个结合”是两次重大的思想解放。在我们党领导新民主主义革命过程中，面对党内一度盛行的照抄经典作家语句、照搬苏联经验的教条主义风气，毛泽东振聋发聩地提出，必须把马克思主义基本原理同中国革命的具体实际相结合，走马克思主义中国化道路，从而使党解放了思想，焕发出前所未有的历史主动性，找到了中国革命的正确道路并引领革命走向胜利。在推进新时代中国特色社会主义事业的过程中，面对长期以来存在的国内外对中华文明的轻视和对中华优秀传统文化的误解，习近平总书记明确提出必须把马克思主义基本原理同中华优秀传统文化相结合。这是又一次思想解放，使我们摆脱了那种把马克思主义与中华优秀传统文化隔离开来，甚至对立起来的错误倾向，让我们能够在更广阔的文化空间中，充分运用中华优秀传统文化的宝贵资源，实现中华优秀传统文化的创造性转化和创新性发展，探索面向未来的理论和制度创新。

把马克思主义基本原理同中华优秀传统文化相结合，巩固了中国特色社会主义的文化主体性。文化的主体性是一个民族、一个国家主体性的重要体现，没有文化主体性就不会有精神上的独立性，就不能真正实现独立自主、自立自强。中华民族之所以历经磨难而始终保有独立的精神品格，从根本上讲就是因为有着自己独特的文化传统和文化优势。中国特色社会主义文化是中国特色社会主义伟大事业的重要组成部分，是推进这一事业发展的精神支柱和精神动力。在当今世界风云变幻和文化激荡中，必须始终保持和不断彰显自己的文化主体性。在中国特色社会主义新时代，我们党把马克思主义基本原理同中华优秀传统文化相结合，实现了二者从自发的“高度契合”到自觉的“有机结合”的转变，造就了一个有机统一的新的文化生命体，让马克思主义成为中国的，让中华优秀传统文化成为现代的，让经由“结合”而形成的中国特色社会主义新文化成为中国式现代化的文化形态。习近平新时代中国特色社会主义思想的创立和不断发展，就是中华民族和中国特色社会主义事业文化主体性的最有力体现。

把马克思主义基本原理同中华优秀传统文化相结合，标注了我们党自觉自信的新高度新境界。“把马克思主义基本原理同中华优秀传统文化相结合”这一重大命题的提出，是百年来我们党领导革命、建设和改革过程中长期探索的成果和长期积淀的结晶。这是我们党对马克思主义中国化时代化历史经验的深刻总结，是正反两方面经验教训都充分证明了的历史结论；这是对中华文明发展规律的深刻把握，是对建设中华民族现代文明的方向指引；这是对马克思主义与中华文明双向互动关系的精准把握，说明马克思主义激活了中华优秀传统文化，而中华优秀传统文化又涵养着马克思主义。这一重大命题的提出，是我们党在思想文化发展的理念与政策上走向成熟的标志，意味着我们党达到了一种新高度，开辟了一种新境界。它表明我们党对中国道路、理论、制度的认识达到了新高度，实现了对中国特色社会主义事业有机整体的全面把握；表明我们党的历史自信、文化自信达到了新高度，并在新征程上具有高度的未来自信和理想追求；表明我们党在传承中华优秀传统文化中推进文化创新的自觉性达到了新高度，实现了古今中外的文化融通和人类文明新形态的创新创造。

（作者系中国人民大学习近平新时代中国特色社会主义思想研究院研究员、马克思主义学院教授）

“第二个结合”是又一次思想解放

辛向阳

2023年6月2日，习近平总书记在文化传承发展座谈会上提出“第二个结合”的重要论断。这是又一次思想解放，让我们能够在更广阔的文化空间中，充分运用中华优秀传统文化的宝贵资源，探索面向未来的理论和制度创新。这一论断包含着十分丰富的思想。

“第二个结合”使我们能够更加自觉地运用马克思主义世界观和方法论，辩证科学地认识中华民族的历史演进，更加客观全面地认识中华文明的突出特性

习近平总书记在庆祝改革开放40周年大会上的重要讲话中指出：以数千年大历史观之，变革和开放总体上是中国的历史常态。变革在中华民族历史上绵绵不绝：春秋战国时期的商鞅变法、吴起变法、赵武灵王的“胡服骑射”都是变革的代表，秦王嬴政的郡县制改革深刻影响了中国2000多年的历史发展，汉代的文景之治、唐代的贞观之治都是变法的产物，北宋的王安石变法、明代的张居正变法都是巨大的社会变革。这也是习近平总书记所讲的：中华文明具有

突出的创新性，从根本上决定了中华民族守正不守旧、尊古不复古的进取精神，决定了中华民族不惧新挑战、勇于接受新事物的无畏品格。

中华文明具有开放包容性。习近平总书记指出，自古以来，中华民族就以“天下大同”“协和万邦”的宽广胸怀，自信而又大度地开展同域外民族交往和文化交流，曾经谱写了万里驼铃万里波的浩浩丝路长歌，也曾经创造了万国衣冠会长安的盛唐气象。宋朝鼓励外商来华贸易，建立了一系列对外贸易口岸，与其他国家签订了贸易条约；宋朝还发明了火药、活字印刷术、指南针等，这些科技成果对中国和世界发展产生了深远影响。

“第二个结合”使我们能够充分运用中华优秀传统文化的宝贵资源，探索面向未来的观念、体制、制度等创新

中国特色社会主义制度的创新离不开中华优秀传统文化的沃土。党的十九届四中全会明确指出：中国特色社会主义制度是党和人民在长期实践探索中形成的科学制度体系。实践证明，中国特色社会主义制度和国家治理体系是以马克思主义为指导、植根中国大地、具有深厚中华文化根基、深得人民拥护的制度和治理体系。这一制度和国家治理体系是从中国悠久历史中走出来的，中华优秀传统文化是其深厚的文化沃土。

中国式现代化的推进离不开中华优秀传统文化的沃土。今年 2 月 7 日，习近平总书记在学习贯彻党的二十大精神研讨班开班式上强调指出：中国式现代化，深深植根于中华优秀传统文化。中国式现代化，植根于哪些中华优秀传统文化？植根于中华文明具有的突出的和

平性，使我们能够坚定不移走和平发展道路；植根于天下情怀，使我们敢于打破“现代化 = 西方化”的迷思，展现了现代化的另一幅图景，拓展了发展中国家走向现代化的路径，为人类对更好社会制度的探索提供了中国方案；植根于农耕文明，这是我们建设农业强国的重要特色，我们什么时候都不能忘记中国是一个有着悠久农耕历史传统的国家。

作为新时代的思想解放，“第二个结合”最重要的意义在于使我们党的创新理论深深植根于中华优秀传统文化之中

“结合”有力地作用于道路、理论和制度，要通过“第二个结合”探索面向未来的理论创新。正是通过“第二个结合”，习近平新时代中国特色社会主义思想不仅成为中华文化和中国精神的时代精华，而且有力地推动了中华优秀传统文化的创造性转化和创新性发展。习近平新时代中国特色社会主义思想站在时代高度充分阐明了中华文明的显著优势和特点：具有突出的连续性、具有突出的创新性、具有突出的统一性、具有突出的包容性、具有突出的和平性。

正是通过“第二个结合”，作为习近平新时代中国特色社会主义思想的世界观和方法论集中体现的“六个必须坚持”，充分展现了中华优秀传统文化的理念与价值。人民至上的根本立场体现了民惟邦本、为政以德的价值理念；自信自立有着我们民族“天行健，君子以自强不息”的刚毅追求；守正创新的基本要求既体现了我们民族尊崇传统的美德，又体现了“苟日新，日日新，又日新”的进取精神；问题导向体现了我党直面社会现实，解决重大问题，谋求发展的执政追求；作为基础性思想和工作方法的系统观念体现了反对“只见树木，

不见森林”的形而上学的要求，更体现了“不谋万世者，不足以谋一时；不谋全局者，不足以谋一域”的整体理念；胸怀天下体现了中华民族“大道之行也，天下为公”的信念，更体现了“四海之内皆兄弟”的情怀。

（作者系中国社会科学院马克思主义研究院党委书记）

在文化传承发展中把握“两个结合”的方法论意义

杨洪源

文化是关乎国本和国运的大事。推进中国特色社会主义文化建设、建设中华民族现代文明，需要以正确的思想和方法作为指导。习近平总书记在文化传承发展座谈会上的重要讲话，从“结合”的前提和结果，从“结合”筑牢了道路根基、打开了创新空间、巩固了文化主体性等方面，深刻揭示了“两个结合”的重大意义，深刻阐明了“第二个结合”的精髓要义。这一重要讲话通篇贯穿着马克思主义的科学方法论，对于我们在新时代新征程上持续推动文化传承发展，具有极其重要的引领作用。

“两个结合”的前提和结果的同一性

理清“两个结合”的前因后果，是深刻把握其方法论意义的先决条件。按照唯物辩证法的基本观点，“凡在过程开始时不是作为过程的前提和条件出现的东西，在过程结束时也不可能出现。但是另一方面，一切［作为前提和条件的东西］在过程结束时必然会出现”。对于“两个结合”而言，作为前提的彼此契合与作为结果的互相成就之间具有同一性。一方面，马克思主义和中华优秀传统文化之所以具备有机结合的可能，是因为这两者之间高度契合，尽管它们诞生于迥异的历史方位中，各自必然有着不同的来源。契合不是事例或格言的直接堆砌，也不是范畴或术语的简单转换，而是本质或内容的内在一致。无论是宇宙观和天下观，还是社会观和道德观，都彰显着马克思主义思想精髓同中华优秀传统文化精华的全面贯通性、同人民群众日用而不觉的价值观念的内在融通性。这从人与自然的辩证统一与“天人合一”的境界、实现全人类解放与“协和万邦”的理想、矛盾的对立统一与“和而不同”的观念、人的自由全面发展与“人心和善”的理念等思想中可见一斑。

另一方面，衡量“两个结合”是否可能转化为现实的标准在于结果，也就是造就出一个有机统一的新的文化生命体，从而构成了中国式现代化的文化形态。马克思主义同中华优秀传统文化的有机结合，意味着它绝非“拼盘”和简单的“物理反应”，而是深刻的“化学反应”。从赋予“实事求是”以新内涵，阐明辩证唯物主义的根本观点和方法；到用“小康社会”描述改革开放和社会主义现代化建设新时期的目标；直至经由新时代十年的理论和实践创新，形成了关于“坚持和发展马克思主义，必须同中华优秀传统文化相结合”的深刻认识……这些无不昭示出马克思主义和中华优秀传统文化的互相成就：既以中华优秀传统文化的深厚历史底蕴充分滋养马克思主义，使其在中国牢牢扎根；又以马克思主义的真理激活中华文明基因，使之迸发出强大的精神力量并完成现代性转化。换言之，就是让马克思主义成为中国的，中华优秀传统文化成为现代的。

中国式现代化同中华文明的辩证统一

深入理解“两个结合”的方法论意义，离不开对重点和关键的把握。善于抓住重点，是唯物辩证法主次矛盾辩证关系原理的方法论要求。我们的社会主义之所以不一样并生机勃勃充满活力，关键就在于中国特色；而中国特色的关键则在于“两个结合”。正如习近平总书记指出的：“中国特色社会主义道路，是在马克思主义指导下走出来的，也是从5000多年中华文明史中走出来的。”“两个结合”不仅延展了中国特色社会主义道路的历史纵深，而且拓展了中国特色社会主义道路的文化根基。

党的二十大报告指出，坚持中国特色社会主义，是中国式现代化的本质要求之一。纵观迄今为止的世界现代化进程，不难发现那些简单的模仿者、盲目的追随者注定没有前途。这是我们强调“两个结合”尤其是“第二个结合”的一个重要原因所在。中国式现代化同中华文明的辩证统一关系，是“两个结合”这一“关键的关键”的应有之义。中华文明所具有的连续性、创新性的突出特征，充分表明其自身包含着诸多现代性因素。中国式现代化是赓续古老文明的现代化，而不是消灭古老文明的现代化；是从中华大地长出来的现代化，而不是照搬照抄其他国家的现代化；是文明更新的结果，而不是文明断裂的产物。要而言之，中国式现代化赋予中华文明以现代力量，中华文明赋予中国式现代化以深厚文化底蕴。

文化自信及文化主动的基础有力作用

充分认识文化自信及文化主动的基础有力作用，是系统掌握“两个结合”的方法论意义的题中之义。唯物史观认为，社会存在决定社会意识，社会意识具有相对独立性和能动的反作用，这要求我们坚持先进的社会意识对社会实践的指导作用。党的十八大以来，习近平总书记站在党和国家事业发展全局高度，把建设具有强大凝聚力和引领力的社会主义意识形态，提升为新时代坚持和发展中国特色社会主义的重大命题；鲜明地提出了坚定文化自信，并且将它纳入中国特色社会主义“四个自信”中；深刻地指出了要把坚定“四个自信”作为建设社会主义意识形态的关键。

相比于道路自信、理论自信、制度自信，文化自信是更基础、更广泛、更深厚的自信，是一个国家、一个民族发展中最基本、最深沉、最持久的力量。中国有坚定的道路自信、理论自信、制度自信，其本质是建立在五千多年文明传承基础上的文化自信。增强文化自觉、坚定文化自信之最终目的在于掌握文化主动、实现文化自强。正是“两个结合”所打开的创新空间，使我们掌握了思想和文化主动，并有力地作用于道路、理论和制度。党的二十大报告指出，“中国共产党为什么能，中国特色社会主义为什么好，归根到底是马克思主义行，是中国化时代化的马克思主义行”。与马克思列宁主义同中国工人运动相结合、马克思主义基本原理同中国具体实际相结合一样，马克思主义基本原理同中华优秀传统文化相结合，再一次实现了思想的解放，让我们能够在更广阔的文化空间中，充分运用中华优秀传统文化的宝贵资源，探索面向未来的理论和制度创新。

文化传承发展的合规律性与合主体性

全面领悟“两个结合”的方法论意义，其必然要求坚持文化传承发展的合规律性与合主体性（合目的性）。唯物史观从人类存在的前提即物质生活资料的生产和再生产出发，在承认社会历史发展的客观规律性的同时，又肯定了历史发展过程中的主体选择性。文化是人类在社会历史进程中所创造的一切物质与精神产物，它的传承创新与繁荣发展构成了社会历史演进的重要方面，故而兼具合规律性与合主体性。文化自信本身就是从文化主体上来说的。“中国”或“中华”首先是一个地理空间概念。建设文化强国、建设中华民族现代文明，均为中国共产党团结带领中国人民在中华大地上进行的实践活动。中国共产党既是马克思主义的忠实信仰者和践行者，又是中华优秀传统文化的忠实继承者和弘扬者。从这个意义上讲，担负起新的文化使命、努力建设中华民族现代文明，必须坚持“两个结合”特别是“第二个结合”。“第二个结合”是中国共产党人对马克思主义中国化时代化历史经验的深刻总结，是我们党对中华文明发展规律的深刻把握。

不仅如此，“中国”或“中华”还是一个历史文化概念。究其实质，推动社会主义文化繁荣兴盛，建设社会主义文化强国，建设中华民族现代文明，皆为“中国”或“中华”这一文化主体所进行的实践。文化主体性的巩固有赖于“两个结合”，创立习近平新时代中国特色社会主义思想就是这一文化主体性的最有力体现。习近平新时代中国特色社会主义思想坚持“两个结合”，既立足于现实的中国，又植根于历史的中国，具有强大的历史穿透力、文化感染力、精神感召力，是当代中国马克思主义、二十一世纪马克思主义，是中华文化和中国精神的时代精华，实现了马克思主义中国化时代化新的飞跃，为新时代新征程上坚定文化自信自强，扎实推进中华民族现代文明和社会主义文化强国建设，提供了根本遵循。

（作者系中国社会科学院哲学研究所研究员、中国社会科学院新时代党建研究中心理事）

“第二个结合”的历史和全局意义

朱 承

文化关乎国本国运，在新的历史起点上大力推动文化繁荣、建设文化强国，建设中华民族现代文明，是新时代新的文化使命。在文化传承发展座谈会上，习近平总书记指出：“在五千多年中华文明深厚基础上开辟和发展中国特色社会主义，把马克思主义基本原理同中国具体实际、同中华优秀传统文化相结合是必由之路。这是我们在探索中国特色社会主义道路中得出的规律性的认识，是我们取得成功的最大法宝。”习近平总书记关于“马克思主义基本原理同中华优秀传统文化相结合”的系列重要论述，是中国特色社会主义进入新时代又一次的思想解放，既为当代中国马克思主义的时代发展也为中华优秀传统文化的传承创新指明了方向。马克思主义基本原理同中华优秀传统文化相结合，于马克思主义而言，能够促进马克思主义成为“中国的”；于中华优秀传统文化而言，能够促进中华优秀传统文化成为“现代的”，从而更好建设中华民族现代文明、开创人类文明新形态。基于此，有必要从人类文明的高度、马克思主义与中华优秀传统文化创新发展的角度、中国式现代化事业的广度、构建人类命运共同体的长远度来深刻领会“马克思主义基本原理同中华优秀传统文化相结合”的历史性和全局性意义。

马克思主义基本原理同中华优秀传统文化相结合，具有人类文明史的深远意义

人类文明的演进，既可以从生产组织方式的角度去认识，如农业文明、工业文明、信息文明等；也可以从文化发展样态的角度去认识，如儒家文明、基督教文明、伊斯兰文明等。从文化角度看，人类文明总是在多元文化激荡融合中得到新的发展，并创造出新的形态。在既往的时代，财富、权力、宗教等因素曾促成世界范围内不同古代文明之间的激荡性更新，现代科技又极大地推动了全球范围内的文化交融。纵观整个人类文明史，多样文化的融合创新是推动文明发展的动力之一。马克思主义是近代以来随着社会生产变革而不断发展的科学理论，而中华优秀传统文化是历久弥新之中华文明的历史精华，马克思主义基本原理同中华优秀传统文化高度契合进而深度结合，意味着古老文明传统被现代科学理论激活，科学理论在源远流长的中华文明体中变成了生动实践。作为人类文明新形态，中国式现代化道路、中国特色社会主义事业正是马克思主义基本原理同中华优秀传统文化相结合的产物，既是中华文明的赓续与传承，又是以马克思主义为指导的中国现代化文明与世界现代文明的融合与创造。经由马克思主义基本原理同中华优秀传统文化相结合而创生的中华民族现代文明，意味着古老文明与现代文明在中国大地上的接榫和创新，是当代中国人对近代以来世界范围内的"古今中西之辩"的系统性回应，不仅展现了中国特色社会主义道路发展的历史必然性，对于由多样性文化所构成之世界文明的综合创新也是一次重大推进，从而具有整个人类文明史层面上的重大历史意义。

马克思主义基本原理同中华优秀传统文化相结合，意味着两大传统的自我更新和融合发展

作为科学理论的马克思主义基本原理自创生之日起，就以“推翻旧世界、创造新世界”作为自己的历史使命，秉持这一历史使命，马克思主义形成了与时俱进的理论品质，形成了自我革新的精神传统。历史地来看，以《共产党宣言》发表为诞生标志，马克思主义170多年的发展史，是一个不断总结社会实践发展新经验，持续吸收人类文明有益成果，在理论上不断借鉴新资源、扩展新视野、作出新概括的演进过程。而中华优秀传统文化从来就是秉持“苟日新，日日新，又日新”的革新传统，“周虽旧邦，其命维新”，“六经责我开生面”。在五千多年中华文明发展史上，中华文化总是在社会变革的时代潮流中、在文明交流互鉴中不断革故鼎新，实现了自身的创新性赓续。中华文化的发展虽时有曲折，但从来没有故步自封、僵化孤立，而是始终保持着自强不息、自我更新的不竭意志。马克思主义基本原理同中华优秀传统文化相结合，在新时代为二者进一步打开了创新空间。这个结合，意味着不断追求更新和发展的两大传统的深度交融，马克思主义为中华优秀传统文化的创造性转化和创新性发展提供了现代性的指引，中华优秀传统文化为马克思主义的时代性创新发展提供了中国化的根基。现代性理论同传统文化的契合与结合所形成的中国式现代化的文化形态，既能够适应新时代、应对新挑战、解决新问题，又能够形成新理论、开拓新道路、创造新文明，在这个过程中也必将演绎出新时代的丰富思想文化传统，进而作用于道路、理论和制度的创新和发展。

马克思主义基本原理同中华优秀传统文化相结合的论域是全方位的中国特色社会主义事业，其指向是人类文明新形态。

广义的文化是人类认识和改造自然、社会及人类自身的活动、过

程、成果等多方面内容的总和，是在社会实践基础上人的各种创造。就此而言，传承发展中华优秀传统文化不仅是狭义的“精神”事业，马克思主义基本原理同中华优秀传统文化相结合，也决不仅仅局限在狭义的“文化”领域，而是贯穿在全方位的中国特色社会主义事业之中。众所周知，中国特色社会主义事业总体布局被称为“五位一体”，包括经济建设、政治建设、文化建设、社会建设、生态文明建设五个方面，中国式现代化也是经济、政治、文化、社会、生态“五位一体”的现代化。经济、政治、文化、社会、生态的中国式现代化，将共同铸造中华民族现代文明。由是而言，我们有必要从经济、政治、文化、社会和生态“五位一体”的全局视野来看待“马克思主义基本原理同中华优秀传统文化相结合”，即以马克思主义基本原理的科学理论为指导，从中华优秀传统文化中汲取理论智慧、反思历史经验、增强文化自信，探索面向未来的理论和制度创新，并以此来推动经济发展、政治稳定、治理完善、民生保障、文化繁荣和生态美好，以中国式现代化道路创造人类文明新形态。就此而言，马克思主义基本原理同中华优秀传统文化相结合不只是针对文化事业，而是一种指导全局工作的思想指南，其指向在于建设整体意义上的中华民族现代文明。

马克思主义基本原理同中华优秀传统文化相结合，要坚持面向世界推动构建人类命运共同体

马克思主义理论的旨归是全人类的自由和解放。习近平总书记《在纪念马克思诞辰200周年大会上的讲话》中深刻指出：“马克思主义博大精深，归根到底就是一句话，为人类求解放。”中华优秀传统文化追求“为生民立命，为万世开太平”，主张“博施济众”“康

济群生”，构想天下为公、天下归仁、民胞物与、万物一体的理想社会，将天下大同作为最高境界。在新时代，胸怀人类命运的两个伟大传统的深度结合，将更好地推动实现构建人类命运共同体的理念。从这个意义上来看，坚持马克思主义基本原理同中华优秀传统文化相结合，不仅是中国意义上的现代民族国家事业，更体现了全人类意义上的世界性抱负。从中国文化的传统来看，国家的良序发展的下一步便是天下大同，《大学》里讲“修身齐家治国平天下”，天下太平、世界安宁是国家治理实现后的逻辑必然，因而面向世界文明的交流互鉴就构成了建设中华民族现代文明的题中必有之义。在推动马克思主义基本原理同中华优秀传统文化相结合的过程中，有必要秉持中华文化对世界文明兼收并蓄的开放胸怀，以“东海西海，心理攸同”的共通性意识来弘扬全人类共同价值。与此同时，还要反对文化霸权主义、“文明优越论”、“文明冲突论”等错误思潮，坚定地做世界和平的建设者、全球发展的贡献者、国际秩序的维护者，以文明之间的交流互鉴推动构建人类命运共同体。为此，我们要弘扬中华文明所蕴含的交往交流交融的优良传统，继续学习世界文明有益成果并胸怀世界、走向世界、融入世界，在文明互鉴、国际交流、世界互联中进一步创新发展马克思主义与中华优秀传统文化。

习近平总书记在文化传承发展座谈会上的重要讲话，深刻指出了中华文明具有连续性、创新性、统一性、包容性、和平性等五个突出的特性，从时代发展高度概括了中华文明的特质，为深入推进“第二个结合”指明了方向。当前，推进马克思主义基本原理同中华优秀传统文化相结合，进一步推动中华优秀传统文化的创造性转化和创新性发展，要求弘扬中华文明的“五个突出特性”，具体来说：必须坚持马克思主义的立场和方法，全面透彻地研究中华优秀传统文化的历史根基，科学地解释中华文明连续性的来龙去脉，深入阐释中华民族

"走自己的路"的历史必然性；必须大力弘扬中华民族守正不守旧、尊古不复古的进取精神，发扬中华民族不惧新挑战、勇于接受新事物的无畏品格，与时俱进地挖掘和弘扬中华优秀传统文化的当代价值，顺应科技革命和社会革新的历史大势，推动中华优秀传统文化的创造性转化和创新性发展，为当代社会的进步和发展提供源源不断的思想资源和理论支撑；必须坚定"国土不可分、国家不可乱、民族不可散、文明不可断"的共同信念，从各民族文化多元一体的角度阐释中华文明的统一性，牢固树立休戚与共、荣辱与共、生死与共、命运与共的中华民族共同体意识，自觉维护国家统一的核心利益；必须不断开拓中华优秀传统文化传承创新的世界视野，扩大世界范围内的文明交流互鉴，既善于借鉴和吸收更多优秀外来文化与世界文明的精华，又能够在互相砥砺的基础上向世界阐释和传播中华文明，积极主动地参与到"世界性的百家争鸣"中去；必须在世界性的文化交流中展现中华文明对于和平的珍视，站在全人类文明的高度上阐释中华文明对于建设世界和平、推动全球发展、维护国际秩序的文明史意义，通过合作交流推动构建人类命运共同体。

马克思主义与中华优秀传统文化来源不同，但彼此存在高度的契合性，二者结合造就了有机统一的文化生命体，形成了中国式现代化的文化形态。对于"第二个结合"的历史性和全局性意义，我们有必要从人类文明史发展的高度，从马克思主义与中华优秀传统文化融合创新的角度，从中国式现代化全方位事业的广度，从推动构建人类命运共同体的长远度来予以深刻领会，大力弘扬中华文明的"五个突出特性"，坚持守正创新，推进中国特色社会主义文化建设，更好建设中华民族现代文明。

（作者系华东师范大学中国现代思想文化研究所暨哲学系教授）

马克思主义与中华优秀传统文化的契合性

郭灵凤　张继海

6月2日，习近平总书记在北京出席文化传承发展座谈会并发表重要讲话，强调:“在五千多年中华文明深厚基础上开辟和发展中国特色社会主义，把马克思主义基本原理同中国具体实际、同中华优秀传统文化相结合是必由之路。这是我们在探索中国特色社会主义道路中得出的规律性的认识，是我们取得成功的最大法宝。”习近平总书记对“结合”进行了精辟论述，这些重要论述为新时代文化发展进一步指明了方向。习近平总书记开宗明义地指出，“‘结合’的前提是彼此契合。马克思主义和中华优秀传统文化来源不同，但彼此存在高度的契合性。相互契合才能有机结合”。马克思主义和中华优秀传统文化来源不同，为什么说彼此存在高度的契合性？笔者不揣浅陋，在此谈些体会。

中华优秀传统文化与马克思主义具有高度契合性

党的二十大报告指出:“坚持和发展马克思主义，必须同中华优秀传统文化相结合。只有植根本国、本民族历史文化沃土，马克思主义真理之树才能根深叶茂。中华优秀传统文化源远流长、博大精深，是中华文明的智慧结晶，其中蕴含的天下为公、民为邦本、为政以德、革故鼎新、任人唯贤、天人合一、自强不息、厚德载物、讲信修睦、亲仁善邻等，是中国人民在长期生产生活中积累的宇宙观、天下观、社会观、道德观的重要体现，同科学社会主义价值观主张具有高度契合性。”这是我们理解和把握马克思主义与中华优秀传统文化“契合性”的重要指引。报告在这里特别提出了中华优秀传统文化中的十个核心思想理念，是中国传统宇宙观、天下观、社会观、道德观的重要体现。这些思想理念与马克思主义基本原理、马克思主义的世界观和方法论是相通的。

天人合一是我们的宇宙观。中国古代讲究天地万物一体，“民吾同胞，物吾与也”，人与天地万物相通，为一气所化生，而人又为天地万物之最贵者。人既来自自然，所以要爱护自然，不能竭泽而渔，焚林而牧，要取之有节。这与马克思主义讲的劳动创造了人本身、既利用自然又要注意自然平衡、保护生态等内容是相契合的。

天下为公是我们的天下观。天下是天下人的天下，提倡公理正义、公平共享、共同繁荣。“大道之行也，天下为公”，是我们追求的理想。马克思主义的最高理想是消灭剥削和压迫，实现共产主义，实现全人类的解放和最大的自由，因此它们是相通的。

民为邦本、为政以德、革故鼎新、任人唯贤是我们的社会观。民为邦本，是说人民是国家的根本和基础。而马克思主义认为人民群众是历史的创造者，群众观点是唯物史观的根本观点，二者相契合。任人唯贤，体现的是重视人才，唯贤是举。而马克思主义在确认人民群众在社会历史发展中的主体作用的同时，并不否认少数英雄人物起到的关键作用，二者相契合。革故鼎新，是指要与时俱进，因时因地制宜，不断推陈出新，它与马克思主义讲的事物都是不断运动变化发展的观点密合无间。为政以德，是讲统治者和官员要有道德操守，在重视个人品德、遵守政治规则的同时尽力施行仁政，体现的是一个正身爱民的思想。“为政以德”是“民为邦本”思想的延伸和在政治上的表现，和“民为贵，社稷次之，君为轻”是相通的，同马克思主义的群众观点和群众路线也是相通的。

自强不息、厚德载物、讲信修睦、亲仁善邻是我们的道德观。其中既包括个人的道德观，也包括家庭、家族和国家的道德观。自强不息是指一个人要有志向，要奋斗上进。厚德载物是指一个人要宽厚包容。讲信修睦强调的是信义和和睦，已经涉及人际关系乃至团体、群体的互相交往层面。亲仁善邻讲的是国家民族间的和平相处，不以邻为壑，这也是本次座谈会上习近平总书记特别指出的中华文明具有的和平性。马克思主义认为，道德是一种社会意识形态，是调整人与人之间以及个人和社会之间关系的行为准则和规范的总和。道德具有历史性和阶级性。中华传统美德契合马克思主义关于道德的思想，展现了中华民族独特的道德魅力。

马克思主义基本原理与中华优秀传统文化观念相通

党的二十大报告中关于中华优秀传统文化的论述，印证了其与马克思主义基本原理的契合性和一致性。从马克思主义基本原理出发，可以分析出中华优秀传统文化与科学社会主义理论的相通。

唯物辩证法认为，运动是物质的存在方式，事物是永恒运动、变化和发展的。孔子感叹“逝者如斯夫”，时间的流逝就像河水的流去一去不回，世间万物的变化亦是如此，说的就是运动。《周易》讲的就是一个运动变化的道理，如“穷则变，变则通，通则久”，“变动不居，周流六虚”。前人说“易”有三义：变易、简易、不易。合起来可以这样概括上述三义:《周易》讲的道理很简单，即这个世界上唯一不变的就是变化。

马克思主义认为，矛盾是对立面的统一。世界充满矛盾，而矛盾是事物发展的根本动力。关于矛盾的观念，中国很早就产生了。如《易传》的“一阴一阳之谓道”“一阖一辟谓之变”,《老子》的“祸兮福之所倚，福兮祸之所伏”，说的都是对立面的统一。“一分为二”“合二为一”“一物两体”“相反相成”等，都是中国古代哲学对矛盾概念的理解和表达。对立统一规律，与中国人的和而不同、斗而不破等观念是契合的。

实践的观点是马克思主义哲学基本的、核心的观点，它要求把理论和实践贯通起来。马克思指出:“哲学家们只是用不同的方式解释世界，问题在于改变世界。”中国哲学中特别强调知行合一，既有知易行难、知难行易等论争，更强调要打通知与行。王阳明说，“知是行的主意，行是知的功夫”，“知是行之始，行是知之成”。中国古人早就认识到:“纸上得来终觉浅，绝知此事要躬行。”

实事求是体现了马克思主义认识论的基本观点。实事求是首先承认“实事”中有“是”，从“实事”出发，目的在于求“是”。求“是”就是从客观存在着的“实事”中找到事物运动发展的规律，把事物的客观之“理”转化为认识之理即真理。这相通于中国古代讲的格物致知。致知在格物，要格物穷理，在事事物物中观察体悟，见出其中蕴含的理来。

以毛泽东同志为主要代表的中国共产党人把马克思主义基本原理同中国具体实际相结合，毛泽东同志写下了《实践论》《矛盾论》《新民主主义论》等哲学名著，其中有不少中国古代哲学思想的体现。进入新时代，习近平总书记提出开辟马克思主义中国化时代化新境界，提出“两个结合”，特别强调“坚持和发展马克思主义，必须同中华优秀传统文化相结合”，这是对马克思主义的重大理论创新。事实充分表明，二者确实存在高度的契合性，观念相通，逻辑相通，因此，“把马克思主义思想精髓同中华优秀传统文化精华贯通起来、同人民群众日用而不觉的共同价值观念融通起来”，是中国共产党人自觉从根本上推进社会主义文化创新、建设中华民族现代文明的生动体现。

习近平总书记在文化传承发展座谈会上揭示了“两个结合”的丰富内涵和重要意义，指出结合“造就了一个有机统一的新的文化生命体，让马克思主义成为中国的，中华优秀传统文化成为现代的，让经由‘结合’而形成的新文化成为中国式现代化的文化形态”。习近平总书记特别强调，“‘第二个结合’是又一次的思想解放，让我们能够在更广阔的文化空间中，充分运用中华优秀传统文化的宝贵资源，探索面向未来的理论和制度创新”。把“第二个结合”提高到思想解放的高度，可谓意义重大。

（作者系中国社会科学院欧洲研究所副研究员；中华书局副总编辑）

“第二个结合”是源于成功实践的规律性认识

张　亮

习近平总书记在文化传承发展座谈会上的重要讲话中，深刻论述了“把马克思主义基本原理同中国具体实际、同中华优秀传统文化相结合”的基本内涵，并着重就“第二个结合”作了全面深刻的阐述，科学回答了马克思主义中国化的文化基础问题，具有重大的现实意义和学理意义。

理论创新源于实践创新。在马克思主义中国化的实践进程和理论创新中，我们党始终重视对中华优秀传统文化的继承，坚持对中华优秀传统文化加以创新性的继承和运用。毛泽东同志指出，“我们是马克思主义的历史主义者，我们不应当割断历史。从孔夫子到孙中山，我们应当给以总结，承继这一份珍贵的遗产。这对于指导当前的伟大的运动，是有重要的帮助的”。他曾用“实事求是”这一《汉书》中的古语来概括党的思想路线，解决中国革命的理论和实践问题。邓小平同志强调：“要懂得些中国历史，这是中国发展的一个精神动力。”他赋予“实事求是”以解放思想的新内涵，并用“小康社会”来标识当代中国发展的阶段性目标。江泽民同志、胡锦涛同志也都对弘扬中华优秀传统文化和建设中国特色社会主义文化有过多次深刻的论述，如江泽民同志提出的“两个先锋队”思想、胡锦涛同志提出的“和谐社会”理念，都是马克思主义基本原理同中华优秀传统文化相结合的成功范例。党的十八大以来，以习近平同志为核心的党中央高度重视对中华优秀传统文化的传承和发展，以对文化在历史进步中的地位作用的深刻认识、对文化的精神特质和历史传承的正确把握、对文化复兴和文明进步的不懈追求，开辟了马克思主义基本原理同中华优秀传统文化相结合的新境界。“第二个结合”是习近平总书记基于我们党传承弘扬中华优秀传统文化的成功实践进行的深刻理论总结，是对中华文明发展规律的深刻把握，表明我们党在传承中华优秀传统文化中推进文化创新的自觉性达到了新高度。

创新的理论因为把握了事物的发展规律而具有强大的真理力量。“第二个结合”是习近平总书记领导我们在探索中国特色社会主义道路中得出的规律性认识，是对“第二个结合”创新实践的可能性、现实性等的真理性阐释。

“第二个结合”之所以是可能的，就在于马克思主义和中华优秀传统文化是两种彼此契合的思想传统，它们的相遇能够产生创造新价值、新思想、新事物的“化学反应”。“第二个结合”不是建立在抽象的“必须”上，而是确实存在这种结合的可能性，即不仅必须结合，而且能够结合。结合的前提在于两者是否存在契合性，存在契合才能有机结合。马克思主义和中华优秀传统文化来源不同，但彼此在最深层的价值观方面却存在高度的契合性：中华优秀传统文化中蕴含的天下为公、民为邦本、为政以德、革故鼎新、任人唯贤、天人合一、自强不息、厚德载物、讲信修睦、亲仁善邻等，是中国人民在长期生产生活中积累的宇宙观、天下观、社会观、道德观的重要体现，同诞生于现代工业文明的科学社会主义价值观主张具有显而易见的高度契合性。这些存在高度契合性的价值观念原本是与中华优秀传统文化所要维护的传统生产生活方式、封建政治制度固结在一起的，不过，随着时间的流逝、固结的风化和松动，它们变得越来越“抽象”、越来越具有一般性，获得客观理解的可能性就越来越大。也就是说，今天我们已经可以把中华优秀传统文化从其原有的观念系统中解析出来，并在新的基础上加以重构。马克思指出，“中国社会主义之于欧洲社会主义，也许就像中国哲学与黑格尔哲学一样”。这也正是“第二个结合”之所以可能的内在规定性。

“第二个结合”之所以是现实的，就在于双方的“结合”是积极的、生产性的，造就了一个有机统一的新的文化生命体，让马克思主义成为中国的，中华优秀传统文化成为现代的，让经由“结合”而形成的新文化成为中国式现代化的文化形态。实践告诉我们，中国共产党为什么能，中国特色社会主义为什么好，归根到底是马克思主义行，是中国化时代化的马克思主义行。中国化时代化的马克思主义是“第一个结合”的积极成果，也是“第二个结合”的积极成果。作为一个有机统一的新的文化生命体，中国化时代化的马克思主义，尤其是其最新篇章——习近平新时代中国特色社会主义思想，既让马克思主义充盈浓郁的中国味、在中国牢牢扎根，又让中华优秀传统文化焕发鲜活的时代气韵、成为现代的，二者的结合最终在中国式现代化的伟大实践基础上造就了一个有机统一的中国式现代化的文化新形态。这一文化新形态是新生的，但也是最有生命力的，它的未来必然是星辰大海。

作为实践创新的成功典范，“第二个结合”所释放的历史效应是巨大的。首先，“第二个结合”筑牢了道路根基。习近平新时代中国特色社会主义思想通过“第二个结合”拓展了历史纵深、强化了文化根基。以人民为中心的发展思想不仅是对马克思主义人民立场的继承发展，也是对中华优秀传统文化“民为邦本”思想的创造性转化和创新性发展；习近平生态文明思想不仅实现了对马克思主义自然观的继承与创新发展，也实现了对中华优秀传统生态文化和哲学智慧的创新发展，是人类文明形态发展史上的一次重大变革；人类命运共同体理念不仅是对马克思世界历史理论的创新发展，也是对古代“天下”体系的创造性转化，而胸怀天下更是马克思主义“为人类求解放”与“天下为公”理念的创造性融合，展现了共产党人为人类谋进步、为世界谋大同的历史担当；共同富裕思想的新发展展现了大同社会与共产主义价值旨趣的内在融合，而人类共同价值和文明交流互鉴理念充分展现了对马克思主义文明观与“和而不同”理念的创造性发展。通过“第二个结合”，中国式现代化赋予中华文明以现代力量，中华文明则赋予中国式现代化以深厚底蕴，由此进一步筑牢中国道路的历史与文化根基。

其次，“第二个结合”打开了创新空间。习近平总书记在“第一个结合”的基础上，明确提出“第二个结合”，并将其上升为马克思主义中国化的一个根本原则，这充分体现了以习近平同志为核心的党中央对马克思主义中国化发展规律认识的高度自觉和全面深化。“第二个结合”是展现新时代马克思主义中国化的广度和深度的重要标识，是坚定文化自信、实现中华民族伟大复兴的必然要求。两者相互融合、相互促进，在理论上统一于习近平新时代中国特色社会主义思想，在实践上统一于中华民族伟大复兴的创新实践。中国化时代化的马克思主义与中华优秀传统文化相贯通，彰显了中国共产党高度的文化自觉和坚定的文化自信，展现了我们党治国理政的深厚文化底蕴。而文化层面的创新和自信，可以更有力地作用于道路、理论和制度，让我们能够在更广阔的文化空间中获得又一次思想解放，充分运用中华优秀传统文化的宝贵资源，探索面向未来的理论和制度创新。

最后，“第二个结合”巩固了文化主体性。党的十八大以来，党中央在领导党和人民推进治国理政的实践中，始终把文化建设摆在全局工作的重要位置，不断深化对文化建设的规律性认识，提出一系列新思想新观点新论断。这些重要观点是新时代党领导文化建设实践经验的理论总结，是做好宣传思想文化工作的根本遵循，必须长期坚持贯彻、不断丰富发展。习近平总书记强调，在新的历史起点上继续推动文化繁荣、建设文化强国、建设中华民族现代文明，要坚定文化自信，坚持走自己的路，立足中华民族伟大历史实践和当代实践，用中国道理总结好中国经验，把中国经验提升为中国理论，实现精神上的独立自主。"第二个结合"深刻总结了中国共产党在革命、建设、改革不同历史时期的实践经验，展现了我们自身文化主体性中的中华文明基因，坚定了我们"走自己的路"的文化自信和历史自信。创立习近平新时代中国特色社会主义思想是这一文化主体性的最有力体现，是这一文化主体性开始充分释放的"零点"时刻，是这一文化主体性不断谱写马克思主义中国化时代化新篇章的新起点。

（作者系南京大学哲学系教授、江苏省习近平新时代中国特色社会主义思想研究中心南京大学基地研究员）

领会“结合”要义　读懂中华文明

黄梓根

6月2日，习近平总书记在文化传承发展座谈会上强调，在五千多年中华文明深厚基础上开辟和发展中国特色社会主义，把马克思主义基本原理同中国具体实际、同中华优秀传统文化相结合是必由之路。在新的起点上继续推动文化繁荣、建设文化强国、建设中华民族现代文明，是我们在新时代新的文化使命。他还指出，中华文明具有突出的连续性、创新性、统一性、包容性与和平性等五个“突出特性”。

进入新时代以来，习近平总书记从马克思主义的大历史观和人类文明发展的整体观出发，站在中华文明的历史高度，以强烈的历史主动精神，深刻把握中华文明的独特优势，开创性地提出“两个结合”的重大理论命题，既科学地揭示了中国马克思主义思想理论演进发展的深层逻辑，也科学地回答了中华优秀传统文化创新发展的现实路径。无论在马克思主义发展史上，还是在中华文明发展史上，都具有重要的理论意义和现实意义。切实领会好“两个结合”的思想要义，读懂中华文明的突出特性，是深入开展习近平新时代中国特色社会主义思想主题教育迫切需要学懂弄通的重大理论新课题。

领会“结合”要义，是从整体上把握习近平新时代中国特色社会主义思想、理解中华文化和中国精神的时代精华的一把钥匙

习近平新时代中国特色社会主义思想深深植根于中华文化的沃土之中，充分汲取博大精深的中华优秀传统文化所蕴含的丰富哲学思想、人文精神、道德理念，是对中华优秀传统文化进行创造性转化、创新性发展的典范。作为当代中国马克思主义、二十一世纪马克思主义，作为中华文化和中国精神的时代精华，习近平新时代中国特色社会主义思想实现了马克思主义中国化新的飞跃。要理解好这个思想上的新飞跃，就必须准确理解“两个结合”，尤其是“第二个结合”的深刻内涵和思想要义。

“第二个结合”既是中国共产党百余年来在推进马克思主义中国化进程中的宝贵探索，更是新时代以来以习近平同志为核心的党中央坚持和发展马克思主义，创新完善中国共产党思想理论体系的一个重大原创性理论成果。文化的实际，可以说是中国具体实际中最重要的一个实际，“第一个结合”在逻辑上本来可以预设“第二个结合”的存在。但是，为什么要将“第二个结合”和“第一个结合”并列提出呢？我们理解，这不是简单的包含与被包含的关系，更不是“大实际”和“小实际”的关系，而是在新思想中对中华优秀传统文化重要性的一种强调，是对中华文明独特优势和突出特质的一种凸显，是中国化马克思主义最新成果区别于以往理论的一种体现。只有对中华文化独特优势和突出特质有深刻的理解，对中华文明发展规律有深刻的把握，对文化主体性具有高度历史自信和时代自信，才有可能得出如此深刻的思想认知和理论总结。所以，“第二个结合”的提出和强化，恰恰是新时代所以新、新思想所以新的一种时代诠释和文化解读，在

新时代中国思想文化的向前发展上有其特别的新意和深意。也正是在这个意义上，我们可以说，在马克思主义发展史、中华文明发展史和中国共产党的思想发展史上，“第二个结合”的提出是一个原创性的重要理论贡献，有力推动了马克思主义中国化新的飞跃，开辟了马克思主义中国化时代化新境界。

深刻领会马克思主义基本原理同中华优秀传统文化相结合的思想要义，是从整体上把握当代中国马克思主义、二十一世纪马克思主义的一把钥匙，是读懂中华文化和中国精神的时代精华、继续推进马克思主义中国化时代化的密码。

“第二个结合”是又一次的思想解放，是实现马克思主义中国化的历史新飞跃、推进中国式现代化的精神动员

中国过去数十年波澜壮阔的发展成就伴随着一次又一次的思想解放。掌握中华文明思想和文化上的历史主动，并作用于中国式道路、理论和制度的建设，是中国共产党在实践中一直坚持的宝贵历史经验。进入新时代，中国共产党人坚持解放思想，守正创新，以高度的历史自觉、文化自信和理论勇气，高度重视中华优秀传统文化的“两创”，高度重视在马克思主义中国化时代化进程中中华文化主体性作用的发挥。“第二个结合”的提出和强调，标志着在中国共产党一百多年来的理论创新和思想文化建设中，中华优秀传统文化前所未有地被强调，并成为支撑中国化马克思主义最新成果的精神底色和文化基座。在这个“结合”中，中华优秀传统文化获得了新的升华，我们能够在更广大的文化空间中，把中华优秀传统文化中蕴含的宝贵而丰富的中国价值、中国智慧和中国精神充分激活并有效运用起

来，去探索面向未来的理论和制度创新。从这个意义上讲，这是又一次的思想解放。

需要指出的是，在中国共产党领导中国革命、建设和改革发展的百余年中，马克思主义基本原理同中华优秀传统文化的结合并不是一帆风顺的，而是一个在曲折中不断磨合、不断适应、不断发展的过程。在这个过程中，对中华优秀传统文化的看法和评价一直是有所起伏的。进入新时代，随着习近平新时代中国特色社会主义思想的创立和完善，优秀传统文化才获得了如此之高的地位。这是需要巨大的文化自信和理论勇气的。这也说明，我们党对中华文明发展规律的认识、对中华优秀传统文化的自信，都达到了一个新的高度。

作为中华文明在新时代创造性转化、创新性发展的必由之路，“两个结合”是中国共产党在探索中国特色社会主义道路中得出的规律性认识。习近平总书记从五个方面深刻阐述了“两个结合”的必然性，认为“结合”的前提是价值上的彼此契合，“结合”的结果是互相成就，这造就了中国式现代化的文化形态，筑牢了道路根基，打开了创新空间，掌握了思想和文化的主动，是又一次的思想解放。

在习近平新时代中国特色社会主义思想指导下，中华民族伟大复兴进入不可逆转的历史进程，中华优秀传统文化也越来越在各方面的实践探索中发挥着基础性作用。例如，在中国式现代化的事业推进和理论构建中，中华优秀传统文化始终发挥着固本培元、行稳致远的基础性作用，始终维系和支撑着现代化进程的中国特色，使它显著区别于世界上任何其他国家的现代化，它被冠以“中国式”的定义，体现着鲜明而独特的中国特色。

在新征程上，建设文化强国、建设中华民族现代文明的号角已经吹响。中国共产党人正立足“世界之变、时代之变、历史之变”的百年际遇，秉承中华文化核心价值和基本精神，全面推进马克思主义中国化时代化，全面推进中华民族伟大复兴和社会主义现代化的伟大事业。习近平新时代中国特色社会主义思想指导着新时代中国特色社会主义事业行稳致远，成就着人类文明发展进步的中国模式和中国道路。走中国特色社会主义道路，就一定要推进马克思主义中国化时代化，推进马克思主义中国化时代化，就一定要把弘扬中华优秀传统文化和坚持马克思主义立场观点方法结合起来。“两个结合”是必由之路。马克思主义基本原理同中华优秀传统文化相结合，是又一次的思想解放，是推进马克思主义中国化时代化、实现历史新飞跃、推进中国式现代化的精神动员。

“突出特质”的重要论述是对中华文明独特优势的整体性把握，揭示了中华文化之所以自信和之所以走向“结合”的历史逻辑，揭示了中华文化的精神价值和实践智慧

中华文化的自信，不仅源于它的博大精深，更源于蕴含其中的精神价值和中国智慧。2016 年 5 月 17 日，习近平总书记在哲学社会科学工作座谈会上指出：“中华民族有着深厚文化传统，形成了富有特色的思想体系，体现了中国人几千年来积累的知识智慧和理性思辨。这是我国的独特优势。”在文化传承发展座谈会上，习近平总书记着眼于建设中华民族现代文明的时代高度，再次谈到了这个问题，他强调了支撑中华文明独特优势的中华优秀传统文化诸多重要元素，指出塑造中华文明独特优势的中华文化具有“连续性”“创新性”“统一性”“包容性”“和平性”等五个突出特性。新时代中国共产党人站在人类文明和中国文化的新高度，着眼于马克思主义中国化时代化，秉承中华文化追求仁爱、和平、共享、包容、统一、创新、发展等基本

精神，充分发掘、弘扬和发展中华文明之于国家治理、社会教化和天下和合的独特优势。推进对马克思主义基本原理同中华优秀传统文化更深的结合、共同造福全人类幸福事业的整体性把握，充分彰显和揭示了马克思主义基本原理同中华优秀传统文化相结合的价值逻辑、历史逻辑和实践逻辑。

中华文明突出的连续性，从根本上决定了中华民族必然走自己的路，揭示了马克思主义基本原理同中华优秀传统文化相结合的历史逻辑。新时代，中国共产党人的文化自信首先是建立在对于中华文化几千年来一以贯之并不断发展的中国精神、中国智慧、中国价值和中国理念的整体性把握之上。习近平总书记深刻指出，如果不从源远流长的历史连续性来认识中国，就不可能理解古代中国，也不可能理解现代中国，更不可能理解未来中国。不忘本来才能开辟未来。在五千多年漫长文明发展史中，中国人民创造的中华文明绵延传承至今从未中断，为人类文明进步事业作出了重大贡献。中华文明是马克思主义中国化的文化载体，中华优秀传统文化为马克思主义中国化提供了理论底蕴。在两者走向结合的过程中，其相互的作用方式是马克思主义激活、指导并适应传统文化的创新和发展。只有全面深入了解中华文明的历史，才能更有效地推动中华优秀传统文化创造性转化、创新性发展，更有力地推进中国特色社会主义文化建设，建设中华民族现代文明。

中华文明突出的包容性和突出的创新性，让马克思主义在中国的文化土壤中得以生根发芽和不断发展，揭示的是马克思主义基本原理同中华优秀传统文化相结合的实践逻辑。厚德才可以载物，只有深厚而博大的文化才更具有包容性。更具包容性，才能海纳百川，兼收并蓄，在同其他文明的交流互鉴中不断焕发新的生命力。“中华文明具有突出的包容性，从根本上决定了中华民族交往交流交融的历史取向，决定了中国各宗教信仰多元并存的和谐格局，决定了中华文化对世界文明兼收并蓄的开放胸怀。”这个突出的包容性，恰恰是马克思主义得以在中华文化中落地生根的原因。古人讲，“周虽旧邦，其命维新”；又说，“苟日新，日日新，又日新”。这里讲的是中华文明的创新性。创新是中华文化生命活力的源泉。习近平总书记指出：“中华文明具有突出的创新性，从根本上决定了中华民族守正不守旧、尊古不复古的进取精神，决定了中华民族不惧新挑战、勇于接受新事物的无畏品格。”如果说包容性让马克思主义在中国得以落地，而创新性则是马克思主义在中国发展的主要原因。任何一个优秀民族的文化都是在历史演进的长河中不断发生流变，大浪淘沙，日积月累，在与各种文化的交流、交锋、交融中发展创新的。中国共产党秉承“创造性转化、创新性发展”的文化发展原则，运用马克思主义的立场、观点和方法，使中华优秀传统文化不断适应和融入中国革命、建设和改革发展等不同历史阶段的具体实践。正是基于这一实践逻辑，中国共产党人走出了一条马克思主义基本原理同中华优秀传统文化相结合的理论创新之路。

中华文明突出的“和平性”和“统一性”，让中华优秀传统文化得以在马克思主义的激活和与马克思主义相结合之下承担起推动人类命运共同体建设的使命，彰显马克思主义基本原理同中华优秀传统文化相结合的价值逻辑。世界上任何一种伟大的文明之所以伟大，不在于形式，而在于其最深层面的价值追求。在近代以来的中国，马克思主义之所以能够迅速超越其他各种理论，在中国的文化土壤中落地生根、生长，与马克思主义和中华文化在价值追求方面的契合相通是密切相关的。实现“结合”的前提是相契合。中华优秀传统文化中蕴含着具有全球性意义的现代价值：追求天下为公、民为邦本的大同思想；追求讲信修睦、亲仁善邻的和平思想。

追求天下为公、民为邦本的大同思想，最终指向的是国家和民族的大一统。自古以来，中华文明在国家理念上最为重视的特质之一就是维护国家的统一。正如习近平总书记所指出的："中华文明具有突出的统一性，从根本上决定了中华民族各民族文化融为一体、即使遭遇重大挫折也牢固凝聚，决定了国土不可分、国家不可乱、民族不可散、文明不可断的共同信念，决定了国家统一永远是中国核心利益的核心，决定了一个坚强统一的国家是各族人民的命运所系。"追求讲信修睦、亲仁善邻的和平思想，最终指向的是天下太平、世界和平。中华文明具有突出的和平性。和平发展思想是中华文化的内在基因，中华文明历来崇尚"以和邦国""和而不同""以和为贵"，和平融入了中华民族的血脉中，刻进了中国人民的基因里。为全人类的和平幸福而奋斗，既是马克思主义的价值追求，也是中华文明的核心价值之一。

文化复兴，国家和民族才会有希望、有前途。我们看待中华文化，要具备大历史观，要具备辩证的思维、发展的思维，要看全貌、看主体、看核心的价值追求，尤其要避免对传统文化的狭隘化解读。中国近代以来的种种困厄，很重要的一个根源，恰恰是国人对中国的文化传统不自信。进入新时代，以习近平同志为核心的党中央立足当下，面向未来，以广阔的文化视野、深邃的历史眼光，以前所未有的历史自信、文化自信，坚定推进传统文化的"两创"，坚定推进马克思主义基本原理同中华优秀传统文化相结合，号召我们肩负起建设中华民族现代文明的新使命，带来了又一次的思想解放与文化繁荣。这是中华文化的历史性大幸事，也代表着世界文明向前发展的正确方向。

（作者系湖南大学马克思主义学院党委书记）

百年中华文化发展的历史辩证法

吴根友

6月2日，习近平总书记在文化传承发展座谈会上发表重要讲话，对于“两个结合”问题，又作出更为深刻的系统化阐述。“第一，‘结合’的前提是彼此契合。马克思主义和中华优秀传统文化来源不同，但彼此存在高度的契合性。相互契合才能有机结合。第二，‘结合’的结果是互相成就，造就了一个有机统一的新的文化生命体，让马克思主义成为中国的，中华优秀传统文化成为现代的，让经由‘结合’而形成的新文化成为中国式现代化的文化形态。”中国共产党人不仅深刻认识到，只有把马克思主义基本原理同中华优秀传统文化相结合，才能正确回答时代和实践提出的重大问题，才能始终保持马克思主义的蓬勃生机和旺盛活力，而且在具体方法上找到了二者结合的“契合点”和“互相成就”的方式，既实现了马克思主义中国化，也实现了中华优秀传统文化在当代的创造性转化、创新性发展，同时在中国式现代化的建设过程中，实现了中华文化的当代复兴，巩固了中国特色社会主义文化的主体性。

马克思主义基本原理同中华优秀传统文化高度契合、互相成就。根据我们的理解，马克思主义基本原理同中华优秀传统文化的高度契合、互相成就之处，突出地表现为中国传统的“民本”思想所蕴含的人民性内容，经过现代阐释，可以与马克思主义的人民性达成高度契合：马克思主义的人民性成就了中华优秀传统文化中“民本”思想的现代品格，而中国传统“民本”思想则为马克思主义的人民性奠定了深厚的中华文化基础。另外，中华优秀传统文化中的仁爱、兼爱、慈爱、大同等道德与政治理想，经过现代诠释，与社会主义共同理想和共产主义远大理想也可以找到相互“结合”的契合性，以实现互相成就的历史效果。习近平总书记特别强调，马克思主义基本原理同中华优秀传统文化相结合是“又一次的思想解放，让我们能够在更广阔的文化空间中，充分运用中华优秀传统文化的宝贵资源，探索面向未来的理论和制度创新”。习近平总书记的重要讲话精神，为当代中华优秀传统文化研究指明了正确方向，提供了科学的方法论指南。

重估中华传统文化价值。回顾百年来的中华文化发展历程，20世纪初的“疑古”思潮在整体上是与当时中国社会积贫积弱、饱受西方列强欺侮的具体历史情境密切相关的。当时的中国在政治和军事上的失败以及科学和经济上的落后，使人们对中华传统文化与悠久历史普遍产生了怀疑。一些历史学工作者不仅怀疑《史记》上记载的黄帝的真实性，甚至将中华民族上古的文化英雄大禹看作一条大虫。虽然此一时期的早期马克思主义者如郭沫若，通过甲骨、金文研究，也写出了《中国古代社会研究》，但在整体力量上显得比较弱小，加之旧中国的考古学本身比较落后，故而难以全面反击当时的疑古思潮。20世纪80年代以来，随着改革开放的逐步深化，中国社会激发出全面活力并在经济上不断取得新的成就；随着新中国考古学的长足发展，中国人的文化自信心在逐步恢复，对于中华传统文化，特别是上古文化的态度也在发生变化。学术界开始反思20世纪初期的疑古思潮，一些学者相继提出了走出疑古时代、走向平实的释古的新主张。“古史祛疑”逐渐成为20世纪80年代以后中华传统文化研究的主要思想潮流。党的十八大以来，以习近平同志为主要代表的中国共产党人，站在新的历史高度，重新思考、评价中华优秀传统文化的历史价值、现实意义，高瞻远瞩地提出了要尊古而不复古，强调马克思主义基本原理同中华优秀传统文化相结合，要求在5000多年中华文明深厚基础上开辟和发展中国特色社会主义，以强烈的历史使命感复兴中华文化，推动文化繁荣、建设文化强国。

尊重中华民族在长期社会实践中形成的优秀精神品质。习近平总书记的重要讲话从中国共产党人高度的政治责任感出发，把中国式现代化奠定在深厚的中华优秀传统文化基础之上。这就要求广大中华传统文化研究者，要善于把中华优秀传统文化与当前中国社会主义现代化实践结合起来，让优秀传统文化在中国式现代化的历史进程中焕发出新的青春活力。尊古而不复古，要求我们从历史事实出发，尊重中华民族在长期社会实践中形成的优秀精神品质，使之转化成中国式现代化建设的文化动力；尊重中华民族发展出的连续性文明，并在此基础上建设中国式现代化。习近平总书记指出："中华文明具有突出的连续性，从根本上决定了中华民族必然走自己的路。"从农业文明形态的角度看，中华民族在漫长而成熟的农业文明基础上形成的天人合一思想、尊重自然与生态环境思想，在当今全球性工业文明发展过程之中，具有极其重要的价值与意义。它一方面决定了中国式现代化走人与自然和谐共生的必由之路，另一方面也将为人类文明的可持续发展提供中国文明经验与思想引领。此外，中华文明在成熟的农业文明基础上形成的爱好和平思想、大同理想，既为建设人类命运共同体提供了极富文明厚度的政治观念，也为全球性工商业文明的持续发展，提供了极富启迪意义的政治智慧。

推动中西文明平等交流互鉴。习近平总书记深刻阐述了中华文明尊古与创新的辩证关系："中华文明具有突出的创新性，从根本上决定了中华民族守正不守旧、尊古不复古的进取精神，决定了中华民族不惧新挑战、勇于接受新事物的无畏品格。”因此，尊古而不复古，还要求我们重新思考中国历史上一些重大的历史事件，并将这些历史事件包含的启迪意义揭示出来，以服务于中国式现代化伟大事业。回顾 17 世纪开始的中国与西方文化接触的历史，可以看到，由于当时的中国在政治上保持着自主性，耶稣会传教士对中华文化在整体上保持一种尊重态度，在传教的过程中主要采用文化适应政策，给中国社会带来了古希腊的哲学、中世纪的科学和少量的古希腊—罗马的人文知识，特别是利玛窦与徐光启合作翻译了《几何原本》(节本)，为中国数学的发展与哲学思维的变化，提供了重要的西方文化参照系。而以利玛窦为代表的传教士传回欧洲的中华文化精神，以儒家的道德理性助推欧洲启蒙学者反对基督教的天启理性，为推动欧洲启蒙运动、促进欧洲思想解放，提供了思想的“助缘”。莱布尼兹、伏尔泰、魁奈、沃尔夫等的进步思想，都曾经受惠于中国儒家理性主义思想的启迪。这一历史事件，对于当今中西文化的交流而言，具有重要启发意义，即中西文明平等的交流互鉴，对于中西方文化发展都能起到积极作用，再一次印证了中国古老格言——“他山之石，可以攻玉”——具有的真理性。因此，在当前复杂多变的国际政治经济环境中，中国始终保持与世界其他国家和地区文化的对话交流，努力激活自己民族优秀的文化传统，使中华民族跻身现代文明强国行列。在新的历史条件下，弘扬自己民族的优秀文化传统，亦可以造福世界其他民族，为其他具有古老文明传统的民族国家走向现代转型之路，提供可以借鉴的经验。

充分发扬中华优秀传统文化的包容精神。“古今”“中外”问题，是 20 世纪以降中国社会与文化发展面对的两个基本问题，而古今问题总是内在地与中外问题联系在一起。习近平总书记从中华文明发展历史的角度，阐述了当代中国面对外来文化的正确态度与思想方法，他说:“中华文明具有突出的包容性，从根本上决定了中华民族交往交流交融的历史取向，决定了中国各宗教信仰多元并存的和谐格局，决定了中华文化对世界文明兼收并蓄的开放胸怀。”因此，尊古而不复古，还要求充分发扬中华优秀传统文化的包容精神，广泛吸纳其他民族一切优秀文化成果，以之丰富自己民族的文化精神。我们既要认真总结佛教文化中国化的历史经验，以及自 17 世纪以来中西文化交流的历史经验与教训，以增强民族文化自信心，又要辩证地看待自 19 世纪末以来涌进中国的各种西方文化，对之进行审慎选择和批判借鉴，进而为马克思主义中国化时代化，为中华优秀传统文化的现代化做出新的努力，让古老的中华文明在现代社会里焕发出新的生机，发展出现代中华文明，在新历史条件下，为世界各民族作出更多新的贡献。

（作者系武汉大学哲学学院教授、文明对话高等研究院院长）

深刻把握“第二个结合”的精髓要义

洪晓楠

习近平总书记在党的二十大报告中强调：“坚持和发展马克思主义，必须同中华优秀传统文化相结合。”2023年6月2日，在文化传承发展座谈会上的重要讲话中，习近平总书记强调指出，“第二个结合”，是我们党对马克思主义中国化时代化历史经验的深刻总结，是对中华文明发展规律的深刻把握。在五千多年中华文明深厚基础上开辟和发展中国特色社会主义，把马克思主义基本原理同中国具体实际、同中华优秀传统文化相结合是必由之路。这是我们在探索中国特色社会主义道路中得出的规律性认识，是我们取得成功的最大法宝。习近平总书记深刻揭示“两个结合”的重大意义，深入阐明“第二个结合”的精髓要义，进一步拓展和深化了我们党对推进马克思主义中国化时代化的规律性认识，标志着中国共产党人对中国特色社会主义的理解和认识已经更为深刻地进入文化和文明的层面，为在新的历史起点上不断推进党的理论创新提供了科学指引。

第一，“结合”的前提是彼此契合。马克思主义和中华优秀传统文化来源不同，但彼此存在高度的契合性。党的二十大报告作出了一个重大判断，这就是：“中华优秀传统文化源远流长、博大精深，是中华文明的智慧结晶，其中蕴含的天下为公、民为邦本、为政以德、革故鼎新、任人唯贤、天人合一、自强不息、厚德载物、讲信修睦、亲仁善邻等，是中国人民在长期生产生活中积累的宇宙观、天下观、社会观、道德观的重要体现，同科学社会主义价值观主张具有高度契合性。”在宇宙观上，马克思主义主张人与自然和谐共生，中华文明追求“天人合一”“道法自然”。在天下观上，马克思主义追求人类解放，中华文明讲求“天下为公”“大同世界”“协和万邦”“天下大同”。在社会观上，马克思主义坚持矛盾分析，中华文明秉持“和而不同”“和谐相处”。在道德观上，马克思主义追求人类精神境界极大提高，中华文明讲求推己及人，善养浩然之气，德主刑辅、以德化人，民贵君轻、政在养民，孝悌忠信、礼义廉耻，任人唯贤、选贤与能。一般而言，“结合”主要是指人或事物间发生密切联系。“结合”不是“混合”，不是“掺合”。“契合”主要是指“符合”“合得来，意气相投”。马克思主义基本原理同中华优秀传统文化相结合中的“结合”，主要就是指两者之间发生的“密切联系”。就此而言，“契合”则是在“密切联系”的基础上才能形成的。相互契合才能有机结合。习近平总书记指出：“马克思主义传入中国后，科学社会主义的主张受到中国人民热烈欢迎，并最终扎根中国大地、开花结果，决不是偶然的，而是同我国传承了几千年的优秀历史文化和广大人民日用而不觉的价值观念融通的。”

第二，“结合”的结果是互相成就，造就了一个有机统一的新的文化生命体，让马克思主义成为中国的，中华优秀传统文化成为现代的，让经由“结合”而形成的新文化成为中国式现代化的文化形态。“结合”不是“拼盘”，不是简单的“物理反应”，而是深刻的“化学反应”。“马克思主义进入中国，既引发了中华文明深刻变革，也走过了一个逐步中国化的过程。”一方面，马克思主义通过与中华优秀传统文化相结合，赋予了中华优秀传统文化新的生机与活力。中华传统文化的命运不在于传统文化本身，而是取决于能否运用马克思主义的立场、观点和方法去改造、革新、重塑传统文化。在这方面，习近平总书记为我们树立了光辉典范。另一方面，中华优秀传统文化必须同马克思主义基本原理密切结合，才能提升到更高的水平。中华传统文化发源于5000多年前的农耕文明，建立在自给自足的小农经济社会基础之上。因此，它所具有的唯物主义和辩证法思想都是朴素的，是基于生活经验的抽象思辨，并非完全建立在科学的基础之上。马克思主义产生于现代工业文明，关键是实现了中国化时代化，因此，一方面在很大程度上能够激活中华优秀传统文化的现代性，另一方面能够从后现代文明的视角避免现代工业文明的弊端，可以在更高程度上提升中华文明。中华优秀传统文化同马克思主义相遇，从而产生了深刻的“化学反应”。中华优秀传统文化使马克思主义获得丰富的文化滋养，所以中国化的马克思主义具有鲜明的中国风格、中国气派。马克思主义通过同中华优秀传统文化相结合，使马克思主义本身得到了进一步的发展和证明。“马克思主义的科学性和真理性在中国得到充分检验，马克思主义的人民性和实践性在中国得到充分贯彻，马克思主义的开放性和时代性在中国得到充分彰显。”这表明，不仅马克思主义没有辜负中国，而且中国也没有辜负马克思主义。两者相互成就的结果，就是“马克思主义中国化时代化不断取得成功，使马克思主义以崭新形象展现在世界上，使世界范围内社会主义和资本主义两种意识形态、两种社会制度的历史演进及其较量发生了有利于社会主义的重大转变”。

第三，“结合”筑牢了道路根基，让中国特色社会主义道路有了更加宏阔深远的历史纵深，拓展了中国特色社会主义道路的文化根基。早在2018年1月5日，习近平总书记在学习贯彻党的十九大精神研讨班开班式上发表重要讲话时就指出：“中国特色社会主义不是从天上掉下来的，而是在改革开放40年的伟大实践中得来的，是在中华人民共和国成立近70年的持续探索中得来的，是在我们党领导人民进行伟大社会革命97年的实践中得来的，是在近代以来中华民族由衰到盛170多年的历史进程中得来的，是对中华文明5000多年的传承发展中得来的，是党和人民历经千辛万苦、付出各种代价取得的宝贵成果。得到这个成果极不容易。”2021年3月22日，习近平总书记在福建武夷山朱熹园感慨道：“如果没有中华五千年文明，哪里有什么中国特色？如果不是中国特色，哪有我们今天这么成功的中国特色社会主义道路？”在文化传承发展座谈会上，习近平总书记又语重心长地指出：“我们的社会主义为什么不一样？为什么能够生机勃勃充满活力？关键就在于中国特色，中国特色的关键就在于两个结合。”“中国特色社会主义道路，是在马克思主义指导下走出来的，也是从5000多年中华文明史中走出来的。”“只有立足波澜壮阔的中华五千多年文明史，才能真正理解中国道路的历史必然、文化内涵与独特优势。历史正反两方面的经验表明，‘两个结合’是我们取得成功的最大法宝。”中国式现代化赋予中华文明以现代力量，中华文明赋予中国式现代化以深厚底蕴。这一人类文明新形态，深深植根于中华优秀传统文化，体现科学社会主义的先进本质，借鉴吸收一切人类优秀文明成果，代表人类文明进步的发展方向，展现了不同于西方现代化模式的新图景。

第四，“结合”打开了创新空间，让我们掌握了思想和文化主动，并有力地作用于道路、理论和制度。习近平总书记强调：“中华优秀传统文化是中华文明的智慧结晶和精华所在，是中华民族的根和魂，是我们在世界文化激荡中站稳脚跟的根基。”2016年5月17日，在哲学社会科学工作座谈会上，习近平总书记指出，“坚定中国特色社会主义道路自信、理论自信、制度自信，说到底是要坚定文化自信。文化自信是更基本、更深沉、更持久的力量”。中国共产党为什么能，中国特色社会主义为什么好，归根到底是马克思主义行，是中国化时代化的马克思主义行。如果说，“第一个结合”是一次思想解放，让中国共产党人清楚地知晓只有把马克思主义基本原理同中国具体实际相结合，才能解决中国的问题，才能从教条主义的马克思主义桎梏中解放出来，那么，“第二个结合”则是又一次的思想解放，让我们能够在更广阔的文化空间中，充分运用中华优秀传统文化的宝贵资源，实现中华优秀传统文化的创造性转化和创新性发展，实现马克思主义中国化时代化。在坚守马克思主义大“道”的同时，充分汲取中华优秀传统文化智慧。习近平总书记将中华文化广泛应用于治国理政的方方面面，立足中华优秀传统文化又激活中华优秀传统文化，从价值与文明的高度加以创造和发展，使之成为推动中国特色社会主义事业发展的强大力量。“我们党开创的人民代表大会制度、政治协商制度，与中华文明的民本思想，天下共治理念，‘共和’、‘商量’的施政传统，‘兼容并包、求同存异’的政治智慧都有深刻关联。我们没有搞联邦制、邦联制，确立了单一制国家形式，实行民族区域自治制度，就是顺应向内凝聚、多元一体的中华民族发展大趋势，承继九州共贯、六合同风、四海一家的中国文化大一统传统。”由此可见，通过实现“第二个结合”，我们党站在一个新的起点上探索面向未来的理论和制度创新，让中国特色社会主义在当代人类文明的发展与进步中熠熠生辉，绽放出更加耀眼的生机和活力。

第五，“结合”巩固了文化主体性，创立习近平新时代中国特色社会主义思想就是这一文化主体性的最有力体现。党的十八大以来，习近平总书记反复强调，要始终“坚守中华文化立场”。习近平新时代中国特色社会主义思想坚持把马克思主义基本原理同中国具体实际相结合、同中华优秀传统文化相结合，开创了中国式现代化道路，创造了人类文明新形态，使拥有 5000 多年文明史的中国实现了从站起来到富起来再到强起来的伟大飞跃。习近平新时代中国特色社会主义思想既立足于现实的中国，又植根于历史的中国，具有强大的历史穿透力、文化感染力、精神感召力，是当代中国马克思主义、二十一世纪马克思主义，是中华文化和中国精神的时代精华，实现了马克思主义中国化时代化新的飞跃，为新时代党和国家事业发展提供了根本遵循。习近平新时代中国特色社会主义思想的创立，有力地证明了马克思主义同中华优秀传统文化应该而且可以实现结合。

综上所述，马克思主义基本原理同中华优秀传统文化相结合的前提是彼此契合，结果是互相成就，筑牢了道路根基，打开了创新空间，巩固了文化主体性。“第二个结合”是我们党对马克思主义中国化时代化历史经验的深刻总结，是对中华文明发展规律的深刻把握，表明我们党对中国道路、理论、制度的认识达到了新的高度，表明我们党的历史自信、文化自信达到了新的高度，表明我们党在传承中华优秀传统文化中推进文化创新的自觉性达到了新的高度。我们不能躺在中华文明的历史殿堂里当“啃老族”，而是要奋力建设中华民族现代文明。我们不仅需要在经济社会发展方面创造新的更大奇迹，也需要在文化建设和文明发展方面创造新的更大辉煌。

（作者系大连理工大学马克思主义学院院长、教授）

深刻理解“第二个结合”的文化内涵

路向峰

习近平总书记在文化传承发展座谈会上的重要讲话中强调：“在五千多年中华文明深厚基础上开辟和发展中国特色社会主义，把马克思主义基本原理同中国具体实际、同中华优秀传统文化相结合是必由之路。”“‘结合’的结果是互相成就，造就了一个有机统一的新的文化生命体，让马克思主义成为中国的，中华优秀传统文化成为现代的，让经由‘结合’而形成的新文化成为中国式现代化的文化形态。”这些重要论述提出了如何深刻理解马克思主义中国化的文化内涵这一重大理论和实践问题。马克思主义同中华优秀传统文化彼此契合，具有内在的融通性；马克思主义在实践中与中华优秀传统文化相互融合，具有基于实践的统一性；“第二次结合”在激活中华优秀传统文化生命力的同时，使马克思主义在中华大地焕发出勃勃生机，具有与时俱进的创新性。简言之，“理论的生命力在于创新。马克思主义深刻改变了中国，中国也极大丰富了马克思主义”。深刻理解“第二个结合”的文化内涵，既要把握“结合”的文化基因，亦要领会“结合”的文化品格，更要推进“结合”的文化实践。

文化基因激发“结合”内生活力

中华优秀传统文化是马克思主义中国化的文化基因。马克思主义基本原理同中华优秀传统文化的结合，是在马克思主义中融入了中华文化的优秀基因而不断实现理论创新，因而中国化的马克思主义能讲中国话、彰显中国气派与中国风格、塑造了中国话语、诉说着中国故事。中华优秀传统文化积淀于中华儿女的内心，千百年来形成了中国人独特的精神追求、精神标识和精神基因，是中华民族所特有的、支配 14 亿多中国人言行的一种观念和力量，是中华民族心理特征、思想情感的综合反映的集合体。中华优秀传统文化具有突出的连续性、创新性、统一性、包容性、和平性，它潜移默化影响着中国人的思想方式和行为习惯。马克思主义基本原理能不能在中国生根发芽，能不能助推中国向前发展，从深层次来说，是看它能不能和中国原有的优秀传统文化相适应、相融合、相互成就。换言之，一个来自欧洲的伟大思想，缘何能够跨越时空的界限在万里之外的中国扎根，生长出 20 世纪和 21 世纪人类历史上最伟大的文明创造呢？作为中华优秀传统文化的忠实传承者和弘扬者，我们党强调用马克思主义方法论批判地继承历史遗产，赓续中华民族的精神血脉。

中华优秀传统文化是中华民族生生不息、发展壮大的文化滋养，马克思主义基本原理作为一种理性的、科学的思想与理念，它与中华优秀传统文化的相融相通，是思想旗帜和民族文化基因的相融相通，是先进的中国人的政治信仰和文化信仰的相融相通，两者相得益彰、互相影响、相互融通，在中国特色社会主义实践进程中不断迸发出强大的精神力量，在 21 世纪展现出新的理论创新的文明光辉。中华优秀传统文化蕴含着深厚而丰富的文化传统基因和深厚的历史底蕴，为马克思主义中国化提供了肥沃的文化土壤，是我们推进马克思主义基本原理同中华优秀传统文化相结合的文化基因和精神根基。我们党在带领全国人民奋斗的百余年历程中，正是把马克思主义基本原理同中华优秀传统文化中“人心和善”的文化精神、“天人合一”的文化境界、“和而不同”的文化思想、“天下大同”的文化理想等文化基因相结合，确证了中华民族伟大复兴的文化梦想。

文化品格生成“结合”融合力

正如习近平总书记在文化传承发展座谈会上的重要讲话中强调的那样，“‘第二个结合’是又一次的思想解放，让我们能够在更广阔的文化空间中，充分运用中华优秀传统文化的宝贵资源，探索面向未来的理论和制度创新”。一百多年来，正是因为拥有马克思主义科学理论的指导，我们党才能够在坚定历史信念的基础上把握历史主动，创造出中国式现代化道路，创造出人类文明新形态。马克思主义基本原理同中华优秀传统文化具有相融相通的文化品格，中国共产党秉持马克思主义基本原理的立场、观点、方法，积极探究中华优秀传统文化创造性转化和创新性发展的时代课题。我们党将中华优秀传统文化视为党理论创新的根与魂，积极推进中华优秀传统文化的创造性转化与创新性发展，将马克思主义理论创新的课题书写在中华优秀传统文化积淀的中华大地上。我们党既在理论创新中把握住了作为文化形态的马克思主义同中华优秀传统文化相结合的现实性与可能性，也注重从中华优秀传统文化、红色革命文化与社会主义先进文化历史演进的文化基因中理解党的创新理论的文化品格。

推动形成马克思主义基本原理同中华优秀传统文化相互融合的文化品格，就要用实现了马克思主义中国化时代化最新飞跃的理论成果指导中华优秀传统文化的创造性转化和创新性发展，充分发挥“第二个结合”所巩固的文化主体性，对中华优秀传统文化时代创新的内涵作出深入阐释，在传承中华优秀传统文化中持续推进文化创新。马克思主义基本原理同中华优秀传统文化的内在契合性历经中国共产党百年奋斗实践检验和证实，创造了实践基础上会通而成的新文化，彰显了中国式现代化中的文化自我。

中华优秀传统文化不只是陈列在历朝历代文化典籍里的观念形态的文化资源，更应该是在中国特色社会主义实践进程中发挥精神影响力的实践形态的文化软实力。要与时俱进地推动中华优秀传统文化观念形态与实践形态的互动与转化，形成与现代文明相互协同、与中国社会发展实践相互适应的中华文明新形态，为中国式现代化道路提供深厚的文化滋养；要在秉持中华文化独特优势的前提下，积极与世界各民族文化交流互鉴，实现中华文化精神的自我超越与自我发展，提出促进人类未来发展和文明进步的中国方案，使之满足人民群众追求美好生活的需要。

文化实践发挥“结合”实践伟力

中华优秀传统文化所积淀的中华文明是马克思主义中国化面对的最大的历史实际，其与中国经济社会发展的现实实际共同构成中国化马克思主义理论的实践基础。马克思主义同中华优秀传统文化分野与融合的辩证法是审视马克思主义中国化深层本质的基本维度，也是我们理解中华文明与中国特色社会主义文化承继与变革辩证法的基本出发点。中华文化源远流长，中华文明博大精深，展示着中华民族历经苦难与辉煌而不懈奋斗的文化自觉，展示着中国人民走向民族复兴的文化自信。一个政党的理论创新离不开不同民族、不同国家之间的交流和碰撞。历史已经证明并将反复证明，动机和缘由各异的哲学与文化的交流与传播，在促进人类文化繁荣的同时亦成为推动人类社会发展的重要动力。正如季羡林所言："文化交流是推动人类社会前进的主要动力之一。"马克思主义能够融合中华优秀传统文化进而在理论创新中不断中国化的深层原因，不仅在于马克思主义基本原理同中华优秀传统文化同属实践哲学的发展理路，更在于它是一种契合中国共产党人革命和建设实践追求，在经济社会发展的实践中扬弃中华传统文化中的局限性，进而融汇于中国式现代化进程之中的历史选择，最终让经由"第二个结合"形成的新文化成为中国式现代化的文化形态。

中国式现代化道路的每一步探索，都彰显着"第二个结合"的实践伟力。运用"革故鼎新"的文化智慧，我们党将文化实践融汇于安邦治国的改革创新实践中；秉持"万物并育"的文化理念，我们党在文化实践中开创了人类文明新形态；肩负"协和万邦"的文化使命，我们党用人类命运共同体思想引领了世界文明进步的潮流。"第二个结合"筑牢了中国特色社会主义道路的实践根基，"让中国特色社会主义道路有了更加宏阔深远的历史纵深，拓展了中国特色社会主义道路的文化根基。中国式现代化赋予中华文明以现代力量，中华文明赋予中国式现代化以深厚底蕴"。习近平新时代中国特色社会主义思想是马克思主义基本原理同中华优秀传统文化相结合所彰显的中华民族文化主体性的文化实践形态，深刻阐明了马克思主义基本原理同中华优秀传统文化相结合的实践规律和内在机理，为新时代中国特色社会主义发展提供了根本遵循。

"求木之长者，必固其根本；欲流之远者，必浚其泉源。"正本溯源，是为了更好地创新发展；追寻文化历史，是为了更好地出发。一个政党的理论唯具深远的文化底蕴，方显其深沉的自信底气。马克思主义中国化的历史经验表明，我们要深刻理解和把握马克思主义和中华优秀传统文化是我们党理论创新的文化基因，深刻理解和把握马克思主义基本原理同中华优秀传统文化相结合的文化品格，深刻理解和把握中华民族绵延数千年的独特价值体系，深刻理解和把握马克思主义基本原理同中华优秀传统文化相结合的创新机制，使中华优秀传统文化得到创造性转化和创新性发展。在新时代，深刻理解和深刻把握“第二个结合”的文化内涵，用实现了马克思主义中国化时代化新飞跃的理论创新成果——习近平新时代中国特色社会主义思想指导新的实践，用人类文明新形态引领世界发展潮流，不断回答中国之问、世界之问、人民之问、时代之问，不断推进马克思主义中国化时代化，是马克思主义理论创新与中国特色社会主义实践创新的双重需要。

（作者系河南财经政法大学道德与文明研究中心研究员、教授）

“第二个结合”是又一次思想解放

张　梧

习近平总书记在文化传承发展座谈会上的重要讲话中强调，“‘第二个结合’是又一次的思想解放，让我们能够在更广阔的文化空间中，充分运用中华优秀传统文化的宝贵资源，探索面向未来的理论和制度创新”。把马克思主义基本原理同中华优秀传统文化的结合提升到“思想解放”的高度，充分肯定了“第二个结合”在建设中华民族现代文明中的引领作用。

“第二个结合”具有理论原创性

正如习近平总书记所说：“强调‘两个结合’，这是新时代中国特色社会主义原创性的。”引领思想解放的“第二个结合”本身就是思想解放的产物。

“第二个结合”的原创性首先在于，实现了马克思主义基本原理同中华优秀传统文化的结合从自发状态到自觉状态的关键转向。从提出“马克思主义基本原理必须同中国具体实际紧密结合起来，应该科学对待民族传统文化”到党的十九大报告中提出“中国共产党从成立之日起，既是中国先进文化的积极引领者和践行者，又是中华优秀传统文化的忠实传承者和弘扬者”，到 2021 年 3 月在福建武夷山考察时强调，“如果没有中华五千年文明，哪里有什么中国特色”，再到在庆祝中国共产党成立 100 周年大会上的讲话中正式提出“两个结合”，又到 2022 年在党的二十大报告中阐发“坚持和发展马克思主义，必须同中华优秀传统文化相结合”，直到 2023 年在文化传承发展座谈会上集中阐发“第二个结合”，习近平总书记对“两个结合”的论述贯穿于新时代治国理政的全过程。回望这些思想路标，马克思主义基本原理同中华优秀传统文化相结合始终贯穿于新时代治国理政的全过程，始终贯穿于习近平总书记理论创新的全过程，始终贯穿于习近平新时代中国特色社会主义思想从酝酿到创立再到完善的全过程。

更为重要的是，“第二个结合”的原创性还体现为实现了从马克思主义基本原理与中国具体实际相结合到马克思主义内化在中华民族现代文明的理论飞跃。“第一个结合”主要强调马克思主义真理的普遍性，侧重于马克思主义在中国的运用。1942 年，毛泽东同志曾提出过“马克思列宁主义理论和中国革命实际怎样互相联系”的命题。对此，毛泽东同志的回答是，“马克思列宁主义之箭，必须用了去射中国革命之的”。从“有的放矢”的说法可以看出，马克思主义是指导中国实践的科学理论，中国是展现马克思主义真理力量的实践舞台，二者是理论与实践的关系，是应用与被应用的关系。借用中国哲学的体用关系来看，如果说“第一个结合”是“用”的结合，那么“第二个结合”则是“体”的结合。在“第二个结合”中，马克思主义的中国化过程同时也就是马克思主义的内在化过程。马克思主义只有经由同中华优秀传统文化的结合，才能从源于西欧的外来文化内化为中华民族现代文明的有机组成部分，此即习近平总书记所说的“让马克思主义成为中国的”。值得注意的是，就马克思主义与中国的关系而言，如果说“第一个结合”的“中国”具有受动性，那么“第二个结合”的

“中国”则具有能动性。也就是说，“中国”不仅仅是地理概念，同时也是一个文化概念。给马克思主义注入中华文化力量，使马克思主义成为中华现代文明，这便是“第二个结合”的理论原创性。

正因为“第二个结合”具有高度的理论原创性，所以“第二个结合”是又一次思想解放。“第二个结合”是我们党对马克思主义中国化时代化历史经验的深刻总结，是对中华文明发展规律的深刻把握，表明我们党对中国道路、理论、制度的认识达到了新高度，表明我们党的历史自信、文化自信达到了新高度，表明我们党在传承中华优秀传统文化中推进文化创新的自觉性达到了新高度。

“第二个结合”巩固文化主体性

“第二个结合”之所以具有思想解放意义，也是因为其巩固了文化主体性，打破了“现代化 = 西方化”的理论迷思，实现了精神上的独立自主。在此意义上，“第二个结合”体现了“收拾精神，自作主宰”的主体自觉和文化气象。

习近平总书记曾指出：“当代中国的伟大社会变革，不是简单延续我国历史文化的母版，不是简单套用马克思主义经典作家设想的模板，不是其他国家社会主义实践的再版，也不是国外现代化发展的翻版，不可能找到现成的教科书。”对于中国道路，中国理论界应当按照实事求是的原则进行客观分析，而不是将西方理论无原则地照搬到中国道路的解释中去。这正是马克思、恩格斯在《德意志意识形态》中批评德国“真正的社会主义”的要害。对于德国当时盛行的“真正的社会主义”，马克思、恩格斯认为，“真正的社会主义”虽然受到英法共产主义思想的影响，但没有看到英法共产主义思想“它们仍然是以实际的需要为基础，是以一定国家里的一定阶级的生活条件的总和为基础的”，所以既没有认真考察英法社会的现实条件，也没有认真考察德国社会的内在需求，从而出现了理论倒退。马克思、恩格斯对德国“真正的社会主义”的批判启示我们，建构文化主体性的现实可能性恰恰在于用西方理论解释中国实践的不可能性。我们既要看到西方理论的现实前提，也要看到中国现实的内在逻辑，更要看到西方理论与中国现实的深刻差异，既不盲从各种教条，也不照搬外国理论，实现精神上的独立自主，摆脱思想上的外部依赖。

中国实践和中国道路的“秘密诞生地”在于“第二个结合”。在五千多年中华文明深厚基础上开辟和发展中国特色社会主义，把马克思主义基本原理同中国具体实际、同中华优秀传统文化相结合是必由之路。这是我们在探索中国特色社会主义道路中得出的规律性的认识，是我们取得成功的最大法宝。特别是“第二个结合”，筑牢了道路根基，让中国特色社会主义道路有了更加宏阔深远的历史纵深，夯实了中国特色社会主义道路的文化根基。中国特色社会主义建设之所以取得成功，绝非偶然，因为这是以“第二个结合”作为中国特色社会主义建设的理论根据。以改革开放的成功为例，“小康社会”理想根植于我国源远流长的小康理想与马克思主义生产力发展观点的结合；我国改革的渐进式道路蕴含着中华文明的中庸智慧与马克思主义注重历史连续性的结合；自我改革的锐意进取来源于我国穷则思变、与时偕行的改革精神与马克思主义实践观点的结合；社会主义与市场经济的创造性结合则体现了中国文化包容性思维与马克思主义开放性特征的结合。进入新时代，中国式现代化是赓续古老文明的现代化，而不是消灭古老文明的现代化；是从中华大地长出来的现代化，而不是照搬照抄其他国家的现代化；是文明更新的结果，而不是文明断裂的产物。无论是改革开放，还是中国式现代化，都充分彰显了马克思主义的强大生命力，深刻蕴含着中华民族的文化基因。

“第二个结合”为中国实践和中国道路奠定了文化基础，因而是读懂中国实践、理解中国道路的一把钥匙。在思想文化领域坚持走自己的路，就是要根据“第二个结合”，立足中华民族伟大历史实践和当代实践，用中国道理总结好中国经验，把中国经验提升为中国理论，实现精神上的独立自主。

“第二个结合”引领文明再创造

“第二个结合”的思想解放意义不仅体现在如何理解马克思主义中国化时代化，也体现在如何理解中华优秀传统文化的创造性转化与创新性发展，更体现在如何理解马克思主义基本原理同中华优秀传统文化的结合方式上。在“如何结合”的问题上，习近平总书记指出，“结合不是拼盘，不是简单的物理反应，而是深刻的化学反应，造就了一个有机统一的新的文化生命体”。马克思主义基本原理同中华优秀传统文化相结合，不是马克思主义与中华优秀传统文化的简单比附，也不是话语概念的拼凑对接。这种肤浅的结合方式，实质上把马克思主义和中华优秀传统文化都视为现成的、既定的东西，而没有将其理解为具有内在活力、处于生成状态的活物，因而也就不可能实现二者的相互成就。事实上，真正的结合只能发生在文化创新的展开过程中。只有进行立足实践、面向未来的文化创新，“第二个结合”才能让马克思主义成为中国的，才能让中华优秀传统文化成为现代的，进而两者才能从“两种资源”熔铸为“一整块钢”。

马克思主义基本原理同中华优秀传统文化的结合，旨在实现文化复兴。所谓文化复兴，是指我国文化建设通过文化的传承、整合与创新，从而创造出与中华民族伟大复兴相匹配的文化形态，为中华民族的复兴提供精神支撑，为人类文明提供中国智慧。值得注意的是，文化复兴不是文化复古。文化复兴与文化复古的本质区别在于，文化复兴的基本途径是立足社会发展的实践过程并面向未来发展趋势而进行的文化创新。这种“新文化”固然离不开对中华优秀传统文化的合理继承，然而这种“新文化”主要是中国在现代化进程中所积淀的、与现代社会相适应的先进文化。如果一味对传统文化进行无原则的肯定和机械式复制，最终只会扼杀文化创造力与文明生命力。在此意义上，“第二个结合”体现了中华文明具有突出的创造性，体现了中华民族守正不守旧、尊古不复古的进取精神，体现了中华文化不忘本来、吸收外来、面向未来的发展路径。

以文化创新引领文化结合，熔铸“两种资源”为“一整块钢”，习近平新时代中国特色社会主义思想正是生动典范。习近平新时代中国特色社会主义思想既立足于现实的中国，又植根于历史的中国，它以中华文明为源头活水，从5000多年璀璨文明中承继人文精神、道德价值、历史智慧的精华养分，对中华优秀传统文化加以创造性转化和创新性发展，把马克思主义的思想精髓与中华优秀传统文化的精神特质融会贯通起来，不仅是当代中国马克思主义、二十一世纪马克思主义，同时也是中华文化与中国精神的时代精华。在此意义上，习近平新时代中国特色社会主义思想演绎了马克思主义基本原理同中华优秀传统文化应当如何结合，也示范了中华民族现代文明的创造过程。

“对历史最好的继承，就是创造新的历史；对人类文明最大的礼敬，就是创造人类文明新形态。”任何一个国家和民族的崛起，都以文化创新和文明进步为先导和基础。一方面，文化创新引领“第二个结合”；另一方面，“第二个结合”也打开了创新空间，让我们掌握了思想和文化主动，并有力地作用于道路、理论和制度。在新的历史起点上，充分发挥“第二个结合”的思想解放作用，就是要担当新的文化使命，铸就文化新辉煌，创造中国式现代化的文化形态，建设中华民族现代文明，创造人类文明新形态，努力创造属于我们这个时代的新文化，为强国建设民族复兴注入不竭精神动力。

（作者系北京大学哲学系助理教授、济宁干部政德教育学院尼山学者）

“第二个结合”与中国式现代化

林　钊

习近平总书记在文化传承发展座谈会上的重要讲话发出了“创造属于我们这个时代的新文化，建设中华民族现代文明”伟大号召。要完成这一任务，就必须全面深入了解中华文明的历史和特性，推动马克思主义基本原理同中国具体实际、同中华优秀传统文化相结合。习近平总书记着重强调“第二个结合”是我们党对马克思主义中国化时代化历史经验的深刻总结，是对中华文明发展规律的深刻把握，是又一次思想解放。在讲话中，习近平总书记对中华文明“五个突出特性”和“两个结合”作了高屋建瓴的总结概括，这是我们党继《中共中央关于党的百年奋斗重大成就和历史经验的决议》提出“第二个结合”并将其写入党的二十大报告后，对这个重大理论命题的进一步深入阐发，是马克思主义中国化最新的理论成就。如何在建设中国式现代化的伟大征程中准确理解“第二个结合”，推动新时代的思想解放，无疑将成为当代中国学人必须承担的使命任务和必须攻克的时代课题。

从中国共产党诞生之日起，中国的现代化就具体表现为马克思主义的中国化，表现为马克思主义基本原理同中国具体实际相结合。这“第一个结合”的题中之义也必然包括马克思主义基本原理同中华优秀传统文化相结合。在“第二个结合”提出以前，“马克思主义基本原理同中国具体实际相结合”一直是我们党对自身成功经验和工作要求的基点表述，在其中，中国的具体实际就包括现实的社会状况和历史的文化状况。毛泽东同志曾指出，“必须将马克思主义的普遍真理和中国革命的具体实践完全地恰当地统一起来，就是说，和民族的特点相结合，经过一定的民族形式，才有用处”。所谓“民族特点”和“民族形式”，无疑就是由中华民族传统文化所塑造的。毛泽东同志的《实践论》《矛盾论》之所以能成为全党思想路线的指南，一个重要原因就在于它将马克思主义的唯物主义辩证法与中国哲学的世界观和方法论完美结合，以中国人习惯的概念语言进行论述，得到了全党上下的普遍认同和接受。在革命斗争和社会主义建设初期，我们更关注于现实的社会经济和政治状况，没有对历史传统和思想文化加以单独强调。随着时代的发展，从“一个结合”中派生出对“第二个结合”的独立表述，就是顺理成章、水到渠成的事情。一方面，随着中国特色社会主义进入新时代，随着中华民族的伟大复兴进入不可逆的历史进程，突出强调马克思主义基本原理同中华优秀传统文化的结合已成为迫切的时代要求，正如习近平总书记所言：“如果没有中华五千年文明，哪里有什么中国特色？如果不是中国特色，哪有我们今天这么成功的中国特色社会主义道路？”“只有立足波澜壮阔的中华五千多年文明史，才能真正理解中国道路的历史必然、文化内涵与独特优势。”另一方面，世界格局进入“百年未有之大变局”，国际体系与世界力量对比呈现明显的“东升西降”态势，随着西方现代性愈发暴露出其固有的局限和危害，中国日益走近世界舞台中心，人类文明发展亟待来自中国智慧、中国方案的支持。马克思主义深刻揭示了自然界、人类社会、人类思维发展的普遍规律，为人类社会发展进步指明了方向，而中国文化所推崇的天下为公、和而不同、美美与共、天下大同等理念正应合于人类共同价值，只有突出强调二者的结合，才能更为清晰地勾勒构建人类文明新形态的方向指引。

站在新时代的历史方位上，将“第二个结合”从“第一个结合”中分离出来，并把它摆到与“第一个结合”并列的高度上，正是以中国式现代化推动中华民族伟大复兴、构建人类文明新形态在理论上的要求，是马克思主义中国化时代化的理论创新，体现了中国共产党人顺应时代大势的理论勇气和理论自觉。

党的十八大以来，习近平总书记高度重视中华文明的探源、传承和创新，多次强调要“深入了解中华文明五千多年发展史，推动把中国文明历史研究引向深入”。在此次座谈会上，习近平总书记从连续性、创新性、统一性、包容性、和平性五个方面深刻阐述中华文明的突出特性，进一步深化了我们对中华文明的规律性认识。这“五个突出特性”精准描述了中华文明的独特面貌与价值，是中国人文化自信的内在根源，也是中国式现代化的文化基础。在学习贯彻党的二十大精神研讨班开班式上的重要讲话中，习近平总书记指出:“中国式现代化，深深植根于中华优秀传统文化，体现科学社会主义的先进本质，借鉴吸收一切人类优秀文明成果，代表人类文明进步的发展方向，展现了不同于西方现代化模式的新图景，是一种全新的人类文明形态。”通过习近平总书记在文化传承发展座谈会上的重要讲话，我们可以进一步明确中华文明与中华传统的优秀性所在。正因为中华文明具有突出的连续性，中华民族必然走自己的路；正因为具有突出的创新性，中华民族积极进取、不惧挑战、勇于接受新事物；正因为具有突出的统一性，中华民族各民族文化融为一体、即使遭遇重大挫折也牢固凝聚，始终追求国家的坚强统一；正因为具有突出的包容性，中华文化对世界文明保持兼收并蓄的开放胸怀；正因为具有突出的和平性，中国不断追求文明交流互鉴。

在现代化进程中，中华民族遭受了世所罕见的苦难和屈辱，国家蒙辱、人民蒙难、文明蒙尘。其中，文明蒙尘就包括中华文化遭受到蔑视和否定。由于缺乏科学理论的指导，中国人虽奋起改革，在器物、制度、观念三个层面都试图学习西方乃至照搬西方，但各种改革依然最终以失败告终。在此过程中，文化虚无主义一度甚嚣尘上，甚至以为只有革除了以儒家思想为代表的传统文化，中国才能迈入现代化。直至中国共产党的诞生，以及马克思主义同包括民族文化传统在内的中国具体国情相结合，中国的现代化才确立起正确的思想指引。如果说，文化自卑和自我否定是民族衰败、变革心切时难以避免的应激反应，那么，在中国特色社会主义取得伟大成就、民族复兴势不可当之时依然抱有崇洋媚外、数典忘祖的心态，就是不可原谅的愚蠢和谬误。正如习近平总书记所说："文化自信是更基本、更深沉、更持久的力量。历史和现实都表明，一个抛弃了或者背叛了自己历史文化的民族，不仅不可能发展起来，而且很可能上演一场历史悲剧。"

我们也要看到，世界上有一些历史悠久文化深厚的民族，由于故步自封、食古不化，至今仍然封闭落后，与世界文明和全人类共同价值观格格不入，以至于在现代化进程中徘徊不前，动荡不止。要避免这种悲剧，就必须更加坚定文化自信，努力推动优秀传统文化的创造性转化、创新性发展。习近平总书记关于"两个结合"的深刻论述，阐明了创造性转化、创新性发展的内在根据和原则。

只靠传统文化，不能救中国和发展中国，只有当十月革命为中国送来了马克思列宁主义，中国才真正迎来了救亡图存的转机；但是脱离民族根基去理解和运用马克思主义，同样没有出路。事实一再证明，每当马克思主义教条化的时候，就是中国的革命和建设事业遭遇挫折的时候。传统文化的转化必须以马克思主义为主轴，创新必须以马克思主义为方向，而马克思主义的具体运用也必须以民族文化为基础，二者必须和必然的结合正如习近平总书记所说，是因为它们彼此契合，互相成就。“马克思主义传入中国后，科学社会主义的主张受到中国人民热烈欢迎，并最终扎根中国大地、开花结果，决不是偶然的，而是同我国传承了几千年的优秀历史文化和广大人民日用而不觉的价值观念融通的。”

中国式现代化既是社会主义的，又是中国的，二者缺一不可，相辅相成。人类的现代化虽然肇始于西方，但现代性并不为西方所独占，积淀深厚、气象磅礴的中华文化中本就蕴含着丰富的现代性因素。这些因素只有经由马克思主义的激发和提升，才能成为现代化的积极力量。社会主义现代化不是在历史真空中从天而降的，而是在由历史传统、文化习俗所构筑的现实大地上逐渐成长的。面向现实、实事求是的唯物主义者从不割裂传统、凭空创造。“第二个结合”让中国特色社会主义道路有了更加宏阔深远的历史纵深，拓展了中国特色社会主义道路的文化根基。中国式现代化赋予中华文明以现代力量，中华文明赋予中国式现代化以深厚底蕴。只有推动传统文化的创造性转化、创新性发展，才能为现代化提供中华文化的资源和滋养，才能确保未来中国既是现代的，又不是“去中国化”的。

中国式现代化是一项面向未来、面向世界，开创人类文明新形态的宏伟事业，它必然要求我们秉持中华文明兼收并蓄、开放包容的特性，以海纳百川的广阔胸襟深化与世界各国文明的交流互鉴。创新离不开开放，但缺乏主体性的开放势必导致文化迷失。只有经过创造性转化、创新性发展的中华文化，才能够坚定中国人的文化自信，保持精神上的独立自主。“结合”巩固了文化主体性，让我们在与外来文化的交流互鉴中始终保持以我为主、为我所用。一个文化自信的中国将在同其他文明的交流互鉴中不断展现它的古老深沉与年轻生机。

（作者系中山大学马克思主义学院教授、广东省习近平新时代中国特色社会主义思想研究中心特约研究员）

实现“第二个结合” 建设中国特色社会主义新文化

高建平

6月2日，习近平总书记在文化传承发展座谈会上指出，在五千多年中华文明深厚基础上开辟和发展中国特色社会主义，把马克思主义基本原理同中国具体实际、同中华优秀传统文化相结合是必由之路。习近平总书记围绕“两个结合”，特别是“第二个结合”作出了深刻阐述。在过去的一百多年中，中国共产党领导全国人民，通过将马克思主义基本原理同中国具体实际相结合，取得了社会主义革命和社会主义建设的伟大成就，把中国从一个半殖民地半封建的“一穷二白”的国家，建设成为社会主义现代化强国。习近平总书记指出，我们还需要将马克思主义基本原理同中华优秀传统文化相结合，建设社会主义的文化强国。“第二个结合”是新时期所提出的新的战略任务。

习近平总书记指出，由中华优秀传统文化塑造而成的中华文明有五个突出特性。第一是连续性。中华文明五千多年源远流长，这是世界上唯一没有中断过的文明。文明的连续性既说明中国历史积淀深厚，也从根本上决定了中华民族必然走自己的路。第二是创新性。在古代社会，中国人就提出，“周虽旧邦，其命维新”。到了现代社会，新知识分子创办新式报刊，提出创造“少年中国”的主张，希望古老的中华文明要像凤凰涅槃一样，实现文化的更新。正如习近平总书记所总结的那样，“守正不守旧、尊古不复古”，以新的姿态，接受新事物，迎接新挑战。第三是统一性。中国地分南北，人分族群，但从根本上讲，中华民族是一个整体。在历史上，特别是在遭受重大挫折、国家危难、民族危亡之际，中华民族就显示出团结一心、共赴国难的精神。习近平总书记指出，突出的统一性决定了“国土不可分、国家不可乱、民族不可散、文明不可断的共同信念”。国家统一永远是中国“核心利益的核心”。国家统一，则民族兴盛，事业兴旺发达。第四是包容性。中华民族是一个多民族的大家庭，各民族生活习惯和传统不同。中华民族对世界各种文明持开放的态度，本着对话、交流的态度，相互学习，取长补短。这些都决定了中华文明既具有主体性和核心凝聚力，又保持着创新的活力，吸纳各种文明的因素。第五是和平性。中国追求的是文明交流互鉴，而不是文化霸权。文明通过对话，相互学习，并存共生，并得到丰富发展。

中华文明所具有的这些优秀特性，是我们实现“第二个结合”的依托。对于“第二个结合”的重要性的认识，我们有一个逐渐深化的过程。要达到“守正不守旧、尊古不复古”，需要经过一个认识的发展过程，也有待于主观和客观两方面条件的成熟。在历史上，创新与守旧之争，进步与复古之争，总是在文化领域不断出现。在文化领域坚持守正创新，是对待传统文化辩证发展的结果。经过一百多年的奋斗历程，今天的我们已经站在了一个新的历史节点上，具有广泛吸收和进行文化创新的能力，要通过“第二个结合”，“创造属于我们这个时代的新文化，建设中华民族现代文明”。

要实现“第二个结合”，就要全面而深入地了解和研究中国传统文化。习近平总书记多次强调，要全面了解和研究中国传统文化，不能只是对传统作有选择的了解和研究。我们要继承的是优秀传统文化，要对传统文化进行选择，取其精华，去其糟粕。但是，我们又不能观念先行，预先决定哪些优秀，哪些不优秀。选择要建立在全面研究的基础之上，通过全面研究，使传统文化的优秀品格显现出来。要深入了解和研究传统文化。中华传统文化是一个宝库，有着丰富的内容，需要花大力气，通过一代又一代人不断开掘，发现其中的优秀品格和丰富营养。

关于“两个结合”，习近平总书记指出五个特点。第一是“彼此契合”。马克思主义是在欧洲社会主义运动中产生的，是通过对西方传统哲学，特别是对德国古典哲学的批判，通过经济学研究和对古典政治经济学的批判，总结了社会主义运动的经验和历史发展的规律，从而形成的理论体系。马克思主义理论具有革命性和实践性的特点。中国古人主张知行合一、关注现实、关注民生、以民为本等思想，这些优良传统与马克思主义理论有相似点。这些相似点应该成为理论研究的生发点，通过研究，形成理论上的有机契合。

第二是“互相成就”。马克思主义从国外传来，要在中国生根发芽，得到成长，就要与中国的这块水土相合。这本身就是一个改造的过程。马克思主义基本原理同中华优秀传统文化相结合，吸收中国传统文化的因素，既能使这种理论得到发展，也能使其更加适应中国社会现实。同时，中国传统文化产生于古代社会，原本适应的是古代生活，要想使它在当代社会仍有意义，仍能起作用，就需要进行现代化改造。实现马克思主义基本原理同中华优秀传统文化相结合，将会形成一个新的文化上的有机整体，这个有机整体，既是中国的，又是现代的文化形态，是中国式现代化的文化新形态。

第三是“筑牢了道路根基”。历史是割不断的，我们走中国特色社会主义道路，就要从传统文化中汲取营养和智慧。了解过去，才能知道现在，了解过去和现在，才能知道未来。中华民族从古代走向现代，不断发展，在发展过程中，历史给予我们以勇气和底气，赋予中国式现代化以深厚的底蕴。

第四是“打开了创新空间”。“第二个结合”打开了思路，使我们有了更为广阔的文化空间，使中华优秀传统文化成为我们依托过去，立足当下，面向未来，进行理论创新和制度创新的资源。正如习近平总书记指出的，这是“又一次的思想解放”。这一次思想解放接通历史根脉，获得了大量新资源，可以成为思想上创新的无尽的源泉。可以相信，这一次思想解放，将产生出丰硕的思想成果和学术成果。

第五是“巩固了文化主体性”。对中华优秀传统文化的研究高度深化，就能使传统活在当下，并成为文化主体的一部分。这不是复古，而是在汲取了传统营养的基础上，结合形成文化上的主体性，通过创新发展，建设具有现代意义的社会主义新文化。

通过“第二个结合”，通过对传统文化创造性转化、创新性发展，就能建立起社会主义文明的新形态。在此过程中，马克思主义美学起到了极其重要的作用。在美学领域里具体实现“第二个结合”，就要将马克思主义美学与中国传统美学结合起来。中国传统美学是一个丰富的宝库，需要我们运用马克思主义美学观点和方法去挖掘，在现代语境中加以阐释。马克思主义美学中的人民观，与中国古代优秀文艺作品中关心人民疾苦，歌颂人民对美好生活追求的价值观有着结合的可能；马克思主义美学对现实主义的追求，与中国古代优秀文艺作品对时代和生活记录的“诗史”美学追求有相通之处；马克思主义美学对美、崇高、悲剧、喜剧，以及其他一些重要美学范畴的论述，与中国古代一些重要的美学概念、范畴和关键词具有可比性。

我们要深入研究中华传统美学，在资料的整理开掘、历史线索的清理、核心概念的阐释等多方面，进行全面深入的研究。同时，要加强马克思主义美学研究，在美学研究中贯彻马克思主义的立场、观点和方法。在高水平研究的基础上，实现马克思主义美学与中国传统美学的结合，形成一个有机的整体。这种结合，一方面可使马克思主义美学成为中国的，另一方面又可使中华传统美学成为现代的，从而建立起既是现代的又是中国的美学。

习近平总书记关于“两个结合”，特别是“第二个结合”的重要论述，为我们当前所进行的哲学社会科学三大体系建设指明了方向。我们要按照习近平总书记的要求，立足中国实践，“用中国道理总结好中国经验，把中国经验提升为中国理论”。我们要坚持马克思主义中国化时代化，传承和发展中华优秀传统文化，努力促进外来文化本土化，在打通中西美学的基础上，培育和创造新时代中国特色社会主义新文化。

（作者系深圳大学美学与文艺批评研究院院长）

建设中华民族现代文明的全新视域

刘　林

习近平总书记在文化传承发展座谈会上的重要讲话中强调："'第二个结合'，是我们党对马克思主义中国化时代化历史经验的深刻总结，是对中华文明发展规律的深刻把握，表明我们党对中国道路、理论、制度的认识达到了新高度，表明我们党的历史自信、文化自信达到了新高度，表明我们党在传承中华优秀传统文化中推进文化创新的自觉性达到了新高度。"党的十八大以来，习近平总书记关于"两个结合"的重要论述，深刻揭示了马克思主义在中国创新发展的历史要求和发展规律，特别是将马克思主义基本原理同中华优秀传统文化相结合，实现了促进中华文明发掘与中国精神弘扬的思想解放，拓展了中华民族现代文明在文化形态、文化内涵以及文化使命等方面的全新视域。

经由"结合"而形成的新文化建构中华民族现代文明的文化形态

中华优秀传统文化是中华民族在认识世界和改造世界的过程中所形成的宝贵财富和精神符号，它对中国历史发展进程起到了至关重要的作用。中华优秀传统文化底蕴深厚，蕴藏着中华民族最深层次的精神追求，是中华民族特有的精神象征，是我们在世界文化激荡中立足的根基。中华民族现代文明深深植根于中华文化的沃土之中，深刻汲取博大精深的中华优秀传统文化所蕴含的丰富哲学思想、人文精神、道德理念，是对中华优秀传统文化进行创造性转化、创新性发展的典范。中国式现代化文化展现了中华优秀传统文化创造性转化和创新性发展的理想形态，为推动文化繁荣、建设文化强国、建设中华民族现代文明建构了全新的文化范式。

习近平总书记深刻指出："一个国家的治理体系和治理能力是与这个国家的历史传承和文化传统密切相关的。"中华民族在五千多年的文明发展中，积累了丰富的治国理政经验，这一经验中的思想、理念、智慧以及方法已经融入中华文化的血脉之中，在历史发展演进中形成中华文明的内在基因和鲜明标识，在中华民族伟大复兴的历史进程中展示出强大的生命力。中国式现代化的发展与中华优秀传统文化是有机联系的。一方面，中华优秀传统文化具有较强的生命力和活力，这是中华优秀传统文化可以推动中国式现代化向前发展的内在基因。另一方面，中国式现代化的实现需要中华优秀传统文化的滋养和提升。当前我国正处于社会主义现代化建设的关键时期，传承弘扬中华优秀传统文化对于增强国家综合实力和国际影响力具有十分重大的意义。要全面理解中华优秀传统文化中的思想精髓、道德理念、民族精神与时代价值，将其打造成涵养中国特色社会主义文化的重要来源地。只要我们正确处理继承与发展的关系，做好创造性转化，实现创新性发展，达到以古鉴今和古为今用的目的，使得中华优秀传统文化与中国特色社会主义一脉相承，那么大力弘扬中华优秀传统文化必将对培养中国特色社会主义文化自信产生积极作用。

党的二十大报告指出，要弘扬和平、发展、公平、正义、民主、自由的全人类共同价值，为构建人类命运共同体凝聚广泛的文化价值共识。在中西文化交流碰撞的背景下，推动中华优秀传统文化的创造性转化和创新性发展有利于培育中国特色社会主义文化自信，在深入认识与洞悉西方文化实质的基础上树立自己的核心价值观，建设中国特色社会主义文化。只有这样，我们才能从历史中汲取智慧和力量，从现实中寻找可借鉴经验，不断摸索当代中国的文化建设道路，提升中华优秀传统文化的感召力和影响力。习近平总书记指出，“治理国家和社会，今天遇到的很多事情都可以在历史上找到影子”。当前，我国经济社会发展处于深刻转型期，社会价值观念日益呈现复杂多元、冲突博弈的态势，推动马克思主义基本原理同中华优秀传统文化相结合，促进中华优秀传统文化的创造性转化与创新性发展，关系到如何建构具有广泛认可度和文化先进性的社会主义核心价值体系，从而形成全民族奋发向上和团结奋斗的精神纽带，引领社会思潮、凝聚社会共识，为中华民族现代文明的形成提供价值引导与精神动力。

经由“结合”而凝聚的新特性丰富中华民族现代文明的文化内涵

习近平总书记指出：“中国文化源远流长，中华文明博大精深。只有全面深入了解中华文明的历史，才能更有效地推动中华优秀传统文化创造性转化、创新性发展，更有力地推进中国特色社会主义文化建设，建设中华民族现代文明。”文化的命运是民族的命运，文化的生存是民族生存的前提和条件。中华优秀传统文化重要元素塑造出中华文明的突出特性，这些特性也展示为中国式现代化的文化特征。如何保护中华民族文化，培育中华民族精神，发扬中华民族传统，已经成为推动文化繁荣、建设文化强国、建设中华民族现代文明的时代课题。我们要继承和发扬中华优秀传统文化，吸收和借鉴世界各种文明的优秀成果，同时结合时代精神和世界潮流对中华优秀传统文化进行创新，用中国式现代化赋予中华文明现代力量，用中华优秀传统文化赋予中国式现代化鲜明文化特征。

中华文明是世界上唯一没有中断的文明，连续性是中华文明的本质特征。古中国与古印度、古巴比伦、古埃及、古希腊，各自发展出本民族独特的文化，但随着历史的发展，只有中华文明从未中断，而是传承延续并蓬勃发展。中华文明持续创造的中华传统文化从创立、发展到丰富，造就了中华民族独特的精神基因、社会行为、发展观念、伦理道德等完整文化体系，从根本上决定了中华民族必然走自己的路。因此，中华文明的连续性造就了中华民族文化的韧性，夯实了中华民族现代文化发展的历史基础。

创新性作为中华文明的突出特征，也是中华民族现代化文化的基本特征。中华优秀传统文化在继承中国“仁、义、礼、孝、悌”的基础上，融合“国家、天下”思想并延续至今。习近平总书记强调:“要坚持古为今用、以古鉴今，坚持有鉴别的对待、有扬弃的继承，而不能搞厚古薄今、以古非今，努力实现传统文化的创造性转化、创新性发展，使之与现实文化相融相通，共同服务以文化人的时代任务。”

中华文明在中华民族伟大复兴历史进程中的统一性是中华文明的核心特征，也是中国式现代化文化特征得以彰显的根本保证。中华文明将中华民族各民族文化融为一体，其内含和平、发展、公平、正义、民主、自由等价值理念，在历史发展进程中不断凝聚起民族共同理想信念与价值追求，以应对全民族面临的机遇和挑战，不断推进在中华民族各民族间得到广泛认同的传统文化元素转换为塑造中华民族统一形象的“精神标识”和“文化精髓”，因此它决定了一个坚强统一的国家是各族人民的命运所系。

中华文明具有突出的包容性，从根本上决定了中华民族交往交流交融的历史取向。在五千多年历史中，中华优秀传统文化形成了“仁爱”“民本”“大同”“和合”理念，以其标识性、延续性、超越性塑造了中国自信、包容、开放的正面形象，赢得了国际社会广泛尊重、理解和支持，成为国家形象塑造的强大内在支撑。只有坚守中华文化立场，提炼传统文化精神标识，实现国家形象传播的传统文化表达，推动中国国家形象由“他塑”到“自塑”转变，才能有效展现可信、可爱、可敬的中国形象，为全面建成社会主义现代化强国和实现中华民族伟大复兴提供思想和文化助力，展示出中国式现代化文明的鲜明时代特征。

经由“结合”而提升的新高度确立中华民族现代文明的文化使命

习近平总书记强调，在五千多年中华文明深厚基础上开辟和发展中国特色社会主义，把马克思主义基本原理同中国具体实际、同中华优秀传统文化相结合是必由之路。“两个结合”是习近平总书记在领导党和人民探索中国特色社会主义道路过程中得出的规律性认识，是新时代新的文化使命的根本遵循。“结合”的前提是彼此契合，“结合”的结果是互相成就，“结合”筑牢了道路根基，“结合”打开了创新空间，“结合”巩固了文化主体性，这一系列从中国特色社会主义道路探索中得出的对中华民族现代文明与中国式现代化文化发展的规律性认识，不仅拓展了当今时代促进马克思主义基本原理同中华优秀传统文化相结合的理论视域，并且从实践路径上指明了中华民族现代化文明的根本方向，确定了中国式现代化文化建设的核心使命。

中华优秀传统文化与中国式现代化在发展过程中相互融合，表明我们党对中国道路、理论、制度的认识达到了新高度。在中华优秀传统文化和中国式现代化道路这一对关系中，这种融合表现为中国式现代化道路对中华优秀传统文化的继承和发展，以及中华优秀传统文化在中国式现代化道路的进程中逐渐向现代化转变。中华优秀传统文化作为中华民族精神内涵的集中概括，包括灿烂的物质文化、鲜明的制度文化、博大的精神文化等丰富内容，并与中国式现代化发展历程相互融合，为实现中华民族伟大复兴提供强大的精神力量，推动社会主义现代化事业不断向前迈进。因此，在新的历史起点上继续推动文化繁荣、建设文化强国、建设中华民族现代文明，必须用中国道理总结好中国经验，把中国经验提升为中国理论，实现精神上的独立自主。

在全球化背景下，面对各种文化的激烈交锋，通过传承和弘扬中华优秀传统文化以增强中华文明发展的自信心、增强本民族文化认同感，不断增强中华文化的影响力，表明我们党的历史自信、文化自信达到了新高度。建设中华民族现代化文明要坚定历史自信、文化自信，坚持将中华文化古为今用、推陈出新，将马克思主义基本原理同中华优秀传统文化理念贯通起来、同中华民族伟大复兴的价值准则融通起来。结合中华民族伟大复兴时代特征对中华优秀传统文化进行创新发展，有利于充分吸收其中蕴含的治国理政的思想智慧、格物究理的思想方法、修身处世的道德理念，在中国式现代化进程中夯实马克思主义中国化时代化的历史基础和群众基础，不断激发民族意识、凝聚民族精神、增强民族自信，确保党在建设中华民族现代文明中始终坚持守正创新，赓续历史文脉，谱写当代华章。

（作者系上海市习近平新时代中国特色社会主义思想研究中心特聘研究员、上海师范大学马克思主义学院教授）

建设中华民族现代文明

在新的起点上继续推动文化繁荣、建设文化强国、建设中华民族现代文明，是我们在新时代新的文化使命。要坚定文化自信、担当使命、奋发有为，共同努力创造属于我们这个时代的新文化，建设中华民族现代文明。

为中华民族现代文明建设提供精神动力

王　巍

2023年6月2日下午，习近平总书记参观了中国考古博物馆的文明起源和宅兹中国专题展，出席文化传承发展座谈会并发表重要讲话。习近平总书记强调，认识中华文明的悠久历史、感知中华文化的博大精深，离不开考古学。作为任职10年的中国考古学会理事长，作为考古战线从事考古发掘研究超过40年的一名老兵，我感到非常激动。

习近平总书记高度重视考古工作。2020年9月28日，中共十九届中央政治局第二十三次集体学习时，习近平总书记对考古工作的意义做了非常深刻的阐述。他强调，考古工作是一项重要文化事业，也是一项具有重大社会政治意义的工作。习近平总书记指出，考古延伸了历史轴线，增强了历史信度，丰富了历史内涵，活化了历史场景，展示了中华文明起源发展的历史脉络，展示了中华文明的灿烂成就，展示了中华文明对人类文明的贡献。

习近平总书记对百年来中国考古学的地位做了非常深刻的阐述。2021年10月17日，在致仰韶文化发现和中国现代考古学诞生100周年的贺信中，他又一次指出，100年来，几代考古人筚路蓝缕、不懈努力，取得一系列重大考古发现，展现了中华文明起源、发展脉络、灿烂成就和对世界文明的重大贡献，为更好认识源远流长、博大精深的中华文明发挥了重要作用。

我又回想起，2022 年 5 月 27 日中共十九届中央政治局第三十九次集体学习时，我介绍了中华文明探源工程的主要成果。探源工程 20 年的多学科综合研究，展现了中华文明从起源、形成到早期发展并一步步走到今天的历程，通过大量的考古发现和多学科研究，实证了中华民族五千多年文明史。我亲耳聆听了习近平总书记对探源工程的肯定和对进一步深化中华文明探源研究阐释和成果宣传转化传播的重要指示。作为长期担任中华文明探源工程负责人的我，深深感受到习近平总书记对中华文明探源研究的高度重视、对中华文明探源研究取得成绩的充分肯定。习近平总书记对中华文明探源研究提出了新要求，指明了前进方向。

在 2023 年 6 月 2 日的重要讲话中，习近平总书记强调，要实施好“中华文明起源与早期发展综合研究”、“考古中国”等重大项目，做好中华文明起源的研究和阐释。习近平总书记还指出：“只有全面深入了解中华文明的历史，才能更有效地推动中华优秀传统文化创造性转化、创新性发展，更有力地推进中国特色社会主义文化建设，建设中华民族现代文明。”习近平总书记对深入研究阐释中华文明历史的重大意义作出了非常深刻的阐述。

我有一个深切的体会，习近平总书记对考古工作的重视、对中华文明历史研究的重视，不是仅着眼于过去，而且着眼于当今和未来。他看到了考古工作和文明起源研究具有的当代价值，即能够使广大民众特别是青少年认识和认同中华文明，增强做中国人的志气、骨气和底气，能够为中华民族现代文明建设提供智慧和经验，为中华民族伟大复兴提供精神动力。

作为从事考古工作的学者、从事历史研究的学者，我们研究的是过去，对过去发生了什么、过去的历史进行研究。但是，研究历史是为了什么？研究过去，研究中华文明的过去，研究中国、中华民族一步步走到今天的历史，是为了更好地认识当今和未来。

习近平总书记在谈到中华文明的突出特性时指出："中华文明具有突出的连续性，从根本上决定了中华民族必然走自己的路。如果不从源远流长的历史连续性来认识中国，就不可能理解古代中国，也不可能理解现代中国，更不可能理解未来中国。"这对我们研究中华文明意义的必要性进行了充分阐释，研究过去的中国、理解过去的中国，是为了理解现在的中国和未来的中国。理解中华文明具有的连续性，才能从根本上明晰中华民族走自己道路的必然性，明晰中国特色社会主义道路是中华民族走向富强的唯一道路。如果不知道我们的文明是如何走过来的，那我们怎么能明确今后的发展方向？

习近平总书记有一句名言："如果没有中华五千年文明，哪里有什么中国特色？如果不是中国特色，哪有我们今天这么成功的中国特色社会主义道路？"所以说，他是把过去、现在和将来作为一个整体来考虑的，因而能站得高、看得远、看得深。我觉得，作为考古工作者和历史工作者，我们必须认真领会习近平总书记重要讲话的深意，增强责任感和使命感，做好考古研究和阐释，做好中华文明研究和阐释。

考古学界以前曾经存在重发掘轻研究、重描述轻阐释的倾向，以至于中国大量的考古发现较多地局限在考古学界内部，尚未成为社会共享的知识。党的十八大以来，尤其是 2020 年 9 月 28 日习近平总书记主持中共十九届中央政治局第二十三次集体学习并发表重要讲话以来，习近平总书记关于让遗迹、文物和文化遗产"活起来"的指示和关于实现文化遗产创造性转化、创新性发展的指示日益深入人心。通过各种媒体的努力，民众对考古成果有了越来越多的了解。然而，一些宣传报道仍然停留在发现了什么，而对这些考古发现所具有的历史意义、文化价值以及跟我们当今生活的关联的阐释和宣传仍较为薄弱。我觉得，作为考古工作者，落实习近平总书记的重要讲话精神，要在加大考古工作力度的同时，做好考古资料的阐释，而且要阐释得明晰。要做到这一点，仅仅依靠考古学本身是不够的，需要像探源工程那样，促进考古学与自然科学有机融合。更重要的是，要积极主动地与其他人文社会科学学科实现交叉融合。只有这样，才能做到优势互补，更深入、更全面、更系统地阐释丰富的考古资料所蕴含的中华文明和中华优秀传统文化信息，才能清晰地阐释中华文明的发展历程，为中华民族现代文明建设提供深厚文化底蕴，坚定文化自信。

对于考古学者和文明研究的学者而言，还有一个重要使命，就是要把实证中华文明五千年历史的成果，把中华文明起源、形成和早期发展的历史，把认定进入文明社会的中国方案向全世界宣传解说，让国际学术界了解，向世界展示可亲、可敬、可爱的中国形象，增强中华文化的影响力和感召力。

习近平总书记在文化传承发展座谈会上的重要讲话的内容非常丰富、非常重要，关于中华文明五个突出特性的阐述非常全面、系统、深刻。每一个特性，我们都可以举出很多考古的、历史的证据。今后，我们要很好地领会、很好地阐释。

习近平总书记对建设中华民族现代文明、实现“两个结合”做出了全面深刻的阐述。我们从事历史研究和文化事业的学者乃至全党各级干部和广大民众，都应该好好地学习，理解其中的深意，使之成为我们自觉的行动。习近平总书记在文化传承发展座谈会上的重要讲话必将成为一个划时代的里程碑，指引社会主义文化强国建设，指引中华民族现代文明建设。

（作者系中国社会科学院学部委员、中国考古学会理事长、河南大学特聘教授、黄河文化研究院院长）

马克思主义中国化时代化与中华文明的现代转化

郗 戈

习近平总书记在文化传承发展座谈会上的重要讲话中强调，“在新的起点上继续推动文化繁荣、建设文化强国、建设中华民族现代文明，是我们在新时代新的文化使命”，“在五千多年中华文明深厚基础上开辟和发展中国特色社会主义，把马克思主义基本原理同中国具体实际、同中华优秀传统文化相结合是必由之路”，“‘结合’的结果是互相成就，造就了一个有机统一的新的文化生命体，让马克思主义成为中国的，中华优秀传统文化成为现代的，让经由‘结合’而形成的新文化成为中国式现代化的文化形态”。这些重要论述提出了如何理解马克思主义中国化时代化与中华文明的现代转化的关系这一重大理论和实践问题，为我们科学理解这一关系问题的历史逻辑、理论逻辑和实践逻辑提供了根本遵循。

马克思主义激活了中华文明的“现代历史意识”

现代性的精神内核是关于历史进步的观念，中华文明现代转化的观念前提正是中国人关于社会进步的历史意识。20 世纪以来，中国人普遍认为历史是“进步的”，不再像古代祖先那样相信历史是循环往复的。中华民族的这种共识性、常识性的现代历史意识从何而来？其中最为关键的便是历史唯物主义所提供的历史进步图景与社会发展观念。马克思恩格斯著作中的现代历史意识，经过中国马克思主义者的运用与发展，深层参与了中华民族的自我理解与自我形塑。正是马克思主义在中国的系统传播与全面接受，才将现代进步观念牢固地植入中华民族的文化核心，形塑了中国人的历史意识，并推动了以“进步的历史时间”为核心的现代中国的历史规划、社会革命与文明建构。

马克思主义对中华文明的现代历史意识的激活，并没有仅仅停留在社会意识领域，而是进一步深入社会存在领域。历史唯物主义对现代中国历史意识的塑造，并不是一个纯粹的思想事件，而是落实到了现代中国的历史时间结构的社会建构之上。历史意识所关注的历史时间是一种社会时间，是社会生活的特定组织方式与存续方式。现代历史时间以进步为核心图景，那么以这样的历史时间组织起来的社会生活必然就以现代转化、社会发展、文明变革为总体性的实践目标。可以说，正是马克思主义中国化时代化激发和塑造了源远流长的中华文明的现代规划与未来构想。

马克思主义指明了中华文明的“现代历史方位”

现代历史意识的激发，使得20世纪以来的中国人迫切需要对自身所处的“当代”进行历史定位，找到自己时代在人类历史进程中的确切位置，在进步的历史长河中将自己的时代标识、锚定和凸显出来。马克思主义为遭受西方文明冲击的中华民族重新勘定了“历史方位”，引导着现代中国的“时代定位”与“时代规划”。现代中国的历史方位感和自我定位，正是在中华民族伟大复兴的实践探索与马克思主义中国化时代化的互动、融合中确立起来的。

马克思主义通过时代定位来引导中国社会的时代规划，从而在社会变革中推动中华文明现代转化。自20世纪20—30年代以来，历史唯物主义已然从知识生产领域融入中华民族的历史理解之中，深刻塑造了中国人日常的或知识的历史方位感。对于我们的民族、国家“从哪里来”“正在哪里”“往哪里去”这些根本的历史定位、历史任务与历史趋向问题的提出与回答，大部分中国人都会自觉不自觉地借助历史唯物主义的概念图示。运用历史唯物主义的社会形态理论来进行时代定位和时代规划，明确当前的社会性质、主要矛盾和未来趋向，是中国社会变革实践的基本思想前提。无论是革命战争年代还是和平建设时期，中国共产党领导下的中国人民只有运用和发展历史唯物主义基本原理，进行时代定位与时代规划，才能明确提出每一发展阶段的发展目标、发展方式、发展道路等实践策略。毛泽东思想从新民主主义革命到社会主义革命和建设等各时期的主题转换，深刻体现了马克思主义中国化与中华文明现代转化的历史性融合。

在改革开放实践中，如何坚持和发展马克思主义，以定位社会主义发展阶段、规划发展实践，构成了极为关键的理论任务。正是在马克思主义中国化与中华文明现代转化的历史性融合视域中，邓小平提出了社会主义初级阶段理论。一方面，社会主义初级阶段论坚持和发展了“两个必然”的基本原理，将资本主义向共产主义的历史过渡理解为一个不断发展、持续生成的世界历史过程，从而为社会主义改革拓展了广阔的选择空间和创新余地。另一方面，社会主义初级阶段论坚持和发展了社会主义分阶段建设的思想，凸显了发展中国家建设社会主义的实践探索性质，为吸收西方先进文明成果，以促进中国特色社会主义自身发展提供了科学指导。

马克思主义引领着中华文明的“现代发展方向”

现代历史意识的确立、现代时代定位与时代规划的实现，从根本上都指向了现代文明的历史走向、发展方向问题，也就是“世界怎么了”“人类向何处去”的时代之题。马克思主义中国化时代化规定着中华文明现代转化的历史走向，为中国的现代化进程提供大趋势的历史向导，从而引领现代中国的发展方向。同时，马克思主义自身基于中华文明的发展方向不断推进理论创新，取得了理论创新的重大成果。

习近平新时代中国特色社会主义思想坚持和发展了马克思主义关于社会发展、社会形态的基本原理和方法论，深刻把握了人类现代文明进步的普遍规律与中华民族特殊发展道路的辩证关系，是马克思主义中国化时代化与中华文明现代转化的最新理论成果。习近平总书记关于中国式现代化的重要论述，坚持和发展了马克思主义现代化理论，强调世界现代化的一般规律、共同特征与各国现代化发展道路的多样性、选择性之间的有机统一，既彰显了中国式现代化的中国特色，又阐明了中国式现代化的世界历史意义，进一步拓展了社会主义向“更高级阶段”发展的历史空间。

建设中华民族现代文明是中华文明现代转化的当代形式，内在地要求构建一种超越资本主义的社会主义新现代化、新现代性和新文明形态。这就需要社会发展方式的根本转变：超越西方现代化的对抗、异化和片面的发展方式，推进人与社会全面发展的中国式现代化。现代化发展方式的彻底变革，必然蕴含发展观、文明观的创新，说到底是历史观的创新。而马克思主义本身就包含着“利用资本本身来消灭资本”的社会主义实践意旨，能够提供一种适应新现代性建构的新的发展观、文明观、历史观，从而科学指导社会发展方式的转换与革新，勘明中华民族的发展方向，全面推进中华民族现代文明建设。中华文明的发展方向与马克思主义中国化时代化之间始终存在着相互建构、内在融合的历史过程。一方面，中华文明的首要任务是建成社会主义现代化强国、实现中华民族伟大复兴，这就在实践中凸显了马克思主义的“现代化维度”，发挥其对于中国式现代化的指导意义。另一方面，马克思主义也提升了中华文明扬弃资本统治的“现代性维度”，彰显中国式现代化对西方现代化的超越性，开辟创造人类文明新形态的发展方向。

可见，马克思主义中国化时代化对于中华文明现代转化的意义是双重的：不仅具有认知性意义，而且还具有生产性意义。一方面，马克思主义作为一种先进的科学理论，推动中华民族正确理解了自身所处的时代境遇和历史进程。另一方面，马克思主义又作为一种强有力的“生产机制”，引导和规划着中华民族的时代主题、社会建构与发展方向。当然，马克思主义中国化时代化不是单向的，而是双向的过程。马克思主义中国化时代化，既是马克思主义“化”中国，又是中国“化”马克思主义，说到底是一种相互成就的有机融合。“化”如何能够成为“结合”“融合”？“化”的过程不仅是“变化”的过程，而且一定是马克思主义“内化”于中华文明的过程，由此马克思主义同中华文明才真正融为一体。在新的起点上建设中华民族现代文明，关键的一点是，在中国式现代化的实践探索与理论创新中，不断推进马克思主义中国化时代化，由此才能真正深化中华文明的现代转化。

（作者系中国人民大学习近平新时代中国特色社会主义思想研究院研究员）

坚定文化自信自强　建设中华民族现代文明

郑珊珊

习近平总书记在文化传承发展座谈会上的重要讲话中强调，在新的起点上继续推动文化繁荣、建设文化强国、建设中华民族现代文明，是我们在新时代新的文化使命。要坚定文化自信、担当使命、奋发有为，共同努力创造属于我们这个时代的新文化，建设中华民族现代文明。习近平总书记的重要讲话具有里程碑意义，为我们在迈上强国建设、民族复兴新征程的关键历史节点铸就中国特色社会主义文化新辉煌指明了方向。

必须坚持党对文化工作的领导

办好中国的事情，关键在党。担负起新时代新的文化使命，建设中华民族现代文明的关键也在党。中国共产党成立 100 多年来，始终重视对文化工作的领导，把文化建设放在党和人民事业发展战略的高度来谋划，并审时度势，根据社会发展和时代变化不断作出新的判断、新的定位。五四新文化运动期间，中国早期共产主义者就开始探索一条中国文化建设的新道路，力图融合东西文化的精华，建构中国新文化。中国共产党成立后，坚持以马克思主义为指导，担负起反对封建文化、建设中华民族新文化的历史使命，代表了中国崭新的文化力量和文化方向，推动中华文明开启前所未有的革新发展进程。历经百年探索，作为先进文化的积极引领者和践行者，中国共产党领导中国人民开辟了一条有别于世界其他国家和民族、彰显中华民族文化传统和时代特征的文化发展道路，即中国特色社会主义文化发展道路，不断创造中华文化新辉煌。特别是党的十八大以来，以习近平同志为核心的党中央在领导党和人民推进治国理政的实践中，把文化建设摆在全局工作的重要位置，不断深化对文化建设的规律性认识，提出一系列新思想新观点新论断，创造性地丰富和发展了我们党关于文化建设的思想。通过将文化自信置于前所未有的高度，新时代中国共产党人标定了文化在社会主义现代化建设中的重要作用，为建设中华民族现代文明提供了重要遵循。

历史和实践证明，在中国共产党领导下，我们实现了有史以来对中华传统文化最广泛而深刻的改造，为当代中国文化发展注入了新的强大活力，铸就了中华文明新辉煌。在文化传承发展座谈会召开之前，习近平总书记考察的两家堪称文化地标、文化殿堂的“国字号”机构——中国国家版本馆和中国历史研究院，都是在中国共产党领导下建设的标志性文化工程，是新时代文化使命的重要见证。

有学者指出，中国共产党领导人民进行的一切创造，包括物质文明、政治文明、精神文明、社会文明、生态文明和党的政治文化、军事思想、外交思想等，都属于中华民族现代文明。中国共产党领导人民创造了世所罕见的经济快速发展和社会长期稳定两大奇迹，成功走出了中国式现代化道路，还要在新时代从文化建设和文明发展上创造新的更大辉煌，创造新的文明形态。因而，在新的历史起点上，建设中华民族现代文明必须以习近平总书记在文化传承发展座谈会上的重要讲话为指引，坚持党的领导，为中国式现代化建设汇聚起文化文明的力量。

必须全面深入了解中华文明的历史

2022年10月，习近平总书记在河南安阳殷墟遗址考察时指出，“更深地学习理解中华文明，古为今用，为更好建设中华民族现代文明提供借鉴”。建设中华民族现代文明是一个新概念，也是习近平总书记提出的重大课题。要完成这一课题，必须从历史走向未来，在全面深入了解中华文明历史的基础上继承弘扬和创新。中华文明是世界上唯一没有中断、发展至今的文明，是人类文明史上的奇迹，为世界文明史的形成和发展作出了重大贡献。中国国家版本馆建设的初心宗旨就是把自古以来能收集到的典籍资料收集全、保护好，把世界上唯一没有中断的文明继续传承下去。

中华文明有着独特的起源、形成、发展的历史脉络，其中蕴含着深厚而丰富的文化传统基因和历史底蕴，是我们推进和拓展中国式现代化的根基，也是中国屹立于世界的重要根基。习近平总书记深刻指出，中华文明具有突出的连续性、突出的创新性、突出的统一性、突出的包容性、突出的和平性。这五个突出特性从根本上决定了中华民族必然走自己的路，决定了中华民族守正不守旧、尊古不复古的进取精神，决定了国家统一永远是中国核心利益的核心，决定了中华文化对世界文明兼收并蓄的开放胸怀，决定了中国始终是世界和平的建设者、全球发展的贡献者、国际秩序的维护者。这五个突出特性贯通了历史和现代，高度概括了中华文明的整体特征，体现了习近平总书记对中国文化特性、中华文明精神的全面把握，站在中国式现代化高度对创造新文化进行深邃思考和宏伟擘画，为中华民族现代文明建设提供了科学指引。

不忘历史才能开辟未来，善于继承才能善于创新。中华文明潜移默化地影响着现代人的思维方式和行动逻辑，更为马克思主义中国化提供了肥沃土壤，也为其开花结果提供了源头活水。当今中国有坚定的道路自信、理论自信、制度自信，其本质是建立在五千多年文明传承基础上的文化自信。因此，只有植根于五千多年文明的文化沃土，才能建设中华民族现代文明。我们要系统研究中华文明发展史，做好中华文明起源的研究和阐释，深刻理解中华文明多元一体格局形成、发展的历程，读懂中国道路的深厚文化底蕴，从中汲取中华民族五千多年奋斗积累的文化养分和价值精髓，进而走向未来、开拓创新。要立足中华民族伟大历史实践和当代实践，用中国道理总结好中国经验，把中国经验提升为中国理论，努力使中华民族最基本的文化基因与当代文化相适应、与现代社会相协调。还要讲好中华文明的故事，推动中华优秀传统文化“走出去”，让中华民族现代文明跨越时空、跨越国界，富有永恒魅力。

必须坚持“两个结合”

习近平总书记强调，在五千多年中华文明深厚基础上开辟和发展中国特色社会主义，把马克思主义基本原理同中国具体实际、同中华优秀传统文化相结合是必由之路。“结合”的前提是彼此契合，结果是互相成就；“结合”筑牢了道路根基，打开了创新空间，巩固了文化主体性。习近平总书记特别强调，“第二个结合”是又一次的思想解放，让我们能够在更广阔的文化空间中，充分运用中华优秀传统文化的宝贵资源，探索面向未来的理论和制度创新。这一重要论断揭示了文化传承发展的内在规律，为推进中华优秀传统文化的创造性转化、创新性发展提供了根本遵循，开辟了守正创新、固本开新的文化发展新境界，为建设中华民族现代文明提供了根本指引。

习近平新时代中国特色社会主义思想是马克思主义与中华优秀传统文化融通汇合的理论结晶，正是“第二个结合”在新时代的最大成果，是文化主体性的最有力体现。习近平新时代中国特色社会主义思想从中华五千多年文明的积淀中汲取人文精神、道德价值、历史智慧等深厚养分，是中华文化和中国精神的时代精华，赋予中华优秀传统文化新的时代内涵和现代表达形式。中华优秀传统文化是中华文明的智慧结晶，其中蕴含的天下为公、民为邦本、为政以德、革故鼎新、任人唯贤、天人合一、自强不息、厚德载物、讲信修睦、亲仁善邻等，是中国人民在长期生产生活中积累的宇宙观、天下观、社会观、道德观的重要体现，同马克思主义科学理论在价值观维度上具有高度契合性，因而能够为中国式现代化注入强大底气和动力。

只有植根于本国、本民族的历史文化沃土，马克思主义真理之树才能根深叶茂。马克思主义之所以“行”，就在于能与中国具体实际相结合，能与中华优秀传统文化相结合。可以说正是这种“结合”，让中国特色社会主义道路有了更宏阔辽远的历史纵深，筑牢了中国特色社会主义道路的文化根基。从马克思主义与中华文化百年结合史来看，二者是互相成就的关系，是生命共同体。一方面，马克思主义以其真理力量激活了古老的华夏文明，赓续千年的中华文脉得以再度青春化。遇到马克思主义之前，中华文化在19世纪末20世纪初遭受重大挫折；遇到了马克思主义，中华文明打开了创新空间，一步步焕发生机。另一方面，中华文明涵养了马克思主义赖以扎根生长的文化沃土，夯实了马克思主义中国化时代化的历史基础和群众基础，让来自异国他乡的马克思主义得以在中国牢牢扎根并繁荣兴盛。离开中华文化这片沃土，马克思主义在中国绝不可能有今天的境遇。“两个结合”科学阐明了马克思主义在中国创新发展的内在机理；而“第二个结合”，是作为中华优秀传统文化的忠实传承者和弘扬者的中国共产党对马克思主义中国化时代化历史经验的深刻总结，表明我们党在传承中华优秀传统文化中推进文化创新的自觉性达到了新高度。

文明之光照亮复兴之路，21 世纪是中华民族实现伟大复兴的世纪，也必将是中华文明复兴的世纪。建设中华民族现代文明的伟大号召已经发出，在以习近平同志为核心的党中央坚强领导下，我们要坚定文化自信自强，担当起新的文化使命，秉持开放包容，坚持守正创新，奋力开创属于我们这个时代的新文化的新局面。

（作者系东南学术杂志社副总编辑）

响应伟大号召 担当文化使命

沈健平

习近平总书记在文化传承发展座谈会上发表了重要讲话，深刻阐明了中华文明的五个突出特性，即连续性、创新性、统一性、包容性、和平性。这一高屋建瓴又客观实际的重要论述，不仅阐释了中华优秀传统文化的“优秀”所在，也阐释了中国文化何以称得上“源远流长”，中华文明何以称得上“博大精深”。

习近平总书记在讲话中，开宗明义阐释了文化传承发展的重大现实意义：“只有全面深入了解中华文明的历史，才能更有效地推动中华优秀传统文化创造性转化、创新性发展，更有力地推进中国特色社会主义文化建设，建设中华民族现代文明。”文化传承并不只是口号和形式，也并不只是简单地修文学史，而是要在对典籍的收藏保护和研究挖掘基础上、在全面认识和深入了解中华文明历史的基础上，加强研究阐释，坚持学以致用，不断深化对文化建设的规律性认识，担负起新的文化使命，推动传统文化的创造性转化和创新性发展，最终实现中华民族现代文明的伟大建设目标。

习近平总书记关于中华文明的五个突出特性的总结，进一步凝聚了思想、统一了认识，对中华文化传承发展的一系列重大理论和现实问题作了全面系统深入的阐释。中华文明突出的连续性，从根本上决定了中华民族必须走自己的道路，只有从历史的连续性来认识中国，才能更好地理解古代中国、理解现代中国、理解未来中国；中华文明突出的创新性，塑造了中华民族底色鲜明的进取精神和无畏品格；中华文明突出的统一性，决定了中华民族各民族文化的融合统一，决定了国家和民族的共同信念，决定了国家统一永远是“中国核心利益的核心”；中华文明突出的包容性，彰显了中华文化的历史取向、和谐格局和开放胸怀；中华文明突出的和平性，决定了中国在世界文化整体建设发展中的角色始终是建设者、贡献者和维护者，弘扬和传承中华优秀传统文化，有利于国际和平与发展，有利于世界和谐与繁荣。

通过学习习近平总书记一系列重要论述，我们深刻地认识到，中华优秀传统文化不仅是中华民族的根基与灵魂，也是推进中国历史不断进步发展的能量与源泉。坚持走中国特色社会主义道路，必须首先坚持对中华优秀传统文化的学习、尊重、理解、传承；在此基础上，才能对中华优秀传统文化进行创造性转化和创新性发展，才能建设好适应于我国国情、适应于新的历史起点的中华民族现代文明，才能永葆社会主义的“中国特色”，才能为世界贡献中国智慧、共享中华文明优秀成果。

通过学习习近平总书记一系列重要论述，我们深刻地认识到，中华文明因其突出的特性，具有生生不息的力量，守正而不守旧，尊古而不复古；五千多年文明史充分证明了中华文明是建设世界和平的文明，是贡献全球发展的文明，是维护国际秩序的文明，而不是文化霸权、强加于人、对抗分裂的文化。对于中华优秀传统文化，我们完全可以保持自信，尤其要坚定文化自信。“文化自信”是“四个自信”之一，自党的十八大以来，“四个自信”的体系化建设不断得到丰富完善与创造发展，尤其是“文化自信”不断得到强化与提升。党的二十大报告指出，“全面建设社会主义现代化国家，必须坚持中国特色社会主义文化发展道路，增强文化自信，围绕举旗帜、聚民心、育新人、兴文化、展形象建设社会主义文化强国，发展面向现代化、面向世界、面向未来的，民族的科学的大众的社会主义文化，激发全民族文化创新创造活力，增强实现中华民族伟大复兴的精神力量”。

在文化传承发展座谈会上，习近平总书记更是突出强调了文化建设在治国理政全局工作中的重要位置，深刻指出“要坚定文化自信，坚持走自己的路，立足中华民族伟大历史实践和当代实践，用中国道理总结好中国经验，把中国经验提升为中国理论，实现精神上的独立自主”。“四个自信”始终是一个有机整体，其中，文化自信具有基础性、决定性作用，只有坚定“文化”自信，我们才能坚持中国特色社会主义道路；只有坚持走自己的“道路”，我们才能在中国特色社会主义伟大实践的征程中不断总结经验，将经验升华为“理论”、具化为“制度”。以文化为根基，以道路为方向，以理论为指引，以制度为保障，我们才能“以守正创新的正气和锐气，赓续历史文脉、谱写当代华章”；才能“更有力地推进中国特色社会主义文化建设，建设中华民族现代文明”。

在座谈会上，习近平总书记强调，在五千多年中华文明深厚基础上开辟和发展中国特色社会主义，把马克思主义基本原理同中国具体实际、同中华优秀传统文化相结合是必由之路。在“两个结合”中，习近平总书记重点阐释了“第二个结合”，深刻解答并解决了当下诸多的重大理论问题和现实问题。“结合”的前提是彼此契合，马克思主义和中华优秀传统文化来源不同，但彼此存在高度的契合性；“结合”的结果是互相成就，造就了一个有机统一的新的文化生命体；“结合”筑牢了道路根基，让中国特色社会主义道路有了更加宏阔深远的历史纵深，拓展了中国特色社会主义道路的文化根基；“结合”打开了创新空间，让我们掌握了思想和文化主动，并有力地作用于道路、理论和制度；“结合”巩固了文化主体性，创立新时代中国特色社会主义思想就是这一文化主体性的最有力体现。

通过学习习近平总书记一系列重要论述，我们深刻地认识到，马克思主义与中华优秀传统文化并不是冲突的、排斥的，而是契合的、相容的。马克思主义是来自西方的理论成果，中华优秀传统文化是五千多年中华文明的智慧结晶，二者虽然来源不同，但在诸多方面均具有高度的一致性和契合性。在党的二十大报告中，习近平总书记明确指出：“中华优秀传统文化源远流长、博大精深，是中华文明的智慧结晶，其中蕴含的天下为公、民为邦本、为政以德、革故鼎新、任人唯贤、天人合一、自强不息、厚德载物、讲信修睦、亲仁善邻等，是中国人民在长期生产生活中积累的宇宙观、天下观、社会观、道德观的重要体现，同科学社会主义价值观主张具有高度契合性。”

这种高度的契合性，是价值观的契合，是精神文明的契合，正是因为二者具有高度的契合性，所以二者具备了结合的可能性。习近平总书记作出“相互契合才能有机结合”这一论断，以战略家的视野和思想家的高度，破解了新时代重大的理论和现实问题。我们要敢于解放思想、革故鼎新，善于将马克思主义基本原理同中华优秀传统文化相结合，“不断赋予科学理论鲜明的中国特色，不断夯实马克思主义中国化时代化的历史基础和群众基础，让马克思主义在中国牢牢扎根”。

通过学习习近平总书记一系列重要论述，我们深刻地认识到，马克思主义基本原理同中华优秀传统文化相结合，是互相成就的，造就了一个新的文化生命体，“让马克思主义成为中国的，中华优秀传统文化成为现代的”，让经由“结合”而形成的新文化成为中国式现代化的文化形态，这是时代赋予中国、值得世界共同期待的伟大使命。

马克思主义虽然是来自西方的理论，但却在遥远的东方得以生根发芽，这本身就是中华文明兼收并蓄的有力证明，更是中华民族展现在世界面前的中国奇迹。自 19 世纪末马克思主义传入中国的一百多年以来，一代又一代伟大的马克思主义先驱，以坚定的信念和开拓的精神，不断丰富、发展、践行着马克思主义理论。在中国共产党的带领下，在中国特色社会主义的伟大历史进程中，中国人民始终以马克思主义为指导，把马克思主义基本原理同中国具体实际相结合，始终坚持解放思想、实事求是、与时俱进、求真务实，保持着马克思主义的蓬勃生机和旺盛活力。马克思主义中国化的不断深耕厚植，本身就是马克思主义基本原理同中华优秀传统文化相结合并不断发展的实证结果。

在新的历史起点上，我们不但要坚持马克思主义基本原理同中国具体实际相结合，还要坚持马克思主义基本理论同中华优秀传统文化相结合，让马克思主义的“种子”根植于中国，根植于中华优秀传统文化的沃土中，开出具有中华文明特性的“花”，结出中国式现代化新文化之“果”。

通过学习习近平总书记一系列重要论述，我们深刻地认识到，马克思主义基本原理同中华优秀传统文化相结合，使马克思主义真正转化为中国的马克思主义，使中华优秀传统文化真正转化为现代文化，在此基础上所造就的新的文化生命体，才能筑牢中国特色社会主义的文化根基，才能有力作用于道路、理论和制度，才能巩固文化主体性，才能建设中华民族现代文明。

五千多年的历史，证明了中华优秀传统文化的源远流长、博大精深；一百多年的实践，证明了中国共产党能、中国特色社会主义好、马克思主义行。我们要在习近平总书记的伟大号召下，在中国共产党的坚强领导下，进一步证明二者是可以有机结合的，也是必须结合的。这是新时代交给我们的重大课题，也是新征程赋予我们的伟大使命。

习近平总书记在文化传承发展座谈会上的重要讲话，贯通古今，融通中外，立意深远，思想深邃，意义重大。在新的历史起点上，响应伟大号召，担当文化使命，共同努力创造属于我们这个时代的新文化，建设中华民族现代文明，这是建设社会主义现代化强国、实现中华民族伟大复兴的必由之路！

（作者系中国社会科学院大学文学院党总支书记、副研究员）

把握中华文明发展规律　奋力建设中华民族现代文明

张志强

6月2日，习近平总书记在文化传承发展座谈会上发表重要讲话，发出了“努力创造属于我们这个时代的新文化，建设中华民族现代文明”的号召，提出“担负起新的文化使命”。习近平总书记的重要讲话是一篇建设中华民族现代文明的宣言书，是一份开辟中华文明现代形态的动员令，是一幅创造中国式现代化文化形态的规划图，是一篇在马克思主义理论史和中华民族思想史上具有里程碑意义的光辉文献。

习近平总书记在讲话中系统深刻地阐述了“两个结合”特别是“第二个结合”的重大意义，特别强调，“第二个结合”是又一次思想解放。习近平总书记指出，马克思主义基本原理同中华优秀传统文化相结合，不是“拼盘”，不是简单的“物理反应”，而是深刻的“化学反应”，造就了一个有机统一的新的文化生命体。这个新的文化生命体，既实现了中华文明的现代形态，又用中华优秀传统文化充实了马克思主义的文化生命；既实现了马克思主义中国化时代化的新飞跃，又使得中国化时代化的马克思主义成为中华文化和中国精神的时代精华。经由“结合”形成的新文化，成为中国式现代化的文化形态。在这个新的文化生命体中，中华文明为中国式现代化赋予了深厚底蕴，中国式现代化为中华文明赋予了现代力量。这个新的文化生命体就是中华民族现代文明。

习近平总书记的重要论述充分说明，中华民族现代文明必定是“两个结合”的科学产物，是马克思主义基本原理同中华优秀传统文化彼此契合、相互成就的产物；是经由“第二个结合”，在更广阔的文化空间中，充分运用中华优秀传统文化的宝贵资源，探索面向未来的理论和制度创新的产物；是通过“第二个结合”，在中华优秀传统文化的创造性转化和创新性发展中不断巩固文化主体性，坚持中国共产党文化领导权的产物。

中华民族现代文明必定是中国式现代化的文化形态，因为中国式现代化是赓续古老文明的现代化，而不是消灭古老文明的现代化，是从中华大地长出来的现代化，不是照搬照抄其他国家的现代化，是文明更新的结果，而不是文明断裂的产物。因此，中华民族现代文明作为中国式现代化的文化形态，也必定是中华文明的现代形态。

中华民族现代文明必定是中国特色社会主义创造的文明新形态，因为中国特色社会主义道路是在5000多年中华文明深厚基础上开辟和发展出来的，是会通古今中西一切文明成果的产物，因此，中华民族现代文明也必定是实现了社会主义、中华文明与现代化融合发展，内在统一的文明新形态。

建设中华民族现代文明，就要坚持“两个结合”的根本要求，在全面了解中华文明的历史中，深刻把握中华文明发展规律。

习近平总书记指出，如果不从源远流长的历史连续性来认识中国，就不可能理解古代中国，也不可能理解现代中国，更不可能理解未来中国。中华民族连遭忧患而不衰，是人类文明的奇迹，也是中国文化的底气。“第二个结合”，正是对马克思主义中国化经验的深刻总结，正是对中华文明发展规律的深刻把握。习近平总书记在讲话中全面深入地刻画了中华文明的重要元素，并强调指出，这些元素共同塑造了中华文明的突出特性，即连续性、创新性、统一性、包容性、和平性。中华文明是世界上唯一以国家形态连续发展至今的文明。但连续不是停滞，更不是僵化，而是一个不断创新、连续进步的过程，革故鼎新、辉光日新，中华民族始终具有守正不守旧、尊古不复古的进取精神。同时，向内凝聚的统一性既是文明连续的前提，也是文明连续的结果，统一是核心利益中的核心。包容性则是中华文明超越内部差异，凝聚成广土巨族的内在原因，越包容越得到认同拥护，这是中华文明发展的重要经验。和平性则塑造了中国反对强加于人、反对丛林法则的精神追求，决定了中国不断追求文明交流互鉴而不搞文化霸权，不会把自己的价值观念与政治体制强加于人，坚持合作、不搞对抗，不搞党同伐异的小圈子的和平精神。习近平总书记对中华文明突出特性的总结和概括，就是对中华文明发展规律的深刻揭示。坚持中华文明发展规律，是掌握历史主动，树立历史自信和文化自信的关键所在，也是新时代新征程建设中华民族现代文明的根本遵循。中华民族现代文明的建设，是在深刻把握中华文明发展规律的前提下，积极发挥历史主动性精神，在创新理论指导下不断实现实践创新的历史进程。

建设中华民族现代文明，就要坚持“两个结合”的根本要求，在全面解决古今中西问题中，不断开创中国式现代化的文化形态。

习近平总书记在讲话中指出，经过长期努力，我们比以往任何一个时代都更有条件破解“古今中西之争”，也比以往任何一个时代都更迫切需要一批熔铸古今、汇通中西的文化成果。促进外国文化本土化，不断培育新时代中国特色社会主义文化。习近平总书记还谆谆嘱托我们，要古为今用，洋为中用，辩证取舍，推陈出新，实现传统与现代的有机衔接，以守正创新的正气和锐气，赓续历史文脉、谱写当代华章。古今中西之争，是道路之争，是现代化途径和模式之争，也是守正还是守旧、尊古还是复古之争。中国共产党带领中国人民，经过百年奋斗，通过站起来、富起来、强起来的复兴和赶超，为历史自信和文化自信提供了根本社会条件和政治前提，提供了物质基础和理论前提，也提供了精神上独立自主的基础，让我们可以用中国自身的尺度，以中华文明的自我尺度，来重建中国和世界的关系，改变自厌式的思维定式，促进了中华文明的高度自觉，这为古今中西之争问题的根本解决提供了时代条件。习近平总书记曾经指出，“在中国大地上探寻适合自己的道路和办法”。如果说中国大地是“体”的话，那么道路和办法就是“用”。在中国大地上探寻适合自己的道路和办法，就是在中国之体上寻求中国之用，中体中用，体用一如。“两个结合”的道理，就是用马克思主义基本原理在中国大地寻求中国道路和办法的道理。体用不能割裂的前提是把文明看作一个文化生命体。从文化生命体出发看待传统与现代、古与今的关系，二者之间就不是割裂分离的关系，我们也不会以中西关系来架构古今关系，而是通过对文明发展规律的把握，通过历史主动性精神来实现古今贯通。“今”是“古”的创新转化，“现代”是在对“传统”的创造性转化和创新性发展中连续生成的新的文化生命体。立足于新的文化生命体，马克思主义就是中国的，中华优秀传统文化就成为现代的，而经由“结合”而形成的新的文化生命体，就是中国式现代化的文化形态。立足于文化生命体来看待中西关系，就是立足中国大地，在中国之体上，以主体性的姿态，将西方看成一种为我所用的可资借鉴的资源，而不是把西方看成“普世真理”的代表。中国式现代化就是中华文明现代化的道路，也是创造中华民族新的文化生命体、创造中华民族现代文明的道路。

建设中华民族现代文明，就要坚持“两个结合”的根本要求，在传承中华优秀传统文化、推进文化创新中，坚持中华民族的文化主体性。

习近平总书记在讲话中指出，“结合”巩固了文化主体性，创立新时代中国特色社会主义思想就是这一文化主体性的最有力体现。一个民族要站得稳，立得住，走得远，必须要有自己的主体性，文化自信来自文化主体性。习近平新时代中国特色社会主义思想是“两个结合”的科学产物，是深刻体现中华民族文化主体性的产物。马克思主义基本原理同中华优秀传统文化相结合的过程，就是中国共产党人发挥历史主动精神，进行文化创新的过程。文化创新离不开主体性姿态，离不开精神上的独立自主。毛泽东思想作为“第一个结合”的科学产物就深刻地体现了中华民族的文化主体性，习近平新时代中国特色社会主义思想作为“第一个结合”基础上实现“第二个结合”的科学产物，则在新的时代高度上更加有力更加自觉地体现了中华民族的文化主体性。建设中华民族现代文明，就是要用中华民族的文化主体性把握中华文明现代创制的主导权，把握住开创中国式现代化和人类文明新形态的主动性，在为人民谋幸福、为民族谋复兴、为人类谋进步、为世界谋大同中，展现中华民族的蓬勃生机和旺盛生命力。

建设中华民族现代文明，就要坚持“两个结合”的根本要求，在开创中国式现代化和人类文明新形态的历史进程中，坚持中国共产党的文化领导权。

习近平总书记指出，守正才能不迷失方向，创新才能引领时代。守正是守马克思主义中国化之正，是守“两个结合”的根本要求，是守中国共产党的文化领导权。中国共产党在对中华优秀传统文化的创造转化中体现了中华文明的突出特性。认识中国共产党百年奋斗历程在中华文明 5000 多年历史发展中的地位，认识中国共产党与中华文明的关系，是新时代面临的重大理论和实践问题。我们需要从 5000 多年中华文明连续发展和文化传承的角度，来理解中国共产党的文明史意义；需要从中国共产党将中华文明成功现代化的角度，来确立中国共产党对于现代世界的意义。中国特色社会主义蓬勃发展，进入新时代的事实证明，中国共产党对中华文明的继承和发展，代表着一条古老中华文明不断新生的道路，昭示了一种与西方主导的现代文明不同的更为完善合理的现代文明图景。中国共产党运用马克思主义基本原理激活中华文明的核心价值，实现了马克思主义基本原理同中华优秀传统文化的有机结合，创造了中国式现代化的文化形态，创造了中华文明的现代形态，创造了人类文明的新形态。中国共产党百年奋斗历程充分证明，中国共产党既是中华文明的生命力所系，又是中华文明内在价值的激活再造者。中国共产党既是中国先进文化的积极引领者和践行者，又是中华文明的忠实传承者、弘扬者和代表者。中国共产党的百年奋斗历程充分证明，建设中华民族现代文明，需要始终坚持中国共产党的文化领导权。

（作者系中国社会科学院哲学研究所所长、研究员）

中国式现代化的文化使命

吴晓明

习近平总书记在文化传承发展座谈会上的重要讲话中强调，中华优秀传统文化有很多重要元素，共同塑造出中华文明的突出特性。中华文明具有突出的连续性，从根本上决定了中华民族必然走自己的路。如果不从源远流长的历史连续性来认识中国，就不可能理解古代中国，也不可能理解现代中国，更不可能理解未来中国。这一重要论断不仅强调了中华民族走自己道路的必然性，而且指明了这条道路与中华文明和中华优秀传统文化的本质联系。

自近代以来，现代性在特定阶段上的权力开辟出“世界历史”，并且架构起一种基本的支配—从属关系，使得世界上的任何一个民族——如果它不想灭亡的话——都被卷入普遍的现代化进程之中。但是，现代化的展开和实现，又必然取决于某一民族所处的社会条件和历史环境：任何一个民族的现代化进程，只有根据其特定的社会条件和历史环境来具体化，才是真正现实的。由于中国式现代化是根据中国特定的社会条件和历史环境而来的现代化，所以它必然是具有中国特色、符合中国国情的现代化。而在中国的国情中，本质地包含着中华文明的基本性质和中国文化传统的总体特征。也就是说，中国是在其独特的——与西方非常不同的——国情及文化传统的基础上，提出并执行自己的现代化任务。

因此，要论及当代中国的发展道路，就根本不可能撇开或脱离这一现实的前提。作为独特国情之本质重要的部分和文化表现，传统确实是并且也应当被理解为一个本质重要的前提；只有在这一前提的基础上才谈得上中国的独特的现代化进程，才包含着中国发展道路的真正意义和有效作为。之所以如此，是因为中华文明的传统是强有力的，正像它的现代化诉求是强有力的一样；中国近代以来的现实发展道路是受这两方面的相互关系制约的，是在这两者矛盾的持续张力中表现自身之独特性的。一句话，从古代中国至现代中国和未来中国，既是中华文明突出的连续性，也是当今中国道路发展的必然趋势。这一趋势使得中国的当代发展必然走自己的道路，使得中国的现代化进程必然成为中国式的现代化。正是在这个意义上，习近平总书记强调，中国文化源远流长，中华文明博大精深。只有全面深入了解中华文明的历史，才能更有效地推动中华优秀传统文化创造性转化、创新性发展，更有力地推进中国特色社会主义文化建设，建设中华民族现代文明。

中国长期以来的历史性实践，十分清晰地印证了其文化传统之深厚广阔的支配力和辽远恒久的影响力。如此这般的情形，给无数观察家和思想家留下了非常深刻的印象。谢林在感叹亚述、米底、波斯、希腊和罗马等古老帝国的没落之际，大大地惊诧于中国像一条不知其源头的河流始终在从容地流淌。如果说这种国运与其文化品格有关，那么可以说，中华民族的文化传统是如此地独特和坚韧，以至于这个民族实在应该被称为一个“伟大的、独特的例外”。二战以后，费正清同样指认了这一点：中国虽然有不断的变化和千差万别的情况，却从不脱离其文化上和制度上所特有的总格局，“总之，制度和文化的持续性曾经产生了体现为气势磅礴和坚守既定方针的惯性，而并非不动的惰性”。

当我们强调中华文化传统对于我们历史进程来说的重要性时，绝不意味着可以由此来淡化或贬低我们所面临的现代化任务。恰恰相反，现代化对于近代以来的中国历史来说，乃是最为重大最为根本的任务，甚至传统文化的课题和意义领域也是由此任务而被开辟出来的。这一任务需要大规模的对外学习，需要在政治、经济、社会和文化等各个方面开展出它的现代化实践。这样的现代化实践意义极为深远，以至于对它的评价无论多高都不算过分。但是，如果说，现代化的普遍任务要根据特定的社会条件、历史环境和文化传统来具体化，那么，我们就会充分意识到，在中国式现代化的发展进程中，中华文明的基本性质，中国传统文化的基本特征就必然会突出地显现出来，而一个民族（特别是“轴心期民族”）的文化定向就必然在这一进程中具有本质重要的意义。谢林曾引证文德施曼的结论说：在此起作用的肯定不是某种主观构造的东西，而是强有力的文化原则——它是如此地强大，以至于外来的东西只能在其自身教化范围内维持一段时间，并很快被这一原则所固有的力量所同化并从属于它。

中国的现代化任务意味着我们必须大规模地对外学习，也意味着外来文化大规模地进入中国；但这一过程绝不可能将中华文明的本质特征一笔勾销，也绝不可能将中国文化的传统一笔抹杀，而是意味着需要经历“文化结合的锻炼”。黑格尔在讲到古代希腊文化创造的时候曾说，古代希腊人既有自己的传统，又面临着更加强势和优越的东方文化（当时希腊人的宗教几乎是各种东方宗教的一场混战）；正是由于经历了文化结合的艰苦锻炼，希腊人才获得了他们应有的活力，并开创出他们胜利和繁荣的时代。就文化结合的锻炼来说，佛教的中国化是如此，马克思主义的中国化更是如此。在文化结合的进程中，一方面是包容性在起作用，即能够接纳和容受外来的文化；另一方面则是创新性在起作用，而这种创新性是以文化上的自我主张为前提的。正如习近平总书记在讲到马克思主义中国化时代化时所说的那样，“结合”的结果是互相成就，造就了一个有机统一的新的文化生命体，让马克思主义成为中国的，中华优秀传统文化成为现代的，让经由“结合”而形成的新文化成为中国式现代化的文化形态。

但是，我们对文化传统的强调，绝不意味着开历史倒车的“浪漫主义”，这种浪漫主义只是在幻觉中试图返回到遥远的古代。真正的文化传统绝不是纯粹的过往，而是依然活在当下的过去。文化传统的精华是在漫长的历史行程中汰择出来的东西，也是在当今中国的历史性实践中生成的东西，尤其是在展开过程中表现为必然性的东西。正是中国式现代化的历史性实践为其文化传统的接续提供了一切可能性的前提；这一实践所要求的发展，不仅打破了传统本身所固有的锁闭形态，而且为这一传统的取舍和光大创造了条件并制定了基本方向。由此而形成的发展道路必定是具有中国特色的，但这种中国特色与其说归因于既有的传统，毋宁说中国特色的历史性实践为既有的文化传统开辟出真正的意义领域和活动空间。一句话，中华优秀传统文化是依循这一发展道路的实际取向而被开启、被重建并且被复活的。这个过程，或许可以被称为“实体性内容的再度青春化”（黑格尔语）。正是在这个意义上，中国式现代化展现出它所承担的新的文化使命——这一使命不是返回到纯粹的过往中去，而是推动中华优秀传统文化的“创造性转化”和“创新性发展”。

唯物史观作为历史科学的划时代发现，应当成为研究中华文化传统的理论基础和指导方针。正因为唯物史观乃是研究的“指南”，所以它不可能也不应该取代具体的专门研究。恩格斯在他的晚年书信中这样写道，“我们的历史观首先是进行研究工作的指南，并不是按照黑格尔学派的方式构造体系的方法。必须重新研究全部历史，必须详细研究各种社会形态存在的条件，然后设法从这些条件中找出相应的政治、私法、美学、哲学、宗教等等的观点”。这样的研究作为中国式现代化的文化使命，当然需要坚定文化自信，也就是说，要“实现精神上的独立自主”；但这样的独立自主又绝不意味着孤立主义和自我封闭。正如习近平总书记所强调的那样，要秉持开放包容——这种开放包容是立足于自身之上的，即坚持马克思主义中国化时代化，传承发展中华优秀传统文化，促进外来文化本土化，从而在这样的基础上不断培育和创造新时代中国特色社会主义文化。

（作者系复旦大学文科一级教授）

中华文明赋予中国式现代化以深厚底蕴

胡大平

在文化传承发展座谈会上，习近平总书记发表重要讲话，号召我们“坚定文化自信、担当使命、奋发有为，共同努力创造属于我们这个时代的新文化，建设中华民族现代文明”。这不仅是对以中国式现代化全面推进中华民族伟大复兴的文化实践的重要指示，也是理解中国式现代化之文化底蕴和意义的重要指南。

习近平总书记指出，中华优秀传统文化有很多重要元素，共同塑造出中华文明的突出特性。中华文明具有突出的连续性，从根本上决定了中华民族必然走自己的路。如果不从源远流长的历史连续性来认识中国，就不可能理解古代中国，也不可能理解现代中国，更不可能理解未来中国。中华文明具有突出的创新性，从根本上决定了中华民族守正不守旧、尊古不复古的进取精神，决定了中华民族不惧新挑战、勇于接受新事物的无畏品格。中华文明具有突出的统一性，从根本上决定了中华民族各民族文化融为一体、即使遭遇重大挫折也牢固凝聚，决定了国土不可分、国家不可乱、民族不可散、文明不可断的共同信念，决定了国家统一永远是中国核心利益的核心，决定了一个坚强统一的国家是各族人民的命运所系。中华文明具有突出的包容性，从根本上决定了中华民族交往交流交融的历史取向，决定了中国各宗教信仰多元并存的和谐格局，决定了中华文化对世界文明兼收并蓄的开放胸怀。中华文明具有突出的和平性，从根本上决定了中国始终是世界和平的建设者、全球发展的贡献者、国际秩序的维护者，决定了中国不断追求文明交流互鉴而不搞文化霸权，决定了中国不会把自己的价值观念与政治体制强加于人，决定了中国坚持合作、不搞对抗，决不搞“党同伐异”的小圈子。

自马克思主义传入中国以来，马克思主义中国化时代化与中华文明的现代转化始终具有历史的统一性。从“两个结合”来看，马克思主义不仅认知、解释中华现代文明建构，而且还塑造、参与中华现代文明建构。“马克思主义”与“中华文明”都不是现成如此、凝固不变的，而是不断生成、持续开放的，二者都是在革命、建设和改革实践中历史地生成发展着。“马克思主义”与“中华文明”之间持续发生着相互建构、双向生成、互相成就的历史性“结合”过程，使得马克思主义能够融入现代中国的自身建构，内在于中华现代文明。决不能剥离马克思主义中国化时代化而抽象地空谈中华现代文明。马克思主义通过中国化时代化与中华文明的现代转化历史地融合在一起，造就了一个新的文化生命体，创造了一种人类文明新形态。

中国式现代化，是中国共产党领导的社会主义现代化，是中华民族实现建成社会主义现代化强国目标的道路。从过程角度说，中国式现代化是古老的中华文明在世界历史中创造性转化和创新性发展，是中国人用自己的智慧对世界现代化一般问题的解决；从成果角度说，中国式现代化的成功推进和拓展，为人类实现现代化提供了新的选择，为解决人类面临的共同问题提供了中国智慧、中国方案、中国力量，从而丰富和发展了人类文明形态，为人类和平与发展崇高事业作出了新的贡献。现代化的共同特征，基于国情的中国特色，两者相辅相成。按照埃利亚斯关于文明和文化用法的区分——前者指的是共性，后者指的是个性，我们可以说，中国式现代化在文明意义上开创了新的文明形态，为人类超越西方式现代化提供了实践经验和理论视野，在文化意义上则体现了5000多年中华文明的创造性发展，为其他国家的现代化提供了借鉴和启示。正是因为文化上的底蕴，中国式现代化才具有了文明上的意义。

第一，中国式现代化，就是坚定历史自信，掌握历史主动，“努力创造属于我们这个时代的新文化，建设中华民族现代文明”。中华优秀传统文化源远流长、博大精深。在宇宙观、天下观、社会观、道德观上，中华文明都形成了许多历久弥新的价值主张，它们构成人类文明普遍追求的重要组成部分，也是现代社会旨在实现的理想。例如，“天下兴亡、匹夫有责”的历史担当，自强不息的奋斗精神。这些价值在中国现代化过程中一直作为强大的精神力量发挥作用，又在其中获得新的历史内涵（例如伟大的建党精神），是支撑我们历史自信和文化自信的精神力量，也是塑造人类文明新形态的基本精神因素。中华优秀传统文化是中国式现代化之根，“只有全面深入了解中华文明的历史，才能更有效地推动中华优秀传统文化创造性转化、创新性发展，更有力地推进中国特色社会主义文化建设，建设中华民族现代文明”。只有全面地继承中华文明的优秀遗产，才能实现历史主动，创造性解决今天的发展问题。

第二，中国式现代化，就是坚定文明自信，善于守正创新，不断推动马克思主义基本原理同中国具体实际、同中华优秀传统文化相结合。中华文明源远流长、绵延不绝，近代以来，中国人创造了一个又一个人间奇迹，迎来从站起来到富起来再到强起来的现代化飞跃。

没有创新，也根本不可能走出今天的中国式现代化道路。习近平总书记指出：“中华文明具有突出的创新性，从根本上决定了中华民族守正不守旧、尊古不复古的进取精神，决定了中华民族不惧新挑战、勇于接受新事物的无畏品格。”中华文明的创新性，不仅为中国式现代化提供了强大的精神源泉，而且为中国特色社会主义实践和理论提供了深厚而丰富的智慧。中华文明的发展就是守正创新的过程。近代以来，中华民族背负着深厚的历史，接受了揭示世界历史发展规律的马克思主义，其守正创新的最大特征就是把马克思主义基本原理同中国具体实际、同中华优秀传统文化结合来解决自己的现代化问题。中国式现代化之所以具有世界意义，其中一个重要原因便是，其蕴含的独特世界观、价值观、历史观、文明观、民主观、生态观等及其伟大实践，是对世界现代化理论和实践的重大创新。这些重大观念和主张都是中华优秀传统文化在现代化过程中的创造性发展，是“两个结合”的成果。“结合”的前提是彼此契合，“结合”的结果是互相成就，“结合”筑牢了道路根基，“结合”打开了创新空间，“结合”巩固了文化主体性，以全新的历史视野表明了今天中国共产党人在传承中华优秀传统文化中推进文化创新和文明发展的自觉性达到了新高度，也阐明了中国式现代化守正创新的文化特色。

第三，中国式现代化，就是坚持独立自主，勇于艰苦奋斗，“坚持把国家和民族发展放在自己力量的基点上，坚持把中国发展进步的命运牢牢掌握在自己手中”。中华文明历经艰难而绵延不绝，这种连续性意味着什么？意味着长期的独立自主的发展。走自己的路，就是中华文明长盛不衰的秘诀。习近平总书记指出，中华文明具有突出的连续性，从根本上决定了中华民族必然走自己的路。如果不从源远流长的历史连续性来认识中国，就不可能理解古代中国，也不可能理解现代中国，更不可能理解未来中国。这就从历史经验角度科学地回答了中国特色社会主义道路是如何来的。党的百年奋斗成功道路首先是党领导人民独立自主探索开辟出来的，马克思主义的中国篇章是中国共产党人依靠自身力量实践出来的，贯穿其中的一个基本点就是中国的问题必须从中国基本国情出发，由中国人自己来解答。中国式现代化，就是用中国智慧解答中国之问、人民之问、时代之问，自主性是其突出品质。基于“自信自立”，实现“自主自强”，是写在中国式现代化旗帜上的又一鲜明文化特色。

第四，中国式现代化，就是坚持文化共识、民族团结和国家统一，实现中华民族的伟大复兴。考古学证明，中华文明乃是中华大地上星罗棋布的早期文明融合的成果。基于文化共识形成的国家和文明统一体，是我们创造灿烂的文明成果并为世界作出巨大贡献的基础。习近平总书记指出，中华文明具有突出的统一性，从根本上决定了中华民族各民族文化融为一体、即使遭遇重大挫折也牢固凝聚，决定了国土不可分、国家不可乱、民族不可散、文明不可断的共同信念，决定了国家统一永远是中国核心利益的核心，决定了一个坚强统一的国家是各族人民的命运所系。中国式现代化，便是要在这一基础上建成社会主义现代化强国，为世界文明作出新的贡献。

第五，中国式现代化，就是坚守中华民族的文明抱负，开创人类文明新形态，为世界作出更大的贡献。中华民族立于世界民族强林，中华文明处于全球文明高地，胸怀天下以及和而不同的天下情怀是其文化密码之一。中国式现代化，就是要“秉持开放包容，坚持马克思主义中国化时代化，传承发展中华优秀传统文化，促进外来文化本土化，不断培育和创造新时代中国特色社会主义文化”。借这种文化，我们秉承世界眼光，引领世界历史进步潮流，积极回应各国人民普遍关切和人类面临的共同问题，以海纳百川的宽阔胸襟借鉴吸收人类一切优秀文明成果，推动建设更加美好的世界，成为世界文明的探索者和创造者。

我们要牢记习近平总书记的嘱托，在新的历史起点上继续推动文化繁荣、建设文化强国、建设中华民族现代文明，要坚定文化自信，坚持走自己的路，立足中华民族伟大历史实践和当代实践，用中国道理总结好中国经验，把中国经验提升为中国理论，实现精神上的独立自主。要秉持开放包容，坚持马克思主义中国化时代化，传承发展中华优秀传统文化，促进外来文化本土化，不断培育和创造新时代中国特色社会主义文化。要坚持守正创新，以守正创新的正气和锐气，赓续历史文脉、谱写当代华章。

（作者系南京大学马克思主义学院院长）

在新的历史起点上建设中华民族现代文明

张政文

文化是一个国家、一个民族的灵魂。文化兴则国运兴，文化强则民族强。习近平总书记在文化传承发展座谈会上的重要讲话从党和国家事业发展全局的战略高度，对中华文化传承发展的一系列重大理论和现实问题进行了全面系统深入的阐述，突出强调了“在新的起点上继续推动文化繁荣、建设文化强国、建设中华民族现代文明，是我们在新时代新的文化使命”。这充分体现了习近平总书记对中华文明发展规律的深刻洞察，对新时代文化使命的战略把握。在新的历史起点上建设中华民族现代文明，应坚定文化自信，秉持开放包容，坚持守正创新，在对中华优秀传统文化的创造性转化、创新性发展中创造属于我们这个时代的新文化，让中华文明的熠熠光辉继续闪耀在世界东方。

坚定文化自信，让中华民族现代文明的影响力、凝聚力、感召力更加充分地展示出来。

坚定中国特色社会主义道路自信、理论自信、制度自信，说到底是要坚定文化自信。文化自信是更基本、更深沉、更持久的力量，在强国建设、民族复兴中，文化自信具有非常重要的作用和价值。马克思认为：“人们自己创造自己的历史，但是他们并不是随心所欲地创造，并不是在他们自己选定的条件下创造，而是在直接碰到的、既定的、从过去承继下来的条件下创造。”作为人类历史上唯一未曾间断过的文明传统，中华文明的文化自信首先来自文明“直接碰到的、既定的、从过去承继下来的”中华优秀传统文化。习近平总书记在座谈会上指出：“中国文化源远流长，中华文明博大精深。只有全面深入了解中华文明的历史，才能更有效地推动中华优秀传统文化创造性转化、创新性发展，更有力地推进中国特色社会主义文化建设，建设中华民族现代文明。”中华优秀传统文化源远流长、博大精深，是强国建设的精神基因、民族复兴的志气底蕴，其所蕴含的独特宇宙观、天下观、社会观、道德观是中华文明的智慧结晶和精华所在。中华文明的连续性、创新性、统一性、包容性、和平性等突出特性更是今日中国在世界文化激荡中坚定文化自信的历史根基。中华文明的连续性从根本上决定了中华民族必然走自己的路，中华文明的创新性从根本上决定了中华民族守正不守旧、尊古不复古的进取精神，中华文明的统一性从根本上决定了中华民族各民族文化融为一体，中华文明的包容性从根本上决定了中华民族交往交流交融的历史取向和对世界文明兼收并蓄的开放胸怀，中华文明的和平性从根本上决定了中国不断追求文明交流互鉴。历史和事实表明，只有传承和弘扬中华优秀传统文化，才能从根本上增强历史自信和文化自信。

习近平总书记在座谈会上强调，“要坚定文化自信，坚持走自己的路，立足中华民族伟大历史实践和当代实践，用中国道理总结好中国经验，把中国经验提升为中国理论，实现精神上的独立自主”。中国共产党既是中国先进文化的积极引领者和践行者，又是中华优秀传统文化的忠实传承者和弘扬者。在新时代新征程上，我们应坚持把马克思主义基本原理同中国具体实际、同中华优秀传统文化相结合，坚定历史自信、文化自信，坚持古为今用、推陈出新，把马克思主义思想精髓同中华优秀传统文化精华贯通起来、同人民群众日用而不觉的共同价值观念融通起来，不断赋予科学理论鲜明的中国特色。坚守中华文化立场，把握好传承和创新的关系，在继承中转化、在学习中超越，学古不泥古、破法不悖法，保护好、传承好、利用好中华优秀传统文化，深入挖掘中华优秀传统文化的思想观念、人文精神、道德规范，把中华优秀传统文化的精神标识以及其中具有当代价值、世界意义的文化精髓提炼出来、展示出来。以时代精神激活中华文化生命力，使中华民族的文化基因与当代文化相适应、与现代社会相协调，造就一个有机统一的新的文化生命体，让马克思主义成为中国的，让中华优秀传统文化成为现代的，让经由"结合"而形成的中华民族现代文明成为中国式现代化的文化形态，以利于更好地坚定文化自信、凝聚民族精神，让中华民族现代文明的影响力、凝聚力、感召力更加充分地展示出来。

秉持开放包容，让中华文明同世界各国人民创造的多彩文明一道为人类提供正确的精神指引。

中华文化既是民族的，也是世界的。习近平总书记在座谈会上强调："中华文明具有突出的包容性，从根本上决定了中华民族交往交流交融的历史取向，决定了中国各宗教信仰多元并存的和谐格局，决定了中华文化对世界文明兼收并蓄的开放胸怀。"一方面，中华文明是开放的，因开放而得以交流互鉴。马克思指出："各个相互影响的活动范围在这个发展进程中越是扩大，各民族的原始封闭状态由于日益完善的生产方式、交往以及因交往而自然形成的不同民族之间的分工消灭得越是彻底，历史也就越是成为世界历史。"在世界历史的时代背景下，中华文明的开放性及其因开放而形成的文明交流互鉴不可避免且十分必要。今天，世界之变、时代之变、历史之变正在以前所未有的方式展开，人类交往的世界性、开放性比过去任何时代都更深入、更广泛，各国文化上的相互联系和彼此依存比过去任何时代都更频繁、更紧密，建设中华民族现代文明应进一步推动文明交流互鉴，让各国人民享受更富内涵的精神生活、开创更有选择的未来。中华文明是包容的，因包容而得以生生不息。人类在漫长的历史长河中，创造和发展了多姿多彩的文明，从茹毛饮血到田园农耕，从工业革命到信息社会，书写了激荡人心的文明华章。文明是多彩的，不论是中华文明，还是世界上其他文明，都是劳动和智慧的结晶。海纳百川，有容乃大。习近平总书记强调："一切文明成果都值得尊重，一切文明成果都要珍惜。"历史告诉我们，唯有秉持包容精神，才能实现文明和谐。中华文明是在中国大地上产生的文明，也是在同其他文明不断交流互鉴中形成的文明。中华文明经历了五千多年的历史变迁，之所以能一脉相承、生生不息，一个重要原因就是始终做到开放包容，不断实现对其他文明的学习、消化、融合、创新。

习近平总书记在座谈会上强调："要秉持开放包容，坚持马克思主义中国化时代化，传承发展中华优秀传统文化，促进外来文化本土化，不断培育和创造新时代中国特色社会主义文化。"中国共产党是为中国人民谋幸福、为中华民族谋复兴的党，也是为人类谋进步、为世界谋大同的党。在新时代新征程上，我们应拓展世界眼光，不忘本来、吸收外来、面向未来，在扎根于本国本民族土壤的基础上，深刻洞察人类发展进步的潮流，积极回应各国人民的普遍关切，围绕我国和世界发展面临的重大问题，着力提出能够体现中国立场、中国智慧、中国价值的理念、主张、方案，为解决人类面临的共同问题作出贡献。我们应坚持从本国本民族的实际情况出发，以海纳百川的宽阔胸襟借鉴吸收人类一切优秀文明成果，取长补短、择善而从，形成体现中华文化精髓、反映中国人审美追求、传播当代中国价值观念、符合世界进步潮流的中华民族现代文明。我们应秉持开放包容，弘扬和平、发展、公平、正义、民主、自由的全人类共同价值，和世界其他文明共同倡导尊重世界文明多样性、弘扬全人类共同价值、重视文明传承和创新、加强国际人文交流合作，以文明交流超越文明隔阂、文明互鉴超越文明冲突、文明共存超越文明优越，加深不同文明之间的相互理解和彼此认同，让各国人民相知相亲、互信互敬，共同为构建人类命运共同体凝聚强大的精神力量，书写人类文明发展的新华章，携手开创人类更加美好的未来。

坚持守正创新，在新的历史起点上担当起建设中华民族现代文明的新的文化使命。

习近平总书记强调，“守正才能不迷失方向、不犯颠覆性错误，创新才能把握时代、引领时代”。中华文化既是历史的，也是当代的，这就要求我们应始终坚持守正创新，在新的历史起点上建设中华民族现代文明。“守正”语出《史记》，“循法守正者见侮于世，奢溢僭差者谓之显荣”，强调坚守正道。如果不从源远流长的历史连续性来认识中国，既不可能理解古代中国，也不可能理解现代中国，更不可能理解未来中国，建设中华民族现代文明的“守正”原则体现了对中华文明历史连续性的科学把握。“创新”语出《魏书》，“革弊创新者，先皇之志也”，强调改革与新变。习近平总书记指出：“以数千年大历史观之，变革和开放总体上是中国的历史常态。”中国人民是富有伟大创造精神的人民，中华民族是富有伟大创造精神的民族。在几千年历史长河中，中国人民始终辛勤劳作、发明创造，不断推进从思想到器物、从制度到文化、从艺术到科技的创新创造，形成了守正不守旧、尊古不复古的进取精神和不惧新挑战、勇于接受新事物的无畏品格，丰沛了中华文明的万古长河，照亮了中国人民的心灵家园。建设中华民族现代文明的“创新”原则体现了对中华文明时代创造性的科学把握。

习近平总书记在座谈会上强调：“要坚持守正创新，以守正创新的正气和锐气，赓续历史文脉、谱写当代华章。”坚持建设中华民族现代文明的守正原则，最根本的就是坚持习近平新时代中国特色社会主义思想的指导，坚定“两个结合”的必由之路。以科学的态度对待科学，以真理的精神追求真理，坚持马克思主义基本原理不动摇，坚持党的全面领导不动摇，坚持中国特色社会主义不动摇，坚守建设中华民族现代文明的道路之正、理论之正、制度之正和文化之正，在五千多年中华文明的深厚基础上开辟和发展中华民族现代文明。坚守建设中华民族现代文明的创新原则，最根本的就是在更广阔的文化空间中，充分运用中华优秀传统文化的宝贵资源，积极推进中华民族现代文明的理论创新、实践创新、制度创新以及其他各方面创新。不断深化对中华文明发展规律的真理性认识，切实增强在传承中华优秀传统文化中推进文化创新的自觉性与坚定性，紧跟时代步伐，顺应实践发展，以满腔热忱对待建设中华民族现代文明伟大进程中的一切新生事物。以更加积极的历史担当和创造精神不断拓展认识的广度和深度，把创新的要求、创新的实践贯彻到建设中华民族现代文明的各领域和各环节，统筹把握好建设中华民族现代文明全局和局部、当前和长远、宏观和微观、主要矛盾和次要矛盾、特殊和一般的关系，以前瞻性思考、全局性谋划整体性推进中华民族现代文明和社会主义文化强国建设，以中国式现代化不断赋予中华文明以现代力量。

（作者系中国社会科学院大学校长、南开大学·中国社会科学院大学21世纪马克思主义研究院教授）

在文化传承中建设中华民族现代文明

孙熙国

2023 年 6 月 2 日，习近平总书记在文化传承发展座谈会上的重要讲话中强调，在新的历史起点上继续推动文化繁荣、建设文化强国、建设中华民族现代文明，要坚定文化自信，坚持走自己的路，实现精神上的独立自主。这是习近平总书记为新时代文化传承与创新指明的新方向，为文化发展与繁荣提出的新要求。

第一，建设中华民族现代文明，必须坚持以问题为导向，把中国经验提升为中国理论。这是实现文化创新与发展创新的根本路径。理论是对时代问题的“解”和“答”。一种理论之所以能够被称为真正的创新的理论，就在于它回答了时代的问题，完成了时代的任务。不同时代的理论体系之所以有万千形态，就是因为不同时代面临着不同的问题和任务，因而对这些问题和任务的回答也就不同。文化创新能否实现的关键就在于它是否提供了解决时代问题、完成时代任务的方案，就在于它能否从事中见理、器中见道，从特殊中发现普遍，从个别中提升出一般，从中国问题和中国实践中概括出中国理论，再用中国理论指导中国实践。用孔子的话说就是是否做到了“下学而上达”。

生活和实践是一切认识的来源。任何观念和思想都不可能成为理论产生和发展的最终原因和源头。我们不能幻想从某一文化观念和文化形态出发来建构与发展中华民族现代文明。相反，我们应该从社会的物质生活实践出发，从正在进行着的中国特色社会主义实践出发，来思考和研究时代提出的客观要求，思考和回答时代提出的问题、完成时代提出的任务。当代中国文化的主要内容，只能来自我们正在进行着的中国特色社会主义实践。

因此，当代中国的文化创新与发展，必须立足中华民族伟大历史实践和当代实践，用中国道理总结好中国经验。坚持以问题为导向，聆听时代的声音，回应时代的呼唤，认真研究解决党和国家面临的重大而紧迫的问题，认真研究中国共产党执政规律，认真研究中国社会主义建设规律，认真研究人类社会发展规律，努力揭示我国社会发展、人类社会发展的规律，为世界发展提供中国智慧和中国方案。

第二，建设中华民族现代文明，必须坚持以马克思主义为指导，建设以人民为中心的中国特色社会主义文化，实现精神上的独立自主。坚持以马克思主义为指导，是当代中国哲学社会科学区别于其他哲学社会科学的根本标志。马克思主义就是一门研究如何实现无产阶级和全人类解放的科学，研究如何实现每一个人的自由全面发展的科学。简言之，就是一门研究如何实现人民对美好生活的向往、如何让人民过上好日子的学问。因此，坚持用马克思主义指导当代中国文化发展，实际上就是坚持以人民为中心，坚定站在最广大人民的立场上，紧紧围绕最广大人民的根本利益，建设和发展中国特色社会主义文化。

马克思主义是我们立党立国、兴党兴国的根本指导思想。中国共产党和全体中国人民立党立国依靠的是马克思主义，兴党兴国依靠的也是马克思主义。习近平总书记指出，没有马克思主义信仰、共产主义理想，就没有中国共产党，就没有中国特色社会主义；马克思主义政党一旦放弃马克思主义信仰、社会主义和共产主义信念，就会土崩瓦解。同样，没有马克思主义，就没有社会主义新中国。党的十九届四中全会通过的《中共中央关于坚持和完善中国特色社会主义制

度 推进国家治理体系和治理能力现代化若干重大问题的决定》明确提出“坚持马克思主义在意识形态领域指导地位的根本制度”，为我们坚持用马克思主义指导当代中国文化发展提供了根本遵循。

坚持马克思主义指导，紧紧围绕最广大人民的利益，建设和发展好当代中国文化，是由我国社会的基本性质决定的。“统治阶级的思想在每一时代都是占统治地位的思想。这就是说，一个阶级是社会上占统治地位的物质力量，同时也是社会上占统治地位的精神力量。”观念形态的文化属于上层建筑的范畴，任何上层建筑都是经济基础的反映，并且归根到底都服务于经济基础。无论哪一个国家、哪一种社会制度，也无论古今中外，概莫能外。统治阶级是剥削者时，这种文化就要表达剥削者的愿望；统治阶级是劳动者时，这种文化就要表达劳动者的愿望。任何一个国家和民族，如果没有了反映和维护其经济基础的主导文化，该国家的存在就难以维系和持续。因此，坚定不移地坚持马克思主义指导地位，旗帜鲜明地用习近平新时代中国特色社会主义思想引领当代中国文化发展，是由我国社会主义的根本性质和广大人民群众的切身利益决定的。

第三，建设中华民族现代文明，必须坚守中华文化立场，坚持以中国文化为载体，坚持古为今用，建设中国特色社会主义文化。党的十九大和二十大明确提出了坚守中华文化立场的问题。“发展中国特色社会主义文化，就是以马克思主义为指导，坚守中华文化立场，立足当代中国现实，结合当今时代条件，发展面向现代化、面向世界、面向未来的，民族的科学的大众的社会主义文化”；“坚守中华文化立场，提炼展示中华文明的精神标识和文化精髓，加快构建中国话语和中国叙事体系，讲好中国故事、传播好中国声音，展现可信、可爱、可敬的中国形象”。

不忘本来才能开辟未来，善于继承才能更好创新。习近平总书记指出，“如果没有中华五千年文明，哪里有什么中国特色？如果不是中国特色，哪有我们今天这么成功的中国特色社会主义道路？”“绵延几千年的中华文化，是中国特色哲学社会科学成长发展的深厚基础”；“优秀传统文化是一个国家、一个民族传承和发展的根本，如果丢掉了，就割断了精神命脉”。中华优秀传统文化是中华民族的“根”和“魂”，是国家和民族传承与发展的根本。

发展当代中国哲学社会科学，必须坚守中华文化立场，把当代中国文化放到整个中华文化和文明发展的长河中去考量，让当代中国文化融入整个中华文化和文明发展的大系中。马克思主义如果不与中华优秀传统文化相结合，它就只是一种外在于我们的文化，就是无根的文化，就不可能在中华大地生根、开花和结果；中华优秀传统文化如果不与马克思主义相结合，不与新时代的中国特色社会主义实践相结合，它依然还是古代的文化，就不可能成为反映、维护和代表广大人民群众利益的社会主义新文化。

坚守中华文化立场，就是要在五千多年中华文明深厚基础上开辟和发展中国特色社会主义，把马克思主义基本原理同中国具体实际、同中华优秀传统文化相结合。习近平总书记指出，马克思主义同中华优秀传统文化相结合的“结果是互相成就，造就了一个有机统一的新的文化生命体，让马克思主义成为中国的，中华优秀传统文化成为现代的，让经由‘结合’而形成的新文化成为中国式现代化的文化形态”。

第四，建设中华民族现代文明，必须坚持洋为中用，积极吸收外来文化的有益成果，促进外来文化本土化，不断培育和创造新时代中国特色社会主义文化。创新和发展当代中国文化，要秉持开放包容，坚持马克思主义中国化时代化，传承发展中华优秀传统文化，促进外来文化本土化，不断培育和创造新时代中国特色社会主义文化。

对于外来文化，我们既要反对盲目排外，同时，还要反对不加分析地盲目崇拜和全盘吸收。列宁说：“无产阶级文化应当是人类在资本主义社会、地主社会和官僚社会压迫下创造出来的全部知识合乎规律的发展。”毛泽东同志说，“对于外国文化，排外主义的方针是错误的，应当尽量吸收进步的外国文化，以为发展中国新文化的借镜；盲目搬用的方针也是错误的，应当以中国人民的实际需要为基础，批判地吸收外国文化”，“中国应该大量吸收外国的进步文化，作为自己文化食粮的原料，这种工作过去还做得很不够”。对于外来文化，我们一方面要看到“他山之石，可以攻玉”，另一方面还要看到“橘生淮南则为橘，生于淮北则为枳”。当代中国文化的发展，不能离开人类文明的共同成果。要坚持以我为主、为我所用，汲取外来文化的有益成果，建设发展面向中国实践和解决中国问题的中国人自主的哲学社会科学知识体系。

第五，建设中华民族现代文明，必须坚持以守正创新为基本方法，利用不同思想资源，不断推动当代中国文化发展。守正创新体现了马克思主义的科学创新理念，是马克思主义开放性和发展性理论品格的思想提升。守正才能不迷失方向、不犯颠覆性错误，创新才能把握时代、引领时代。我们要以科学的态度对待科学、以真理的精神追求真理，传承和发展中华文化。

守正就是守马克思主义的正，守当代中国马克思主义、二十一世纪马克思主义的正，守中华文化的正。创新就是在守正的基础上，以我们正在做的事情为中心，运用马克思主义的科学原理和思想方法，挖掘新材料、发现新问题、提出新观点、构建新理论，提炼出有学理性的新理论，概括出有规律性的新实践。习近平总书记指出：“要坚持古为今用、洋为中用，融通各种资源，不断推进知识创新、理论创新、方法创新。我们要坚持不忘本来、吸收外来、面向未来，既向内看、深入研究关系国计民生的重大课题，又向外看、积极探索关系人类前途命运的重大问题；既向前看、准确判断中国特色社会主义发展趋势，又向后看、善于继承和弘扬中华优秀传统文化精华。”习近平总书记的重要论述既为当代中华文明的传承发展指明了方向和道路，又为当代中国文化的创新发展提供了可操作性的路径和方法，切实解决了文化传承与发展的世纪难题。

（作者系北京大学马克思主义学院教授、北京大学习近平新时代中国特色社会主义思想研究院常务副院长）

建设中华民族现代文明是我们必须担负起的新使命

李国强

2023年6月2日，习近平总书记亲临中国历史研究院，考察中国考古博物馆，出席在中国历史研究院召开的文化传承发展座谈会并发表重要讲话，这是中国历史研究院组建以来最大的荣光，必将成为中国历史研究院院史上最为浓墨重彩的华章。习近平总书记在考察中对中国历史研究院的工作给予充分肯定，对中国历史研究院的工作提出明确要求，为我们指明了前进方向。习近平总书记的谆谆教诲语重心长、寄予重托，给我们极大鼓舞，令我们倍感振奋，同时使我们深感使命光荣、责任重大。

我们党文化建设理论的新高度

习近平总书记的重要讲话立意高远、内涵丰富，纵贯古今、融通中外。习近平总书记围绕建设中华民族现代文明这一重大的全新时代命题，作出极为深刻、全面的阐述，提出一系列新思想新观点和新论断，强调“文化关乎国本、国运”，强调“中国特色社会主义道路，是在马克思主义指导下走出来的，也是从5000多年中华文明史中走出来的”

等。习近平总书记关于文化建设的新思想新观点和新论断，既是源自历史的深刻洞察，也是昭示未来的远见卓识，创造性地丰富和发展了我们党文化建设的理论，表明我们党对文化建设的规律性认识达到了新高度。

中华文明突出特性的新归纳

习近平总书记关于中华文明五个突出特性的论述，有机贯通历史、现实和未来，既是对中华文化特质、中华文明精神的全面把握和深刻揭示，也是立足中国式现代化对开创新文化的深邃思考和恢宏擘画，为建设中华民族现代文明奠定了坚实的思想基础、理论基础和实践基础。中华文明自身具有的突出特性，决定了中华文明以不同于其他文明的样态源远流长、绵延至今，也决定了中华文明历经沧桑仍能以和平建设者的姿态屹立于世界之林，更决定了新时代必须以五千多年中华文明史为滋养建设中华民族现代文明。中华文明是我们以中国式现代化，全面推进强国建设、民族复兴的源头活水。

牢牢把握中华文明的突出特性，才能不断深化对文化建设的规律性认识，才能更加有效地推动中华优秀传统文化创造性转化、创新性发展，才能更有力地推进中国特色社会主义文化建设，进而切实担负起新时代文化建设的新使命。

“两个结合”本质特征的新总结

习近平总书记在重要讲话中着重强调了“两个结合”的重大意

义，特别指出“第二个结合”是又一次的思想解放，是我们党对马克思主义中国化时代化历史经验的深刻总结，是对中华文明发展规律的深刻把握。习近平总书记对“两个结合”的系统阐述，是对“两个结合”最全面、最科学、最完整的凝练，正是“第二个结合”，不仅使马克思主义在中华大地上扎的根更深、开的花更绚丽、结的果更丰硕，而且极大地激活了中华优秀传统文化的生命力和创造力，推动着中华文明不断丰富、持续发展，为建设中华民族现代文明夯实了根基、奠定了基石、开辟了路径。

习近平总书记在重要讲话中，发出了建设中华民族现代文明的时代号召，这是在新的历史起点上我们必须担负起的新使命。习近平总书记指出：“对历史最好的继承，就是创造新的历史；对人类文明最大的礼敬，就是创造人类文明新形态。”我们将在中国社会科学院党组领导下，坚定不移地以习近平新时代中国特色社会主义思想为旗帜和灵魂，以习近平总书记关于历史科学重要论述为根本遵循，积极投身到建设中华民族现代文明的宏大实践中。我们以习近平总书记亲临中国历史研究院考察为新起点，精心组织好《（新编）中国通史》（《中华民族史》）纂修工程，全面实施好国家社科基金中国历史研究院重大历史问题研究专项，不断深化中华文明史、中华优秀传统文化、中华民族现代文明等重大历史和理论问题的研究。我们将牢记习近平总书记嘱托，继承优良传统，团结凝聚全国广大历史研究工作者，不断提高研究水平，为中国式现代化建设贡献更多中国史学的智慧和力量。我们将以更加优异的成绩，不负习近平总书记厚望，不负人民期待，不负这个伟大的时代。

（作者系中国历史研究院副院长）

实现现代化工业化的历史逻辑和文化基因

史　丹

2023年6月2日，习近平总书记出席文化传承发展座谈会并发表重要讲话。习近平总书记在参观中国历史研究院时，对中国社会科学院科研工作作出重要指示。作为中国社会科学院科研人员中的一员，我备受鼓舞，深受教育，进一步增强了做好科研工作的使命感和责任感。

第一，习近平总书记关于中华文明的“五个突出特性”，深刻阐述了中国式现代化的历史逻辑、文化基因。

习近平总书记指出，中国文化源远流长，中华文明博大精深。只有全面深入了解中华文明的历史，才能更有效地推动中华优秀传统文化创造性转化、创新性发展，更有力地推进中国特色社会主义文化建设，建设中华民族现代文明。习近平总书记指出，中华文明具有突出的连续性、创新性、统一性、包容性、和平性。习近平总书记对中华文明五个突出特性的高度概括，深刻地把握了中华文明源远流长的历史发展，对建设中国式现代化具有重要指导意义。

中国是世界上具有五千多年悠久历史的国家，在工业革命之前，中国曾是世界上最为发达的国家，GDP约占全球的30%，代表着世界上最为先进的生产力和文明，是一个真正的中央之国。然而，工业革命揭开了人类发展的新篇章，也是旧中国逐步落后于欧美国家的开端。在新中国成立之前，中国是世界上最落后的国家之一，GDP

只有全球的 3% 左右。新中国成立后，中国开始了大规模的工业化建设，只用 70 多年的时间就完成了从农业文明到工业文明的转变，比先行工业化国家少用了近 100 年时间。70 多年来，中国从一个积贫积弱的国家跃升为世界第二大经济体，建立了完整的工业体系，不仅工业行业门类齐全，而且还形成了与之配套的运输体系、产业布局、产品市场及规划体系，是世界上最大的工业品生产国和出口国，50 多项工业产品产量居世界第一。我国不仅通过改革开放快速地实现了本国工业化，而且在“一带一路”倡议下，通过工程技术项目和基础设施建设帮助落后国家开始工业化进程，其涵盖的人口至少占全球的一半以上。这就给我们提出一个问题，为什么中国工业化取得如此巨大的成就？习近平总书记关于中华文明五个突出特性的论述从文化层面阐述了中国式现代化呈现的历史逻辑，阐述了中国式现代化的文化基因，具有深刻的理论创新和现实意义。

第二，“两个结合”是建设社会主义现代化强国的重要法宝、文化根基。

与中国几千年的历史相比，新中国成立后的 70 多年是很短暂的时间。但是这 70 多年，却是使中国重新走向世界舞台中央的 70 多年，是从一个落后的农业国向工业强国迈进的 70 多年，也是中国从封闭走向开放，为全球工业化作出巨大贡献的 70 多年。习近平总书记强调，在五千多年中华文明深厚基础上开辟和发展中国特色社会主义，把马克思主义基本原理同中国具体实际、同中华优秀传统文化相结合是必由之路。这是我们在探索中国特色社会主义道路中得出的规律性的认识，是我们取得成功的最大法宝。

习近平总书记在文化传承发展座谈会上的重要讲话进一步指出，“两个结合”能够成功的原因在于马克思主义适合中国国情，马克思主义基本原理同中华优秀传统文化相结合形成了中国式现代化的文化形态，形成了中国文化的主体性，筑牢了道路根基，打开了创新空间，进一步解放了思想，让我们掌握了思想和文化主动，并有力地作用于道路、理论和制度。尤其是“第二个结合”，是我们党对马克思主义中国化时代化历史经验的深刻总结，是对中华文明发展规律的深刻把握，表明我们党对中国道路、理论、制度的认识达到了新高度，表明我们党的历史自信、文化自信达到了新高度，表明我们党在传承中华优秀传统文化中推进文化创新的自觉性达到了新高度。

中国式现代化的提出是“两个结合”的成果，是“五个突出特性”的成功典范。从洋务运动到戊戌变法、辛亥革命，再到新文化运动，无数仁人志士作出巨大努力和牺牲，但这些努力最终宣告失败。事实证明，中国要实现现代化工业化，只有坚持“两个结合”。

中国古代四大发明为世界科技和经济发展作出重大贡献。我们当前推进的新型工业化、生态文明建设和绿色低碳发展为世界作出了表率。党的二十大报告提出，到 2035 年，我国实现高水平科技自立自强，建成现代化经济体系，形成新发展格局，基本实现新型工业化、信息化、城镇化、农业现代化。到本世纪中叶，在基本实现现代化的基础上，把我国建成富强民主文明和谐美丽的社会主义现代化强国。这一宏伟目标的背后，除了我国拥有强大的经济实力和物质基础外，更基于我国拥有深厚的中华文化底蕴，这就是习近平总书记指出的中国式现代化赋予中华文明以现代力量，中华文明赋予中国式现代化以深厚底蕴。“两个结合”让中国特色社会主义道路有了更加宏阔深远的历史纵深，筑牢了中国特色社会主义道路的文化根基。

第三，中国社会科学院工业经济研究所将积极推进学科融合、促进工业史研究等工作。

工业化起源不在中国，但是中国把全球工业化推向高潮。新中国成立 70 多年来，大规模经济建设也形成了大量工业遗产和以大庆精神、铁人精神为代表的工业文化。新中国工业文化和工业遗产是现代文化的重要组成部分，是我们党带领全国人民建设工业强国和强大的社会主义现代化强国的伟大实践的真实写照。开展工业文化、新中国工业史研究有助于增强我们的道路自信、理论自信、制度自信和文化自信，为中国全面建设社会主义现代化国家提供更加丰富的经验借鉴和强大的精神力量。建议把工业文化、工业遗产、工业史研究列入文化传承研究领域，利用大数据、现代媒体等先进科技手段，通过学科交叉和融合，推进中国工业史研究。

工业革命开启了人类新纪元，工业史也是当今的社会、经济、技术发展史，所涉及的内容非常广泛，需要多学科共同开展研究。为了推进中国工业史的研究，2019 年在新中国成立 70 周年之际，由中国社会科学院工业经济研究所代管的中国工业经济学会成立了中国工业史专业委员会。近年来，工业经济研究所积极支持科研人员在中国社会科学院大学开设中国工业史选修课。但受多种因素限制，工业经济研究所有关工业史、工业文化、工业遗产的研究成果有限，工业经济研究所愿意与兄弟院所一起共同开展相关研究。

（作者系中国社会科学院工业经济研究所所长）

把握文化传承与创新的辩证关系

泓　峻

习近平总书记在文化传承发展座谈会上指出："在新的起点上继续推动文化繁荣、建设文化强国、建设中华民族现代文明，是我们在新时代新的文化使命。要坚定文化自信、担当使命、奋发有为，共同努力创造属于我们这个时代的新文化，建设中华民族现代文明。"中国文化源远流长，中华文明博大精深，具有突出的连续性，如果不从源远流长的历史连续性来认识中国，就不可能理解古代中国，也不可能理解现代中国，更不可能理解未来中国。中国共产党既是中华优秀传统文化的忠实传承者和弘扬者，又是中国先进文化的积极倡导者和发展者，只有全面深入了解中华文明的历史，才能更有效地推动中华优秀传统文化创造性转化、创新性发展，更有力地推进中国特色社会主义文化建设，建设中华民族现代文明。

习近平总书记的重要讲话，辩证地阐释了继承中华优秀传统文化与创造属于我们这个时代的中华民族现代文明之间的关系，是中国共产党在新的历史条件下对文化建设规律的深刻认识。在任何时代，文化传承与创新都是相互关联、互为前提的文化使命：一方面，文化传承最重要的目的是更好地进行文化创新；另一方面，只有在传承基础上的文化创新，才是一种有根基、有内涵、有生命力的创新，才能保持文化的个性、独立性与价值。只有正确认识与处理文化传承与创新的辩证关系，才能把握住一个时代文化发展的正确方向。

社会主义核心价值观、中国精神、中国式现代化都体现着辩证的文化观

社会主义核心价值观是当代中国精神的集中体现。由“富强、民主、文明、和谐、自由、平等、公正、法治、爱国、敬业、诚信、友善”二十四个字构成的社会主义核心价值观，既具有丰富的当代内涵，涵盖了当代中国从国家政权到社会组织，直至普通公民应该遵守的基本道德规范和价值准则，又体现着中华文明的整体价值取向，有着深厚的历史根基。支撑社会主义核心价值观的，是中国特色社会主义的政治理想、社会理想与公民个人的人格理想。这些共同理想既符合现代文明的发展趋势，也具有鲜明的民族特色，与中华民族的精神传统，尤其是几千年来培育起来的传统美德之间，有内在联系。中华文明绵延数千年，有其独特的价值体系，诸如自强不息、敬业乐群、扶正扬善、扶危济困、见义勇为、孝老爱亲、诚实守信等个人道德修养，以及建立在个人道德修养基础上的以德治家、以德治国、以德服天下的思想，都融入了社会主义核心价值观。中华传统美德植根于中国人的内心，潜移默化地影响着中国人的思想和行为方式。社会主义核心价值观把中华传统美德作为根基，不但保证了其内在生命力和社会影响力，同时也使当代中国精神与中国传统精神一脉相承。

“中国精神”是习近平总书记在许多重要讲话中经常使用的一个概念。2013 年 3 月，习近平总书记在十二届全国人大一次会议闭幕式

上的讲话中指出，实现“中国梦”必须走中国道路，弘扬中国精神，凝聚中国力量。而习近平总书记所说的“中国精神”，既包含当代中国人的外在精神风貌、内在心灵境界，以及能够凝聚社会共识的核心价值观，也包括中华民族几千年来积淀下来的具有鲜明民族特色的道德理想、人生信念、哲学智慧、美学精神等，它们与社会主义核心价值观是高度契合的。2013 年 11 月 26 日，在山东考察时，习近平总书记又把民族文化的复兴与实现中华民族伟大复兴的“中国梦”联系在一起，并指出:“一个国家、一个民族的强盛，总是以文化兴盛为支撑的，中华民族伟大复兴需要以中华文化发展繁荣为条件。”因此，弘扬中国精神，既要求我们聚焦中国梦的时代主题，也要求我们传承好中华优秀传统文化。

习近平新时代中国特色社会主义思想是马克思主义中国化时代化新的飞跃，是中国共产党人一次重大的理论创新。习近平总书记多次对中国式现代化的中国特色、本质要求和重大原则做出重要论述。中国式现代化既具有现代化的共同特征，是一种面向世界、面向人类文明的现代化，也有我们自身的鲜明特色。这些特色是将马克思主义基本原理同中国具体实际、同中华优秀传统文化相结合的结果，包含着独特的中国经验与中国智慧。在 2023 年 6 月 2 日的文化传承发展座谈会上，论及中国式现代化时，习近平总书记指出，中国特色社会主义道路，是在马克思主义指导下走出来的，也是从 5000 多年中华文明史中走出来的。中国式现代化是赓续古老文明的现代化，而不是消灭古老文明的现代化；是从中华大地长出来的现代化，不是照抄照搬其他国家的现代化；是文明更新的结果，而不是文明断裂的产物。这些论述，同样体现着深刻的辩证思想。

辩证的文化观既要求传承传统文化，也要求赋予传统文化以新的时代内容

如何推动中华优秀传统文化的时代传承，如何创造属于我们这个时代的新文化，是习近平总书记关于文化问题系列论述的重心所在。2014 年 2 月，习近平总书记在主持中共十八届中央政治局第十三次集体学习时强调：“不忘本来才能开辟未来，善于继承才能更好创新。对历史文化特别是先人传承下来的价值理念和道德规范，要坚持古为今用、推陈出新，有鉴别地加以对待，有扬弃地予以继承，努力用中华民族创造的一切精神财富来以文化人、以文育人。”2016 年 11 月，在中国文学艺术界联合会第十次全国代表大会、中国作家协会第九次全国代表大会开幕式上发表重要讲话时，习近平总书记指出，“中华文化既是历史的、也是当代的”，对待传统文化“既需要薪火相传、代代守护，也需要与时俱进、推陈出新”。只有与当代精神相结合，传统文化才能焕发鲜活的生命力，他要求文艺家们要重视优秀传统文化对当代文艺创作的滋养作用，加强对中华优秀传统文化的挖掘和阐发。2021 年 12 月，习近平总书记在中国文学艺术界联合会第十一次全国代表大会、中国作家协会第十次全国代表大会开幕式上的重要讲话中，又明确要求文艺创作“要把握传承和创新的关系，学古不泥古、破法不悖法，让中华优秀传统文化成为文艺创新的重要源泉”。

在继承的同时，对传统文化进行创造性转化与创新性发展，是习近平总书记一直强调的文化态度。这里所说的创造性转化，就是要按照时代特点和要求，对那些至今仍有借鉴价值的内涵和陈旧的表现形式加以改造，赋予其新的时代内涵和现代表达形式，激活其生命力；创新性发展，就是要按照时代的新进步新进展，对中华优秀传统文化的内涵加以补充、拓展、完善，增强其影响力和感召

力。经过传统文化的创造性转化和创新性发展，使中华民族最基本的文化基因同当代中国相适应、同现代社会相协调、同现实文化相融通，把跨越时空、超越国界、富有永恒魅力、具有当代价值的文化精神弘扬起来。

“第二个结合”是马克思主义与中华优秀传统文化的“互相成就”

在文化传承发展座谈会上，习近平总书记再一次提到把马克思主义基本原理同中国具体实际、同中华优秀传统文化相结合的问题，指出“第二个结合”是又一次思想解放，让我们能够在更广阔的文化空间中，充分运用中华优秀传统文化的宝贵资源，探索面向未来的理论和制度创新，并指出“结合”的结果是互相成就，造就一个有机统一的新的文化生命体，让马克思主义成为中国的，中华优秀传统文化成为现代的，让经由“结合”而形成的新文化成为中国式现代化的文化形态。

将马克思主义基本原理同中华优秀传统文化相结合，既是对马克思主义在中国进一步发展的内在要求，也是对百余年来马克思主义在中国传播发展的经验总结。百余年来，马克思主义在中国传播与发展的过程，既是以马克思主义为指导改变中国的过程，同时也是马克思主义在中国得到创新与发展的过程，而其创新与发展的语境，就是中国自身的国情与民族文化传统。就马克思主义与中华优秀传统文化百多年来形成的历史联结而言，其影响是双向的：一方面，中华优秀传统文化受到马克思主义立场、观点、方法的检视、批判、选择、改造，在与马克思主义理论结合的过程中完成了现代转型；另一方面，通过与中华优秀传统文化的相遇，马克思主义理论从形式到内容，被打上了“民族化”的烙印，最终成为“中国化”的马克思主义理论。习近平总书记对马克思主义中国化“第二个结合”的精辟论述，廓清了在马克思主义与中华优秀传统文化的关系问题上的各种模糊认识，把中国化马克思主义的文化自觉与文化自信提高到了一个新的历史高度，标志着中国化马克思主义进入了一个新的、更高的阶段。

马克思主义基本原理同中华优秀传统文化的结合，一方面让我们能够在更广阔的文化空间中，充分运用中华优秀传统文化的宝贵资源，探索面向未来的理论和制度创新，保证了新时代中国特色社会主义在文化方面的主体性；另一方面，“第二个结合”也是用马克思主义基本原理对中华优秀传统文化进行现代转化的过程，是马克思主义与中华优秀传统文化的互相成就，它既让马克思主义成为中国的，也让中华优秀传统文化成为现代的。在这里，文化传承与创新的辩证关系得到了最为集中的体现。

［作者系山东大学（威海）文化传播学院教授］

深入了解中华优秀传统文化　推进建设中华民族现代文明

江林昌

6月2日，习近平总书记在文化传承发展座谈会上强调，“在新的历史起点上继续推动文化繁荣、建设文化强国、建设中华民族现代文明，要坚定文化自信，坚持走自己的路”。这是习近平总书记从党和国家事业发展全局战略高度提出的时代新命题。习近平总书记强调，扎实推进中华民族现代文明和社会主义文化强国建设，必须坚持“两个结合”，深入研究源远流长的中华文化、博大精深的中华文明，“只有全面深入了解中华文明的历史，才能更有效地推动中华优秀传统文化创造性转化、创新性发展，更有力地推进中国特色社会主义文化建设，建设中华民族现代文明”。

中国式现代化是建设中华民族现代文明的重要内容。习近平总书记在党的二十大报告中指出，中国式现代化是中国共产党领导的社会主义现代化，“既有各国现代化的共同特征，更有基于自己国情的中国特色”。这个中国的“国情”与“特色”，既是中国共产党百年奋斗史、新中国社会主义发展史、改革开放史的实践体现，更是中华文明传统影响的结果。中国式现代化深深植根于五千多年中华文明史及其孕育的优秀传统文化沃土。习近平总书记在文化传承发展座谈会上的重要讲话是对中国式现代化理论的深化与发展，“中国式现代化赋予中华文明以现代力量，中华文明赋予中国式现代化以深厚底蕴”。因此，我们应该将习近平总书记在文化传承发展座谈会上的重要讲话与党的二十大报告结合起来，系统学习并作深入阐释。

以唯物史观为指导　认识传统文化与现代文明的关系

习近平总书记指出，“党的十八大以来，党中央在领导党和人民推进治国理政的实践中，把文化建设摆在全局工作的重要位置”。中国式现代化的实践创新与理论概括，以我国一万年文化史、五千多年文明史为基础。我们要在马克思主义唯物史观指导下，深刻认识中国式现代化与中华文明传统、中国式现代化与世界现代化的辩证关系。

现代化是一个世界性的历史过程，经历了人类社会从工业革命以来的一系列变革。世界上最早的现代化运动开始于 18 世纪的西欧。恩格斯在《英国工人阶级状况》中指出，“英国工人阶级的历史是从 18 世纪后半期，从蒸汽机和棉花加工机的发明开始的。大家知道，这些发明推动了产业革命，产业革命同时又引起了市民社会中的全面变革”。自从西方现代化国家发展起来之后，一些后发国家也先后通过各种途径发展工业、创新科技，以适应世界经济环境。

马克思主义唯物史观认为，按照生产力与生产关系的发展，人类社会可以划分为三个大的不同阶段：原始生产力，即自然形态生产力，及其相适应的采集、渔猎时代；农业（含畜牧业）生产力，即半自然半人工形态生产力，及其相适应的农业文明时代；工业生产力，即完全人工形态生产力，及其相适应的工业文明时代。这三大生产力与相应的社会形态，是全世界所有文明国家都必须经历的顺序和阶段，因而是人类社会发展的普遍规律，具有一般性。

但是，在每一种大的生产力系统内，由于地区不同、自然环境不同，又会有具体不同的生产力与生产关系，进而有不同的经济形态和社会结构，这是其特殊性。人类社会的发展就是一般性与特殊性的辩证统一。而且，不同地区的特殊性有其纵向发展的因果关系。这样就形成了不同地区的历史传统与不同的现代化之间的因果关系。马克思在《路易·波拿巴的雾月十八日》中指出："人们自己创造自己的历史，但是他们并不是随心所欲地创造，并不是在他们自己选定的条件下创造，而是在直接碰到的、既定的、从过去承继下来的条件下创造。"

中国式现代化所具有的"国情"与"特色"，就是从一万年文化史与五千多年文明史中承继而来的。习近平总书记指出："如果没有中华五千年文明，哪里有什么中国特色？如果不是中国特色，哪有我们今天这么成功的中国特色社会主义道路？"

世界上五千多年前起源的两河流域古文明、埃及古文明、印度古文明，都先后中断了，只有中华文明从五千多年前起源后，一直绵延发展至今。虽然西欧的现代化发展最早，北美的现代化发展最快，但是，西欧的文明史一般追溯到古希腊、古罗马，至今两千多年，美国的文明史一般从北美独立战争结束算起，至今只有两百多年。从历史传统与现代化的角度考察，世界上任何一种现代化都无法与中国式现代化所继承的五千多年文明历史传统相比拟。习近平总书记指出，"观察历史的中国是观察当代的中国的一个重要角度。不了解中国历史和文化，……就很难全面把握当代中国的社会状况，很难全面把握当代中国人民的抱负和梦想，很难全面把握中国人民选择的发展道路"。

1840 年鸦片战争以后，中国人民走过了一段艰难曲折的现代化探索之路。太平天国、洋务运动、戊戌变法、义和团运动、辛亥革命，相继而起。这些运动始终以中西文化的讨论为变革的基础，具体表现为“中体西用论”与“国粹论”、“西化论”与“中西互补论”、“全面西化论”与“中国本位论”的争论。争论的结果是大家越来越认识到：适应世界性的现代化发展趋势而又继承创新自己的历史传统，才是中国发展现代化的合理选择。

十月革命一声炮响，给中国送来了马克思列宁主义，中国共产党应运而生。追求现代化，实现中华民族伟大复兴，成为中国共产党的历史使命。从新民主主义革命到新中国社会主义建设，再到改革开放，中国共产党始终坚持马克思主义与中国实际相结合，最终成功走出来了中国特色社会主义现代化之路。党的十八大以来，以习近平同志为核心的党中央不断进行理论探索和实践创新，到 2021 年建党百年之际，在理论上由“一个结合”发展为“马克思主义基本原理同中国具体实际相结合、同中华优秀传统文化相结合”的“两个结合”。

深入了解中华文明　有效推进中国式现代化创新发展

习近平总书记指出：“中华优秀传统文化有很多重要元素，共同塑造出中华文明的突出特性。中华文明具有突出的连续性，从根本上决定了中华民族必然走自己的路。如果不从源远流长的历史连续性来认识中国，就不可能理解古代中国，也不可能理解现代中国，更不可能理解未来中国。”在人类历史长河中，中华民族走过了不同于世界上其他文明的发展历程。我们要推进中华文明历史研究，归纳总结中华文明的形态特质，为中国式现代化道路及其所创造的人类文明新形态，为中华民族的现代文明建设，提供有力理论支撑。

第一，在地广物丰、人口众多的农牧文明基础上创造“人口规模巨大的现代化”。在距今一万年左右，我国已由旧石器时代进入了新石器时代，食物的采集者发展为食物的生产者，动物的狩猎者发展为动物的畜养者。一万年来，在我国广大区域内，农业、畜牧业、渔业、游牧业持续发展，从未中断，从而养育了人口众多的中华儿女。我国人口到春秋战国时代已有 1500 多万人，秦代有 2000 多万人，汉代有 6000 多万人，唐代有 8000 多万人，到了明代已超过 1 亿人，清代达到了 4 亿多人。这正是中国式现代化是“人口规模巨大的现代化”的文明史基础。

迄今为止，全世界现代化比较发达的美国，人口有 3 亿人左右，约是中国人口的 1/4。欧盟人口总数 4 亿多人，约占中国人口的 1/3。中国发展现代化，由于人口规模巨大，产业结构复杂，必将对世界经济格局产生根本性的影响。习近平总书记在党的二十大报告中指出：“我国十四亿多人口整体迈进现代化社会，规模超过现有发达国家人口的总和，艰巨性和复杂性前所未有，发展途径和推进方式也必然具有自己的特点。”

第二，在“以民为贵”传统社会观、“邻里和睦”传统伦理观基础上创造“全体人民共同富裕的现代化”。由于农牧生产、聚族定居的长期延续发展，中华文明表现出鲜明的民族特色，其中包括血缘管理、农村公社、井田制、集体耕作等。在此基础上形成了中华民族“以民为贵”“与民同乐”为内容的社会观，“乡土情结”“邻里和睦”的伦理观。孟子说：“民为贵，社稷次之”（《孟子·尽心下》），所以要乐民之乐，忧民之忧（《孟子·梁惠王下》），要行仁政，“老吾老，以及人之老；幼吾幼，以及人之幼”，建构“乡里同井，出入相友，守望相助”的和睦亲情环境（《孟子·梁惠王上》）。

这些社会观、伦理观成为儒家文化的核心内容，几千年来延续发展，最终积淀成中华民族的文化心理结构，深刻规范着子孙后代的行为习惯。“中国式现代化是全体人民共同富裕的现代化”，正是中华优秀传统文化在现代化建设中的创新实践。习近平总书记指出，“共同富裕是中国特色社会主义的本质要求，也是一个长期的历史过程。我们坚持把实现人民对美好生活的向往作为现代化建设的出发点和落脚点……着力促进全体人民共同富裕”。

第三，在“修身齐家”“刚正无私”传统精神道德基础上创造“物质文明与精神文明相协调的现代化”。中华民族的精神世界非常丰富，而其基本内容都与他们的生产生活方式有关。父权家长制血缘管理结构，决定了个体家庭包含在宗族群体内，宗族、部族又包含在国家群体内。这是由大小不同层级的“家”“家族”“宗族”而组成的“国”，有“国”才有“家”。中国古代的“国家”就是“家国一体”。儒家文化因此提出了“修身、齐家、治国、平天下”的理念。

在长期的农牧业生产过程中，古代先民观察日月天体的运行，并从太阳的早上东升中感悟“奋发斗争”精神，从太阳的普照大地中感悟“慈善友爱”情怀，从太阳的直照无偏中感悟“公正无私”原则。儒家经典对此作了一系列的概括总结。《周易·乾卦》：“天行健，君子以自强不息。”《周易·系辞》：“周乎万物”，“道济天下”。《孟子·尽心上》：“古之人，得志，泽加于民。”这是关于“奋发斗争”“慈善友爱”的论述。又如，《周易·观卦》：“中正以观天下。”《礼记·中庸》：“中也者，天下之大本也。”《管子·君臣》：“正也者，所以明其德。”“公平正义”“刚直无私”既是天道，也是人道；既是社会群体原则，也是个体精神追求。

中国古代这些充满正能量的精神原则，具有超越时空的永恒价值，对中国式现代化有启发意义。中国式现代化的目标是发展物质文明，满足广大人民对美好生活的向往。但同时，我们还必须倡导理想信念、丰富精神文化。习近平总书记在党的二十大报告中强调：“中国式现代化是物质文明和精神文明相协调的现代化。”“我们不断厚植现代化的物质基础，不断夯实人民幸福生活的物质条件，同时大力发展社会主义先进文化，加强理想信念教育，传承中华文明，促进物的全面丰富和人的全面发展。”

第四，在“敬畏自然”“天人合一”传统宇宙观基础上创新发展“人与自然和谐共生的现代化”。我国历代先民深深体会到，阳光雨露、山川土地是农作物得以生长丰收的保障，是飞禽走兽水产得以存活肥壮的根源，而人更是天地万物的中心。于是，在部族酋长、父权家长的率领下，全体族民共同崇拜天体日月神、山川土地神、部族祖先神，定期举行隆重的宗教仪式活动。在巫术宗教观念里，万物有灵。为了亲近大自然，因而有许多图腾崇拜。在中华农牧文明史上，神话、图腾与仪式活动长时期不分离，宗教、政治与社会伦理始终三合一。于是有“天人合一”“阴阳互补”“人与神转化”“人与动植物互拟”等宇宙观、自然观。

“中国式现代化是人与自然和谐共生的现代化。”习近平总书记在浙江工作时就倡导绿色经济，坚持“绿水青山就是金山银山”的理念，“像保护眼睛一样保护自然和生态环境”。这些生态观念、环境意识都是中国古代“天人合一”“阴阳互补”等宇宙观在中国式现代化建设中的转化创新。

第五，在“万邦协和”“和而不同”传统天下观基础上创新发展，“走和平发展道路的现代化”。中华文明由起源时期的“多元并行”格局，到夏、商、周三代早期文明时期的“多元一体”格局，以及在此基础上形成的“万邦协和”“和而不同”“天下为公”“讲信修睦”等天下观，与“中国式现代化是走和平发展道路的现代化”，以及“构建人类命运共同体”等，都具有内在的逻辑联系。习近平总书记在党的二十大报告中指出，我们“高举和平、发展、合作、共赢旗帜，在坚定维护世界和平与发展中谋求自身发展，又以自身发展更好维护世界和平与发展”。

五千多年中华文明史是由低级向高级逐步发展的。今天，中国现代化文明的高度远远超过了古代农牧文明；现代化文明形态的复杂性也远远超过了古代文明形态。然而，中国式现代化的内涵特征及其所创造的人类文明新形态，仍然是中国古代农牧文明转化创新的结果。因为“历史从哪里开始，思想进程也应当从哪里开始，而思想进程的进一步发展不过是历史过程在抽象的、理论上前后一贯的形式上的反映；这种反映是经过修正的，然而是按照现实的历史过程本身的规律修正的，这时，每一个要素可以在它完全成熟而具有典型性的发展点上加以考察”。

前面总结的古代文明与中国式现代化相关联的五个方面，就是在“具有典型性的发展点上”所作的考察。因此，世界了解中国，既要了解当代中国，也要了解古代中国。

坚持“两个结合” 推进中华民族现代文明的理论创新

新中国成立以来，特别是改革开放以来，中国共产党带领全国人民为实现中国特色社会主义现代化不断进行理论探索和实践创新，成功推进和拓展了中国式现代化。习近平总书记在文化传承发展座谈会上的重要讲话重点强调了“中华民族现代文明建设”与“社会主义文化强国建设”两个重大命题。习近平总书记强调了“两个结合”的重要性：“在五千多年中华文明深厚基础上开辟和发展中国特色社会主义，把马克思主义基本原理同中国具体实际、同中华优秀传统文化相结合是必由之路。这是我们在探索中国特色社会主义道路中得出的规律性的认识，是我们取得成功的最大法宝。”习近平总书记的重要讲话还从五个方面为我们具体落实“两个结合”作了全面系统的阐释，“具有很强的政治性、思想性、战略性、指导性”。我们应该深刻领会，贯彻落实。

第一，彼此契合性。习近平总书记指出：“马克思主义和中华优秀传统文化来源不同，但彼此存在高度的契合性。相互契合才能有机结合。”马克思主义唯物史观认为，人类社会的发展是一般性与特殊性的辩证统一。人类历史由低级社会向高级社会发展的总趋势不变；但同时，由于地理环境、气候条件的不同，不同地区、不同民族、不同国家具有具体不同的生产生活方式，进而形成不同的文化特征与不同的文明形态。马克思在《资本论》（第一卷）中指出：“不同的公社在各自的自然环境中，找到不同的生产资料和不同的生活资料。因此，它们的生产方式、生活方式和产品，也就各不相同。”恩格斯据此在 1890 年致康·斯密特的信中指出，“必须详细研究各种社会形态存在的条件，然后设法从这些条件中找出相应的政治、私法、美学、哲学、宗教等等的观点”。

中国文化是在一万年农牧生产基础上产生的。西亚的两河、南亚的印度河、北非的尼罗河都是南北走向，同一河流的不同河段处在不同纬度上，因而其生产生活方式往往不同，文明形态也有差异。中国的长江、黄河、西辽河等产生文明的几条大河都是东西走向，同一条河流处在同一纬度上，因此其生产生活方式基本相同。这就决定了中国新石器时代的文明起源阶段可以是“多元并行”的发展格局，到青铜时代夏商周早期文明发展阶段，又可以是“多元一体”发展格局。习近平总书记在文化传承发展座谈会上的重要讲话所强调的中华文明连续性、统一性、包容性等突出特性，就应该从这样的特殊环境背景中去寻找深层文化结构基因，从而在理论上建构马克思主义基本原理同中华优秀传统文化的彼此契合性。

第二，互相成就性。习近平总书记指出，马克思主义基本原理同中国具体实际、同中华优秀传统文化相结合的结果，应该是“互相成就”。由于一万年来的中国农牧生产处于不同纬度的河流上，因此形成了不同特征的文化圈；而同一河流又处在同一纬度上，因此又使得各文化圈都具有相对的稳定性。这决定了中国先民很早就聚族定居，安土乐业，家庭、宗族、国家和谐统一，中华文明的起源与发展始终建立在悠久而坚固的血缘管理基础上。这与马克思《摩尔根〈古代社会〉一书摘要》、恩格斯《家庭、私有制和国家的起源》总结的古希腊、古罗马的文明与国家都建立在地缘管理基础上是不一样的。古希腊、古罗马的文明起源是地缘管理与公共权力的统一，中国的文明起源则是血缘管理与公共权力的统一。东西方文明形态的不同，就决定了东西方传统文化各具特色。马克思主义的文明国家学说是建立在西方古代材料基础上的，可以为研究中华文明作参照，而中国百年考古材料与传世文献概括总结的中华文明国家理论，可以丰富马克思主义的国家学说。所以，习近平总书记指出，通过“两个结合”，可以“让马克思主义成为中国的，中华优秀传统文化成为现代的，让经由‘结合’而形成的新文化成为中国式现代化的文化形态”。

第三，道路根基性。中国独特的地理环境、气候条件形成了一万年独特的农牧业生产及相应的文化，在此基础上又形成了中华文明独特的起源发展规律，并孕育出独特的中华优秀传统文化。一万年的农牧生产绵延发展，五千多年的中华文明绵延发展，“从根本上决定了中华民族必然走自己的路”。“如果不从源远流长的历史连续性来认识中国，就不可能理解古代中国，也不可能理解现代中国，更不可能理解未来中国。”因此，坚持“两个结合”，“让中国特色社会主义道路有了更加宏阔深远的历史纵深，拓展了中国特色社会主义道路的文化根基”。

第四，创新空间性。习近平总书记指出：“更重要的是，‘第二个结合’是又一次的思想解放，让我们能够在更广阔的文化空间中，充分运用中华优秀传统文化的宝贵资源，探索面向未来的理论和制度创新。”实现马克思主义中国化时代化，就是发展马克思主义，丰富马克思主义。马克思为了总结西方现代化，写作《资本论》，为了更加全面地了解资本主义生产方式和社会形态，专门研究了资本主义以前的各种社会形态。马克思的研究结果显示：全世界在资本主义以前的生产方式与社会形态有东西方的异同。欧洲是先有古典的即古希腊、古罗马的奴隶制，继有中世纪日耳曼的封建制；而古代东方，马克思则概称之为“亚细亚社会形态”。马克思恩格斯虽然都很重视“亚细亚社会形态”，但当时他们的研究重点是西方的资本主义生产方式。因此，他们研究古希腊、古罗马的生产方式比较系统，而关于亚细亚的理论还有许多空白。这样就造成了整个20世纪中国史学界研究的一个热点与难点。

又如，1881年，马克思在《给维·伊·查苏利奇的复信草稿——三稿》中分析指出，俄国的“土地公有制赋予它以集体占有的自然基础，而它的历史环境（资本主义生产和它同时存在）又给予它以实现大规模组织起来的合作劳动的现成物质条件。因此，它可以不通过资本主义制度的卡夫丁峡谷，而吸取资本主义制度所取得的一切肯定成果。它可以借使用机器而逐步以联合耕种代替小土地耕种，……如果它在现在的形式下事先被引导到正常状态，那它就能直接变成现代社会所趋向的那种经济体系的出发点”。马克思关于俄国跨越资本主义“卡夫丁峡谷”而走向社会主义的理论，对于我们理解中国古代亚细亚社会形态特征与今天的中国式现代化是有启发意义的。

习近平总书记指出，“中国文化源远流长，中华文明博大精深”。

我们要利用百年考古新资料，坚持“两个结合”，不仅为马克思主义亚细亚理论与俄国跨越“卡夫丁峡谷”理论提供丰富而宝贵的中国资料，而且还可以发展出亚细亚理论的中国模式，丰富马克思主义，发展马克思主义，从而为当今中国提供理论创新。

第五，文化主体性。2016 年 5 月 17 日，习近平总书记在哲学社会科学工作座谈会上的重要讲话中指出：“要按照立足中国、借鉴国外，挖掘历史、把握当代，关怀人类、面向未来的思路，着力构建中国特色哲学社会科学，在指导思想、学科体系、学术体系、话语体系等方面充分体现中国特色、中国风格、中国气派。”

坚持“两个结合”，就是要坚持中国文化的主体性。我们既要在马克思主义基本原理指导下分析中华优秀传统文化的内涵特色，总结中华文明的发展规律，又要根据中国文化、中华文明丰富而独特的材料发展马克思主义，创新马克思主义，最终实现马克思主义的中国化时代化。习近平总书记指出：“‘第二个结合’，是我们党对马克思主义中国化时代化历史经验的深刻总结，是对中华文明发展规律的深刻把握，表明我们党对中国道路、理论、制度的认识达到了新高度，表明我们党的历史自信、文化自信达到了新高度，表明我们党在传承中华优秀传统文化中推进文化创新的自觉性达到了新高度。”

总而言之，我们要在新的历史起点上坚定文化自信，增强历史主动，研究中华文明发展规律，总结中华优秀传统文化内涵特色。坚持守正创新，赓续历史文脉，推动文化繁荣，建设社会主义文化强国，建设中华民族现代文明。让世界了解中国，让中国文化走向世界。

（作者系山东大学历史文化学院特聘教授、中国先秦史学会副会长）

从文化大国走向文化强国

丰子义

习近平总书记在文化传承发展座谈会上的重要讲话中强调，在新的起点上继续推动文化繁荣、建设文化强国、建设中华民族现代文明，是我们在新时代新的文化使命。全面建设社会主义现代化国家，一项重要目标和任务就是把我国由文化大国建设成为文化强国。作为一个文化大国，我国有着五千多年的文明传统，创造了博大精深的灿烂文化，蕴藏着极为丰富的文化资源。尽管在历史上经历过外国入侵和国内战乱，但中华文明和文化始终没有受到颠覆性的破坏乃至中断。作为文化大国，我国有深厚的文化基础和独特的文化优势。但是，文化大国并不等于文化强国。从“大”到“强”，关键是要使文化资源变为强国实力。这就要求做好文化资源的转化。而要做好这种转化，重要的一点，就是要加强文化资源的开发和利用。所谓“开发”，就是要激活文化资源，让其“活”起来，充分发挥其实际影响。正如习近平总书记所指出的：“要系统梳理传统文化资源，让收藏在禁宫里的文物、陈列在广阔大地上的遗产、书写在古籍里的文字都活起来。”所谓“利用”，就是要使文化资源实际进入文化的生产和消费，使其价值得到充分发挥和合理使用。文化资源的使用和消费不同于物质资源，其使用和消费得越多，价值也就越大。从文化强国的角度来看，加强文化资源的转化，重要的是要使文化资源转化为下述力量。

一是转化为国民素质。一个文化强国，必须是国民整体文化素质高的国家，因而建设文化强国，必然要求全面提升国民文化素质。应当肯定，现代化建设作为一项系统工程，要完成的目标、任务很多，但其出发点和落脚点只有一个，就是实现人民对美好生活的向往。增进民生福祉，提高人民生活品质，让人民群众有更多的获得感、幸福感、安全感，这就是现代化建设的追求与使命。但是，要实现现代化又离不开人的现代化。现代化的发展程度就源自人的发展水平，即各方面素质、能力的发展水平。伴随经济社会的深入发展，现代化越来越突出科技、文化内涵，这就对人们的素质、能力提出了越来越高的要求。只有不断提高全民族的素质、能力，才能有全面现代化的切实推进。因此，在现实发展过程中，加强文化资源向国民素质的转化尤为重要。要让各种文化资源成为国民教育的基本素材，成为国民教育的重要课堂，通过对各种文化资源的利用和开发，使其融入人们的精神生活和日常生活，逐渐内化为人们的文化素质，进而外化为人们的文明行为。这样的转化，既促进了社会进步，也促进了人自身的全面发展。

二是转化为文化生产力。社会生产力不仅包括物质生产力，同时也包括文化生产力。随着现代经济和科学技术的迅猛发展，文化生产力的地位和作用日益重要，以致文化与生产不再成为外在的东西，而是融为一体。尤其是文化产业的兴起和发展，使文化得到前所未有的关注。然而，现实的问题是拥有丰富的文化资源，不一定形成文化产业。要使文化资源变为文化产业，关键是要增强创新能力。只有创新，才能使文化资源得到深度开发，才能使文化资源转化为产业资源、经济资源，才能使文化与经济得到实质性的融合。一句话，只有创新，才能使文化资源切实转化为文化生产力。实际上，文化创新与文化资源的关系也是互动的。一方面，通过创新，可以把丰富的文化资源转化为创新的文化成果；另一方面，创新的文化成果又会转化为新的文化资源，扩大和提升原有的文化资源。二者相互促进，共同推动文化产业和文化生产力的快速发展。

三是转化为高质量发展的新动力。经过长时期的经济快速发展，我国进入了新发展阶段。新发展阶段的主题就是高质量发展。随着人们收入水平提高和中等收入群体扩大，消费结构向多样化、差异化、个性化发展，人民群众对产品和服务的质量、品质要求日益提高，这就要求从“数量”向“质量”转换，显著增强我国发展的质量优势。所以，高质量发展是由人的发展现状和要求提出来的。高质量发展的显著标志，就是要转变发展方式，即由粗放型、外延式的发展转向集约型、内涵式的发展。这样的发展方式，意味着发展的重点从自然资源和物质资源转向文化资源、人力资源。加强文化资源的开发和利用，进而形成高质量发展的新动力，这是转变发展方式的一项重要内容，也是其内在要求。为此，对经济社会发展的资源、动力要有新认识，这就是不能把目光仅仅盯在自然资源和物质资源上，更要重视文化资源，使文化资源变为新的发展动力。实践已表明，充分利用各种文化资源的不同特点和优势，加强对其开发和利用，完全可以形成新的经济增长点、新的经济结构调整的重要支点和社会全面发展的着力点。贯彻实施新发展理念，实现经济社会持续健康发展，必须加强对这种新动力的培育和创造。

四是转化为人类文明发展的重要推动力。一个国家能不能成为文化强国，重要的是看其在世界文化舞台上能不能发出自己的声音，能否对世界文化和人类文明的发展作出自己的贡献，发挥其重要影响。要建设文化强国，必须使我们的文化走向世界。习近平总书记在文化传承发展座谈会上的重要讲话中指出，中华文明具有突出的包容性，从根本上决定了中华民族交往交流交融的历史取向，决定了中国各宗教信仰多元并存的和谐格局，决定了中华文化对世界文明兼收并蓄的开放胸怀。要使中华文化走向世界，一个重要途径，就是要使我们的文化资源进入世界文明体系之中，成为世界文明的内在要素，扩大其世界影响，为世界文明增添新的活力和动力。为此，应当适应世界文明的发展趋势，深入开掘和阐释我国文化资源的当代价值，使其所表达的一些观念、价值更好地代表世界发展和人类文明发展趋势，变为人类文明发展的重要动力。文化资源的这种转化过程，既是丰富、发展人类文明的过程，又是不断提升中华民族自身文明的过程。

（作者系北京大学中国特色社会主义理论体系研究中心研究员）

把握建设中华民族现代文明的时代特质

袁祖社

习近平总书记在文化传承发展座谈会上的重要讲话中强调，要坚定文化自信、担当使命、奋发有为，共同努力创造属于我们这个时代的新文化，建设中华民族现代文明。

党的十八大以来，以习近平同志为核心的党中央十分重视继承和弘扬中华优秀传统文化，赋予中华优秀传统文化以新的时代内涵。习近平总书记明确指出，“要讲清楚每个国家和民族的历史传统、文化积淀、基本国情不同，其发展道路必然有着自己的特色；讲清楚中华文化积淀着中华民族最深沉的精神追求，是中华民族生生不息、发展壮大的丰厚滋养；讲清楚中华优秀传统文化是中华民族的突出优势，是我们最深厚的文化软实力；讲清楚中国特色社会主义植根于中华文化沃土、反映中国人民意愿、适应中国和时代发展进步要求，有着深厚历史渊源和广泛现实基础”。在党的二十大报告中，习近平总书记指出：“坚持和发展马克思主义，必须同中华优秀传统文化相结合。”关于中华优秀传统文化的当代性意义，习近平总书记强调指出，包括儒家思想在内的中华优秀传统文化中蕴藏着解决当代人类面临的难题的重要启示。譬如，关于道法自然、天人合一的思想，关于天下为公、世界大同的思想，关于自强不息、厚德载物的思想，关于以民为本、安民富民乐民的思想，关于以政为德、政者正也的思想，关于苟日新日日新又日新、革故鼎新、与时俱进的思想，关于脚踏实地、实事求是的思想，关于经世致用、知行合一、躬行实践的思想，关于仁者爱人、以德立人的思想，关于以诚待人、讲信修睦的思想，关于清廉从政、勤勉奉公的思想，关于信约自守、力戒奢华的思想，关于中和、泰和、求同存异、和而不同、和谐相处的思想，关于安不忘危、存不忘亡、治不忘乱、居安思危的思想，等等。我们应深挖中华优秀传统文化背后蕴含的哲学思想、人文精神、价值理念、道德规范等，揭示蕴含其中的中华民族精神。习近平总书记的上述论述，言简意赅，思想深邃，是对中华优秀传统文化当代价值的具体而深刻的分析和全面而科学的概括，是担当新的文化使命，建设中华民族现代文明的指导思想和根本遵循。

建设中华民族现代文明，必须在新的历史条件下发扬光大中华优秀传统文化的内在特质。习近平总书记指出，中华优秀传统文化有很多重要元素，共同塑造出中华文明具有的“五个突出特性”，即突出的连续性，从根本上决定了中华民族必然走自己的路；突出的创新性，从根本上决定了中华民族守正不守旧、尊古不复古的进取精神，决定了中华民族不惧新挑战、勇于接受新事物的无畏品格；突出的统一性，从根本上决定了中华民族各民族文化融为一体、即使遭遇重大挫折也牢固凝聚，决定了国土不可分、国家不可乱、民族不可散、文明不可断的共同信念，决定了国家统一永远是中国核心利益的核心，决定了一个坚强统一的国家是各族人民的命运所系；突出的包容性，从根本上决定了中华民族交往交流交融的历史取向，决定了中国各宗教信仰多元并存的和谐格局，决定了中华文化对世界文明兼收并蓄的开放胸怀；突出的和平性，从根本上决定了中国始终是世界和平的建设者、全球发展的贡献者、国际秩序的维护者，决定了中国不断追求文明交流互鉴而不搞文化霸权，决定了中国不会把自己的价值观念与政治体制强加于人，决定了中国坚持合作、不搞对抗，决不搞“党同伐异”的小圈子。

中华民族现代文明面向全球化时代人类生存与生活方式变革实践，始终坚持以时代精神引领文化传统的变革，在返本开新的意义上提升、引领人类文明性生存新境界。其一，源远流长、博大精深的中华优秀传统文化中，孕育、包含着积极形态的中华民族现代文明形态的全部要素与核心内容，是新时代中国特色社会主义文化新实践和文明新形态的返本开新。也正是基于这一点，中华民族现代文明具有与生俱来的强大的涵化力。其二，中华民族现代文明的形成和确立，离不开对现代社会人类文明一切优秀成果的批判继承与辩证扬弃。正是这一点，决定了中华民族现代文明具有突出的“包容性品格”。其三，中华民族现代文明始终关注全人类共同利益和公共性福祉，强调不同形态文明之间的平等与交流互鉴，因而是一种具有较大张力性的文明，有助于克服西方文明中心论和西方文明优越论的偏狭与弊端，保障各民族的文明权益。

中华民族现代文明的伟大创造实践，是一种民族性与世界性兼具的伟大事业，其核心与实质，是对中华优秀传统文化既是中国的同时也是世界的这一特质的坚定坚持。在中国式现代化与人类文明新形态创造背景下，中华民族要自立于世界民族之林，就必须让作为民族生存和发展、作为中华文化之根与魂的中华优秀传统文化焕发时代性活力，形成世界影响力和感召力。

（作者系陕西师范大学哲学学院教授、哲学社会科学高等研究院研究员）

中华民族现代文明的历史底蕴和当代建构

何中华

6月2日，习近平总书记出席文化传承发展座谈会并发表重要讲话，明确提出了“创造属于我们这个时代的新文化，建设中华民族现代文明”的宏伟目标。要完成这一历史任务，就必须立足现实，回眸过去，着眼未来，把握中华文明的丰富历史内涵，在中国式现代化的洗礼中实现中华民族又一次历史性的“凤凰涅槃”，以建构中华民族的现代文明形态。

建设中华民族现代文明，需要深邃而丰厚的历史底蕴

中华文明的突出特性之一就是其连续性。世界上有四大文明古国，即古巴比伦、古埃及、古印度和中国，只有中华文明以国家的形式延续至今。中华文明之所以能够绵延不绝、生生不息，一个重要原因就在于其能够不断地返本开新。有道是“一元复始，万象更新”，即一方面不断地回到文明的大本大源，以强化中华民族的文化认同感，增进文化的凝聚力和向心力；另一方面则追求“苟日新、日日新、又日新”（《大学》）的变通和“天行健，君子以自强不息”（《易传》）的进取。正是在这种经权互补、恒常与变易的张力结构中，中华文明能够绵延上下五千年而历久弥新。这恰好应了《诗经》中的那

句话，即所谓“周虽旧邦，其命维新”。数千年的文明史，积淀并浓缩着中华民族辉煌灿烂的文化创造，记载并折射着中华民族起伏跌宕的历史命运，昭示并开启着中华民族光明博大的文化愿景。这一切都是中华民族现代文明的建构赖以凭借的底气所在。

在当代语境中，中华传统文化的优秀因子通过新的时代诉求的激活，能够最大限度地发挥其建设性的积极作用。在实现中华民族伟大复兴的历史进程中，它既构成中华民族文化意义上的“自我”的主体性历史内涵，同时又成为中华民族现代文明本身内在的有机组成部分。

作为中华文明的最新形态，中华民族现代文明必然体现着当今时代的新的特征、新的诉求、新的时代质询及其回应。但是，根深方能叶茂。只有拥有丰富、厚重而深邃的文化底蕴，才能行稳致远。特别是在现代性内在困境日益显露的今天，我们必须扬弃并超越启蒙维度，重估自己所拥有的传统，发现其在后现代性语境中的积极价值。在这一新的历史参照系中，中华传统文化中的优秀因子越来越得以凸显。例如，“天人合一”的文化理念，对于改造并重建现代技术，以缓解人与自然之间的紧张，优化人的生存环境，具有深刻的启示作用。“以义制利”的价值取向，对于约束人们的贪婪，使其在利益的博弈中达成有序竞争，从而改善人与人的关系，重建社会信任体系，也有其不可替代的重要意义。所有这些，无疑都构成中华民族现代文明中的中国元素和特有优势。

建设中华民族现代文明，需要批判地借鉴和吸收一切外来文化的优秀成果

从历史的长时段看，不同的文明总是通过相互交往和借鉴来实现自身发展。因为任何一种文明都有自身的优点长处，也有自身的局

限。已有的历史证明，世界上并不存在十全十美的文明形态，没有哪一种文明堪称千古不变的楷模。承认这一点，正是使各个文明保持谦逊、彼此尊重、和平共处的重要条件，从而构成捍卫文明多样性，以维系人类文明健全格局的必要前提。正像生物多样性乃是人类赖以存在和发展的不可或缺的条件一样，文明多样性也是人类赖以存在和发展的必要前提。文明的交流互鉴不应该以牺牲文明的个性为代价，陷于文明的同质化，而应当是各个文明在保持自身独特传统及其优势的前提下走向更加健全和完备。陷入自我孤立和封闭的文明是没有前途的，也是缺乏生机和活力的。取长补短、优势互补，从来都是人类文明发展的常态。历史上是如此，在当今全球化时代更是如此。正如马克思所指出“历史向世界历史的转变”，民族的、国家的、地域的文明，其孤立状态逐步被打破，整个地球变成了一个“小村庄”。随着互联网技术和人工智能技术的突飞猛进，人类的普遍交往已经成为一个不可逆转的大趋势。在这一背景下，要建设中华民族现代文明，只有通过“世界历史”基础上的文明互鉴才能够实现。

中国传统文化历来具有包容性的特性和品格。《易传》曰：“地势坤，君子以厚德载物。”这种负荷万物的品性，是君子人格得以成立的一个基本要件。《中庸》亦曰：“万物并育而不相害，道并行而不相悖。”这一特性，造就了中华文明兼容并蓄、海纳百川的胸怀。在中国历史上，佛教自东汉时期开始传入，经过与中国本土文化的激荡、博弈、契合，逐步融入中土并被中国化，进而变成中国文化传统的一个内在成分。没有儒、道、释之间的分梳与合流，就无法完整地理解和把握中国传统文化总体面貌及其背后的实质。

在“世界历史”语境下，由于西欧各国内部的劳资矛盾“溢出”了国家和地域的限度，被“放大”为整个世界范围内的基本矛盾，西欧资本主义国家扮演的是“资本家”的角色，而东方殖民地半殖民地国家却沦为“雇佣劳动者”的角色。因此，中国革命被提上日程。这是马克思主义在中国得以传播并实质性地指导中国革命的特定历史语境。马克思主义基本原理同中国具体实际相结合、同中华优秀传统文化相结合，使马克思主义在中国实现了本土化。这个过程，同时也是马克思主义“化中国”的过程。中国现当代历史表明，对于中国及其文化来说，马克思主义早已不再是外在的规定，而是内在地融入并构成中国文化的新的传统。

今天，在新的起点上建设中华民族现代文明，要求我们必须在保持文化上的自我主体性和自主地位的前提下，一如既往地坚持文化上的开放姿态，充分吸收和借鉴当代人类文明的一切优秀成果。唯其如此，才能在不断地与他者的对话和交往中实现自我发展、自我超越，推动文明形态意义上的中华民族的历史性崛起。

建设中华民族现代文明，需要立足于中国式现代化的不懈探索，反刍并升华中国特色社会主义实践的成功经验

文明的建构首先是实践性的，而不是理论性的。它不仅需要不断地回眸过去，而且需要朝向未来。实践所塑造的人的“此在”性，构成由过去到未来的中介。实践在其本质上是生成性的，而不是预成性的。正是在实践的能动性建构中，人类成为宇宙中唯一能够打破它所属的那个物种赋予其生物学限制的物种。因此，一切非人的动物本质上都是受动的、宿命的存在，只有人的存在才是能动的、超越性的。对于作为人所特有的存在方式来说，实践是创造性的，是实存先于本质的。这种创造性，决定了人类文明鲜活的生命力。马克思所主张的实践的唯物主义，把“改变世界”作为哲学的根本旨趣和诉求。在马

克思看来，一切旧的哲学归根到底都是在“解释世界”，而问题在于“改变世界”。“解释世界”是理论的态度，“改变世界”才是实践的态度。马克思把“实践的唯物主义者”同“共产主义者”看作同义词，并不是偶然的。在马克思那里，“革命家”同“哲学家”的角色是高度集于一身的。以儒家为代表的中国传统文化，同样高度重视“践履”的功夫。中国传统社会是一个礼治的社会，而“礼”与“履”是互训的。“履，足之所依。”引申为走路，亦即实际地行动。《易传》曰：“履，德之基也。”对礼的践履，是道德养成的根基。因此，以儒家为代表的中国传统文化把“知行合一”作为根本诉求。可以说，在高度重视实践的问题上，马克思主义同儒家思想具有高度的契合性。

实践本身是感性的创造性的活动，它总是向未来敞开自身。这种推崇实践的取向落实在当下，就意味着立足于中国式现代化和中国特色社会主义的具体实践，在此基础上能动地建构起既富有时代感、具有原创性，又深深地植根于中国性的中华民族现代文明。可以说，诉诸实践是使中华文明不断走向现代化的基本路径。

建设中华民族现代文明，需要把今天的中国由一个文化大国建设成为一个文化强国

文化大国是一个量的概念，文化强国才是一个质的概念。说一个国家是文化大国，必须满足三个条件，即它必须具有足够悠久的历史传统，其文化成分是多样的而不是贫乏的，分享这种文化传统的社会成员人数众多。说一个国家是文化强国，也必须符合三个条件，即其国民的文化修养必须高于世界平均水准，其在文化上能够同世界上的发达国家进行平等对话，其语言能够跻身于世界主流语言之列。从一

定意义上说，建设中华民族现代文明的过程，也就是使中国由一个文化大国转变为一个文化强国的过程。在这一过程中，文化建设的重要地位不言而喻。我们知道，在经济学上，一个物品只有具有稀缺性，它才有其经济意义上的价值。文化问题也带有类似的特点。文化的稀缺使文化的价值和重要性格外地凸显出来。经过几十年的改革发展，我们的物质文明建设已经取得了举世瞩目的成就，这是谁都不能无视的基本事实。但在精神文明建设方面相对滞后，特别是在国民的文明素质、文化修养等方面，还有相当大的提升空间。

在当今时代，文化问题已经变得格外重要。这是由人类历史演变的大趋势决定的。在今天，文化问题已经成为影响国家安全和国家战略不可替代的重要变量。中国现代化的发展也到了高度重视文化的阶段。从洋务运动到戊戌变法，再到五四新文化运动，中国现代化的重心经历了经济、政治、文化的依次更迭。文化固然是“软实力”，但软实力并不软，它在某种意义上甚至决定着硬实力。晚清以降，西方列强凭借其坚船利炮打开了中国的国门。坚船利炮是西方列强的硬实力，但也离不开产业革命、技术革命，乃至科学革命这些软实力。历史的教训需要吸取。我们今天建设中华民族现代文明，必须高度重视文化建设，尽快实现把中国建设成为文化强国的目标。如此一来，中华民族现代文明不仅具备扎实的实践基础，而且真正升华为一种文化理念层面的规定，从而获得其充分而丰富的内涵。

（作者系山东省习近平新时代中国特色社会主义思想研究中心特约研究员）

在坚定文化自信自强中建设中华民族现代文明

范玉刚

习近平总书记在文化传承发展座谈会上的重要讲话，从党和国家事业发展全局战略高度，对中华文化传承发展的一系列重大理论和现实问题作出了全面系统深入阐述，提出了一系列重大论断，为建设中华民族现代文明和社会主义文化强国指明了方向。

文化自信助力创造人类文明新形态

中国文化源远流长，中华文明博大精深。立足中国特色社会主义新时代这个中国发展新的历史方位，只有全面深入了解中华文明的历史，才能更有效地推动中华优秀传统文化创造性转化、创新性发展，更有力地推进中国特色社会主义文化建设，建设中华民族现代文明。从历史中国走来的现代中国，既是现代世界体系格局中的国家，又是一个有着五千多年未曾中断的文明史的古老文明体，这种既古老又现代的复合式特征，是中华民族在世界百年未有之大变局中坚定历史自信、文化自信的底气和勇气所在。在世界百年未有之大变局中，中华民族目光始终注视人类文明前进的方向，不仅有着“和而不同”的文化理念、“和合”的文化底蕴，以及强调“天人合一”、注重人与自然和谐共处的思想观念，更有着爱好和平的文化基因和胸怀天下的世界情怀。

纵观人类文明发展史，中华文明作为世界上唯一延续数千年未断裂的文明，一直以开放包容的心态汲取人类文明先进成果，并立足于自身立场进行创新和创造，其“可大可久之道”中蕴含了民本思想、大一统观念、天下意识等。当代中国的文化创新是历史基因与时代脉动相结合的产物，是马克思主义基本原理同中国具体实际、同中华优秀传统文化相结合的结果，是中国共产党带领中华民族独立自主探索、不负时代不负人民的思想创造。

从五千多年文明传统中走来的中华民族正在创造和建设现代文明。我们坚持和发展中国特色社会主义，推动物质文明、政治文明、精神文明、社会文明、生态文明协调发展，走出中国式现代化道路，创造了人类文明新形态。中华文明既强调“厚德载物”“己所不欲，勿施于人”的包容与平等的文明观，有着相互鼓励共同进步的天下情怀；也坚持“自强不息”的独立自主探索精神，这种精神正是当今时代人类文明前进所需要的。事实上，只有充分理解中华文明的特质、文化结构以及中华民族在新时代的使命担当，才能充分理解中国崛起之于人类文明史的意义、中国式现代化道路之于世界史的意义。

中国共产党从成立之日起，就以高度的文化自觉和文化自信把建设民族的科学的大众的中华民族新文化作为自己的使命，并在百余年奋斗历程中传承弘扬博大精深、灿烂辉煌的中华优秀传统文化，创造了激昂向上的革命文化和生机勃勃的社会主义先进文化，为民族复兴提供了强大精神支撑。1940 年，毛泽东同志指出，“我们不但要把一个政治上受压迫、经济上受剥削的中国，变为一个政治上自由和经济上繁荣的中国，而且要把一个被旧文化统治因而愚昧落后的中国，变为一个被新文化统治因而文明先进的中国”。历史和现实表明，一个国家和民族要自立自强，文化自信是基础。高度的文化自信，不仅决定着文化自身的繁荣发展，而且关系到国运兴衰、民族沉浮。中华民族素有文化自信的气度，正是有了这种文化自信心和自豪感，才形成了深厚的文化根脉和独特的文化优势，获得了坚守正道的定力、砥砺前行的动力、变革创新的活力。

建设中华民族现代文明为推进中国式现代化注入精神动力

《中共中央关于党的百年奋斗重大成就和历史经验的决议》指出："党领导人民成功走出中国式现代化道路，创造了人类文明新形态，拓展了发展中国家走向现代化的途径，给世界上那些既希望加快发展又希望保持自身独立性的国家和民族提供了全新选择。"中国式现代化，是中国共产党领导的社会主义现代化，既有各国现代化的共同特征，更有基于自己国情的中国特色。习近平总书记指出，中国式现代化，深深植根于中华优秀传统文化，体现科学社会主义的先进本质，借鉴吸收一切人类优秀文明成果，代表人类文明进步的发展方向，展现了不同于西方现代化模式的新图景，是一种全新的人类文明形态。在世界文明互鉴视野中，中国式现代化有其根基和来龙去脉，不是凭空虚构，而是有其本和源、根和魂，是中国共产党人艰辛探索的实践创新和理论创新的结晶。党的领导决定中国式现代化的根本性质，直接关系到中国式现代化的根本方向、前途命运、最终成败。中国式现代化是中国共产党领导的社会主义现代化，在文化价值和文明理念上超越了西方现代化道路，树立的是社会主义文化旗帜，弘扬的是社会主义文明，开创了人类文明新形态。

回顾历史，在很长一段时期，不少人简单地把现代文明等同于西方文明，把现代化等同于西方化。不加甄别地把西方现代文明视为“先进文明”，显然是错误的。进入新时代以来，中国式现代化的成功探索表明，世界上不存在定于一尊的现代化模式，也不存在放之四海而皆准的现代化标准，各国的现代化道路应由本国人民自己选择，依附和照搬别国模式都不可能取得成功。人类文明史表明，现代化并非只有西方一家，也并非只有西欧一条现代化道路可供选择，中国式现代化打破了“现代化 = 西方化”的迷思，展现了现代化的另一幅图景。中国式现代化是独立自主探索的现代化，文化价值创新是对中国式现代化的精神支撑。文化繁荣发展不仅为一个民族赢得尊严和荣光，更为一个民族自主选择发展道路提供了思想和价值支撑。在世界现代化版图中，中国式现代化道路，既不是简单延续我国历史文化的母版，不是简单套用马克思主义经典作家设想的模板，不是其他国家社会主义实践的再版，也不是国外现代化的翻版，而是始终坚持独立自主、自立自强，坚持把国家和民族发展放在自己力量的基点上，坚持把我国发展进步的命运牢牢掌握在自己手中。

从中国式现代化的价值诉求来看，中国式现代化不是走西方资本扩张的资本主义现代化之路，而是以开创人类文明新形态和高扬社会主义理想走出了一条新的文明之路。面临人类文明跃升的历史机缘，我们要深刻领会中国共产党的文化创造创新及其开创的人类文明新形态的世界史意义。

社会主义文化建设推动中华民族现代文明迈向新高度

党的十八大以来，我们党把文化建设提升到一个新的历史高度，把文化自信和道路自信、理论自信、制度自信并列为中国特色社会主义“四个自信”，把坚持马克思主义在意识形态领域指导地位的制度确立为中国特色社会主义制度体系的一项根本制度，把坚持社会主义核心价值体系纳入新时代坚持和发展中国特色社会主义的基本方略。在国家现代化事业总体布局中，文化建设越来越被提升到党和国家全局工作的重要位置。在长期的奋斗历程中，我们党高扬革命理想、弘扬民族精神、发展先进文化，使中国人民在精神上从被动转为主动，在满足人民多样化的文化需求中有效增强了人民的精神力量，使中华民族不断坚定文化自信，在国家综合实力特别是软实力不断提升中走向文化自强。所谓“自”，就是立足自己的实际与现实国情，依靠本民族的力量，凸显深厚的文化传统底蕴，坚定地走自己的文化发展道路，鲜明地亮出自己的诉求目标；所谓“强”，就是要使我们的文化具有强大的吸引力影响力价值感召力、强大的活力创造力创新力、强大的国际竞争力，从而成为全球化舞台上的高势能、高位态文化。一方面，我国历经艰苦努力，已经在经济、政治、文化、社会、生态等领域积累下足以支撑未来高质量发展的坚实基础。我国发展具备了更为坚实的物质基础、更为完善的制度保证，实现中华民族伟大复兴进入了不可逆转的历史进程。另一方面，中国式现代化的成功探索使我们走出了一条适合中国发展的中国特色社会主义道路、形成了一个适合中国发展的中国特色社会主义理论、建构了一套适合中国发展的中国特色社会主义制度和中国特色社会主义文化。

习近平总书记指出：“中国共产党从成立之日起，既是中国先进文化的积极引领者和践行者，又是中华优秀传统文化的忠实传承者和弘扬者。当代中国共产党人和中国人民应该而且一定能够担负起新的文化使命，在实践创造中进行文化创造，在历史进步中实现文化进步！”建设中华民族现代文明，其现实基础是社会主义文化的繁荣兴盛。关于社会主义文化建设，习近平总书记提出一系列新思想新观点新论断：强调坚持和加强党对宣传思想文化工作的全面领导，担负起新的文化使命，建设社会主义文化强国，铸就社会主义文化新辉煌；强调坚持马克思主义在意识形态领域指导地位的根本制度，推进马克思主义中国化时代化，建设具有强大凝聚力和引领力的社会主义意识形态；强调坚持文化自信，推动社会主义文化繁荣兴盛，建设中华民族现代文明；强调以社会主义核心价值观引领文化建设，广泛开展中国特色社会主义和中国梦宣传教育，使全体人民在理想信念、价值理念、道德观念上紧紧团结在一起；强调加快构建中国特色哲学社会科学，以我国实际为研究起点，阐释中国道路、解读中国实践、构建中国理论；强调推动中华优秀传统文化创造性转化、创新性发展，让中华文化展现出永久魅力和时代风采；强调提高新闻舆论传播力引导力影响力公信力，弘扬主旋律、传播正能量，巩固壮大奋进新时代的主流思想舆论；强调坚持以人民为中心的创作导向，把社会效益放在首位，推出更多增强人民精神力量的优秀作品；强调要像爱惜自己的生命一样保护历史文化遗产，加强文物保护利用和文化遗产保护传承，守护好中华文脉；强调中国式现代化是物质文明和精神文明相协调的现代化，能促进全体人民精神生活共同富裕，促进人的全面发展；强调铸牢中华民族共同体意识，建设中华民族共有精神家园；强调过不了互联网这一关就过不了长期执政这一关，要把互联网这个变量变成事业发展的增量，培育积极健康向上向善的网络文化，建设网络文明；强调提升国家文化软实力和中华文化影响力，加强国际传播能力建设，讲好中国故事，推动中华文化更好走向世界；强调弘扬全人类共同价值，落实全球文明倡议，推动文明交流互鉴，丰富世界文明百花园；等等。这些重要论述是新时代党领导文化建设实践经验的理论总结，是做好宣传思想文化工作的根本遵循，必须长期坚持贯彻、不断丰富发展。

进入新时代以来，中国日益走近世界舞台中央，经济发展起来之后，民族形象的塑造、核心价值观的引领、民族精神的凝聚、中华文化新辉煌的创造等日益成为重要的时代议题。在国际交往中，展示什么样的国家形象和民族精神至关重要。全球化时代，一个民族的文化影响力和价值感召力成为赢得世界人民尊重的重要力量。“让中华文化同各国人民创造的多彩文化一道，为人类提供正确精神指引”。有效增强对中国崛起的国际认同，在世界舞台上建构文化中国、文明中国形象，是建设中华民族现代文明的重要目标。习近平总书记强调，在新的历史起点上继续推动文化繁荣、建设文化强国、建设中华民族现代文明，要坚定文化自信，坚持走自己的路，立足中华民族伟大历史实践和当代实践，用中国道理总结好中国经验，把中国经验提升为中国理论，实现精神上的独立自主。要秉持开放包容，坚持马克思主义中国化时代化，传承发展中华优秀传统文化，促进外来文化本土化，不断培育和创造新时代中国特色社会主义文化。要坚持守正创新，以守正创新的正气和锐气，赓续历史文脉、谱写当代华章。

［作者系山东大学特聘教授、中国文艺评论（山东大学）基地主任］

新时代文化建设的新思想新观点新论断

翁贺凯

6月2日，习近平总书记考察中国历史研究院，出席文化传承发展座谈会并发表重要讲话。这一重要讲话是新时代文化建设的光辉文献，具有重大的思想意义、理论意义。党的十八大以来，以习近平同志为核心的党中央在领导党和人民推进治国理政的实践中，把文化建设摆在全局工作的重要位置，不断深化对文化建设的规律性认识，提出了一系列新思想新观点新论断。这些重要论述是新时代党领导文化建设实践经验的理论总结，是我们做好宣传思想文化工作的根本依据，必须长期坚持贯彻、不断丰富发展。

从强国建设、民族复兴的战略高度强调文化建设的重要性

古往今来，任何一个大国的发展进程，既是经济总量、军事力量等硬实力提高的过程，也是价值观念、思想文化等软实力提高的进程。马克思主义认为，在不同的经济和社会环境中，人们会产生不同的思想和文化，思想文化建设虽然决定于经济基础，但又对经济基础发生反作用。先进的思想文化一旦被群众掌握，就会转化为强大的物质力量；反之，落后的、错误的观念如果不破除，就会成为社会发展

进步的桎梏。

党的十八大以来，以习近平同志为核心的党中央准确把握世界范围内思想文化相互激荡、我国社会思想观念深刻变化的趋势，强调要以“宽广的视角”，在世界与我国发展的大历史与大势中，去把握文化建设的重要性。2013 年 11 月 26 日，习近平总书记在山东曲阜孔府考察时指出：“一个国家、一个民族的强盛，总是以文化兴盛为支撑的，中华民族伟大复兴需要以中华文化发展繁荣为条件。”2014 年 9 月 24 日，习近平总书记在纪念孔子诞辰 2565 周年国际学术研讨会暨国际儒学联合会第五届会员大会开幕会上的重要讲话中强调：“文明特别是思想文化是一个国家、一个民族的灵魂。无论哪一个国家、哪一个民族，如果不珍惜自己的思想文化，丢掉了思想文化这个灵魂，这个国家、这个民族是立不起来的。”同年 10 月 15 日，习近平总书记在文艺工作座谈会上的重要讲话中指出：“文化是民族生存和发展的重要力量。人类社会每一次跃进，人类文明每一次升华，无不伴随着文化的历史性进步。”2020 年 9 月 22 日，习近平总书记在京主持召开教育文化卫生体育领域专家代表座谈会时强调，“十四五”期间要把文化建设放在全局工作的突出位置切实抓紧抓好；没有社会主义文化繁荣发展，就没有社会主义现代化。习近平总书记还以“四个重要”深刻阐明了文化建设对于社会主义现代化建设全局的关键性意义，即统筹推进“五位一体”总体布局、协调推进“四个全面”战略布局，文化是重要内容；推动高质量发展，文化是重要支点；满足人民日益增长的美好生活需要，文化是重要因素；战胜前进道路上各种风险挑战，文化是重要力量源泉。习近平总书记的这些重要论断，是对历史唯物主义和辩证唯物主义基本原理的深刻把握和精准运用，大大深化了我们对强国建设、民族复兴事业的规律性认识。

坚定文化自信　推动中华文化创造性转化、创新性发展

进入新时代以来，习近平总书记高度重视对中华优秀传统文化根基的阐发，作出了推动中华优秀传统文化创造性转化、创新性发展的重要指示。2012 年 12 月在广东考察时，习近平总书记就强调，中华民族有着五千多年的文明史，创造和传承下来丰富的优秀文化传统，我们要很好传承和弘扬，因为这是我们民族的“根”和“魂”，丢了这个“根”和“魂”，就没有根基了。2013 年 12 月 30 日，习近平总书记在主持中共十八届中央政治局第十二次集体学习时强调，“坚持马克思主义道德观、坚持社会主义道德观，在去粗取精、去伪存真的基础上，坚持古为今用、推陈出新，努力实现中华传统美德的创造性转化、创新性发展”。2014 年 2 月 24 日，习近平总书记在主持中共十八届中央政治局第十三次集体学习时，首次把中华优秀传统文化整体性地作为创造性转化、创新性发展的对象，强调弘扬中华优秀传统文化，“要处理好继承和创造性发展的关系，重点做好创造性转化和创新性发展”。到 2014 年 10 月 15 日在文艺工作座谈会上的重要讲话，习近平总书记又把创造性转化、创新性发展的对象从传统文化扩展到了中华文化，强调要传承中华文化，绝不是简单复古也不是盲目排外，而是要坚持古为今用、洋为中用、辩证取舍、推陈出新，“‘以古人之规矩，开自己之生面’，实现中华文化的创造性转化和创新性发展”。

2016 年 5 月 17 日，习近平总书记在哲学社会科学工作座谈会上的重要讲话中，又提出“要推动中华文明创造性转化、创新性发展，激活其生命力，让中华文明同各国人民创造的多彩文明一道，为人类提供正确精神指引”。将创造性转化、创新性发展放置于人类多元文明交流互鉴的时代语境之中，视野显然更为宏阔。习近平总书记还阐释了“创造性转化、创新性发展”的内涵，所谓创造性转化，就是要

按照时代特点和要求，对那些至今仍有借鉴价值的内涵和陈旧的表现形式加以改造，赋予其新的时代内涵和现代表达形式，激活其生命力；所谓创新性发展，就是要按照时代的新进步新进展，对中华优秀传统文化的内涵加以补充、拓展、完善，增强其影响力和感召力。二者之间在逻辑上密切相关、前后相继——只有通过改造和转化，才能实现创新和发展；创造性转化是创新性发展的前奏，创新性发展是创造性转化的升华。在此基础上，习近平总书记又提出了“坚定文化自信”的重大论断，强调中国有坚定的道路自信、理论自信、制度自信，其本质是建立在5000多年文明传承基础上的文化自信，“文化自信，是更基础、更广泛、更深厚的自信”，“是一个国家、一个民族发展中最基本、最深沉、最持久的力量”。“历史和现实都表明，一个抛弃了或者背叛了自己历史文化的民族，不仅不可能发展起来，而且很可能上演一幕幕历史悲剧。”坚持创造性转化、创新性发展，坚定文化自信，是对人类文化传承与演进一般规律的精辟概括，是对新时代中国特色社会主义文化建设内在要求的深刻揭示，也是对相当长一段时间里存在的形形色色的历史虚无主义、文化虚无主义等错误思潮最有力的回应与回击。

坚持“两个结合”开辟马克思主义中国化时代化新境界

党的十八大以来，习近平总书记高度重视“民族传统文化”“历史文化传统”，并与“中国具体实际”“本国具体实际”并列，理论蕴意深刻。2014年9月24日，习近平总书记在纪念孔子诞辰2565周年国际学术研讨会暨国际儒学联合会第五届会员大会开幕会上的重要讲话中指出，“中国共产党人不是历史虚无主义者，也不是文化虚无主义者。我们从来认为，马克思主义基本原理必须同中国具体实际紧密结合起来，应该科学对待民族传统文化，科学对待世界各国文化，用人类创造的一切优秀思想文化成果武装自己”。2018 年 5 月 4 日，习近平总书记在纪念马克思诞辰 200 周年大会上的重要讲话中指出，“只有把科学社会主义基本原则同本国具体实际、历史文化传统、时代要求紧密结合起来，在实践中不断探索总结，才能把蓝图变为美好现实”。2021 年 3 月 22 日，习近平总书记在福建武夷山朱熹园考察时指出：“我们要特别重视挖掘中华五千年文明中的精华，把弘扬优秀传统文化同马克思主义立场观点方法结合起来，坚定不移走中国特色社会主义道路。”2021 年 7 月 1 日，习近平总书记在庆祝中国共产党成立一百周年大会上的重要讲话中，首次明确提出“坚持把马克思主义基本原理同中国具体实际相结合、同中华优秀传统文化相结合”。党的二十大报告对坚持“两个结合”作出进一步阐述，指出“只有植根本国、本民族历史文化沃土，马克思主义真理之树才能根深叶茂”。

党的二十大闭幕后不久，习近平总书记在河南安阳殷墟考察时强调，中华优秀传统文化是我们党创新理论的“根”，我们推进马克思主义中国化时代化的根本途径是“两个结合”。2023 年 6 月 2 日，习近平总书记在文化传承发展座谈会上对“两个结合”的前提、结果与意义，作出了更为系统的深入阐释：马克思主义基本原理同中华优秀传统文化相结合的前提是彼此存在高度的契合性，结果是造就了一个有机统一的新的文化生命体，筑牢了中国道路的根基，巩固了文化的主体性，“第二个结合”是“又一次的思想解放”。由此可见，中国共产党百年来的路线方针政策、中华人民共和国七十多年来的道路理论制度，一直都体现着中华优秀传统文化，习近平总书记对此科学地作出理论提升、理论概括。习近平总书记以巨大的理论创新勇气和深沉的文化自觉意识，将“一个结合”原创性地发展为“两个结合”，这是对过往理论探索的深刻总结，是对理论创新规律的深刻揭示，也是对未来理论发展的正确引领，“表明我们党对中国道路、理论、制度的认识达到了新高度，表明我们党的历史自信、文化自信达到了新高度，表明我们党在传承中华优秀传统文化中推进文化创新的自觉性达到了新高度”，开辟了马克思主义中国化时代化新境界。

在新的起点上“建设中华民族现代文明”

中国共产党人是马克思主义者，同时始终是中华优秀传统文化的忠实继承者和弘扬者。一百多年来，实现民族复兴、赓续历史文脉，始终是中国共产党人矢志不渝的精神追求。1940 年，毛泽东同志在《新民主主义论》中提出建设“民族的科学的大众的”新民主主义文化的目标，并认为它就是“中华民族的新文化”。1949 年新中国成立前夕，毛泽东同志在中国人民政治协商会议第一届全体会议开幕式上致辞，宣告“随着经济建设的高潮的到来，不可避免地将要出现一个文化建设的高潮。中国人被人认为不文明的时代已经过去了，我们将以一个具有高度文化的民族出现于世界”；在 1954 年的第一届全国人大一次会议开幕式上，毛泽东同志又提出“将我们现在这样一个经济上文化上落后的国家，建设成为一个工业化的具有高度现代文化程度的伟大的国家”的奋斗目标。进入改革开放和社会主义建设新时期，邓小平同志提出“要在建设高度物质文明的同时，提高全民族的科学文化水平，发展高尚的丰富多彩的文化生活，建设高度的社会主义精神文明”；1987 年党的十三大提出了“为把我国建设成为富强、民主、文明的社会主义现代化国家而奋斗”的目标。进入新世纪，党的十七届六中全会提出推动社会主义文化大发展大繁荣、努力建设社会主义文化强国的战略任务。

党的十八大以来，以习近平同志为核心的党中央，推动物质文明、政治文明、精神文明、社会文明、生态文明协调发展，不断推进社会主义文化强国建设，明确提出到2035年建成文化强国的远景目标，号召当代中国共产党人和中国人民“担负起新的文化使命，在实践创造中进行文化创造，在历史进步中实现文化进步”。习近平总书记在文化传承发展座谈会上的重要讲话，在凝练概括中华文明具有突出的连续性、创新性、统一性、包容性、和平性和深刻总结新时代文化建设基本经验的基础上，明确提出“在新的历史起点上继续推动文化繁荣、建设文化强国、建设中华民族现代文明”的宏伟目标，强调要坚定文化自信、秉持开放包容、坚持守正创新，为新时代新征程的文化建设事业擘画了壮美的蓝图、提供了清晰的指引。其中，“建设中华民族现代文明”是习近平总书记站在全面建设社会主义现代化国家开局起步关键时期的历史制高点上，贯通古今中外，贯通历史、现实与未来，提出的又一重大的新观点新论断。“中华民族现代文明”，是中国式现代化的文化形态：它深深植根于中华文明连续、创新、统一、包容、和平的突出特性，体现科学社会主义的先进本质，借鉴吸收一切人类优秀文明成果，代表人类文明进步的发展方向，展现了不同于西方现代化模式的新图景，必将创造一种全新的人类文明形态。“中华民族现代文明”这一重大理论概括和思想范畴，必将对21世纪中叶建成富强民主文明和谐美丽的社会主义现代化强国、实现中华民族伟大复兴的第二个百年奋斗目标，对新时代新征程上的宣传思想文化工作产生重大的引领作用。

理论自觉、文化自信，是一个民族进步的力量；价值先进、思想解放，是一个社会活力的来源；国家之魂，文以化之，文以铸之。习近平新时代中国特色社会主义思想，就是我们这个时代中国精神的精华和文化主体性的最有力体现。在新征程上，我们要持续深入学习习近平总书记关于文化建设的新思想新观点新论断，真正做到学思用贯通、知信行合一，并将其转化为推进中华民族现代文明和社会主义文化强国建设的磅礴力量！

（作者系中央社会主义学院中华文化教研部副主任、教授，中央民族大学国家安全研究院研究员）

中华民族现代文明的历史与理论逻辑

罗文东

文化若水，润泽人心；文明如光，照亮前程。人类的进步、世界的发展，离不开文化的支撑和文明的指引。习近平总书记在文化传承发展座谈会上的重要讲话，围绕担负新的文化使命、建设中华民族现代文明的一系列重大问题作出了全面系统深入阐述，表明我们党对文化建设和文明发展规律的认识达到了新高度，对马克思主义文化理论作出了原创性贡献，在中华民族发展史、人类文明发展史上具有里程碑意义。

深厚的历史渊源和文化根基

中国是世界公认的四大文明古国之一，有五千多年的文明史。勤劳勇敢的中华民族创造了博大精深的中国文化和辉煌灿烂的中华文明，并且在相当长的历史时期里走在了世界前列。我们很早就有发达的农业和手工业，稻米粟黍、猪狗蚕茧等都是中华先民最早从野生动植物中培育而来的。我国古代文明成果如四大发明、诗词歌赋、礼乐教化、律法制度、经史子集等都达到当时世界文化发展的高峰，对人类文明进步作出了巨大贡献。

中华民族在数千年的历史长河中，开创了以文治教化为主旨的文化传统，造就了世界上唯一绵延不断发展至今的伟大文明。独特的文化传统和文明特性，是中华民族现代文明的文化根基和精神支柱。习近平总书记全面揭示中华文明的五个突出特性及其决定性意义，强调中华文明具有突出的连续性，从根本上决定了中华民族必然走自己的路；中华文明具有突出的创新性，从根本上决定了中华民族守正不守旧、尊古不复古的进取精神和不惧新挑战、勇于接受新事物的无畏品格；中华文明具有突出的统一性，从根本上决定了中华民族各民族文化融为一体、即使遭遇重大挫折也牢固凝聚，国家统一永远是中国核心利益的核心；中华文明具有突出的包容性，从根本上决定了中华民族交往交流交融的历史取向，中国各宗教信仰多元并存的和谐格局，中华文化对世界文明兼收并蓄的开放胸怀；中华文明具有突出的和平性，从根本上决定了中国始终是世界和平的建设者、全球发展的贡献者、国际秩序的维护者，中国不断追求文明交流互鉴而不搞文化霸权。只有全面深入了解中华文明的历史，深刻把握中华文明突出特性，才能真正理解中国道路的历史必然、文化内涵与独特优势，才能更有效地推动中华优秀传统文化创造性转化、创新性发展，更有力地推进中国特色社会主义文化建设，建设中华民族现代文明。

独特的发展道路和本质属性

近代以来，西方国家凭借启蒙运动、科技和产业革命，首先进入资本主义工业文明。他们在促进生产力巨大发展的同时，对内剥削压迫、对外侵略扩张，给各国人民带来深重灾难，“使未开化和半开化的国家从属于文明的国家，使农民的民族从属于资产阶级的民族，使东方从属于西方”。尤其是鸦片战争以后，由于西方列强的入侵和封建统治的腐败，中国陷入半殖民地半封建社会的深渊，国家蒙辱、人民蒙难、文明蒙尘，中华民族遭遇“数千年未有之大变局”和亡国灭种的大危机。从太平天国起义到义和团运动，从洋务运动到戊戌变法、辛亥革命，都是当时的中国人为挽救民族危亡而进行的艰苦探索。但无论是返求国粹以重振中国文化，还是仿效西方以再造中华文明，都以失败而告终。

十月革命一声炮响，给中国送来了马克思列宁主义，使我们找到了救亡图存、建设中华民族现代文明的理论武器。中国共产党自成立之日起，就高举马克思主义旗帜，以“为世界进文明、为人类造幸福”为己任，在领导革命、建设和改革的伟大斗争中，把马克思主义基本原理同中国具体实际、同中华优秀传统文化相结合，努力推动中华文明的现代转型。在新民主主义革命时期，党提出“把一个被旧文化统治因而愚昧落后的中国，变为一个被新文化统治因而文明先进的中国”，领导人民建设民族的科学的大众的新民主主义文化，为中华民族现代文明创造政治前提和社会条件。新中国成立后，党领导社会主义革命和建设，扫除旧中国留下来的贫困和愚昧，提出“古为今用、洋为中用”与“百花齐放、百家争鸣”，大力建设社会主义文化，为建设中华民族现代文明提供了制度保障和物质基础。在改革开放和社会主义现代化建设新时期，党提出在建设高度物质文明的同时，努力建设高度的社会主义精神文明，发展社会主义政治文明，成功开创和发展了中国特色社会主义，为建设中华民族现代文明提供了充满新的活力的体制保证和快速发展的物质条件。中国特色社会主义进入新时代，党统筹推进“五位一体”总体布局、协调推进“四个全面”战略布局，为中华民族现代文明提供了更为完善的制度保证、更为坚实的物质基础、更为主动的精神力量。

旗帜指引方向，道路决定命运。习近平总书记在讲话中全面阐述了“两个结合”的丰富内涵和重大意义，明确指出“结合”的前提是彼此契合，马克思主义和中华优秀传统文化来源不同，但存在高度的契合性，相互契合才能有机结合。“结合”的结果是相互成就，造就了一个有机统一的新的文化生命体，让马克思主义成为中国的，中华优秀传统文化成为现代的，让经由“结合”而形成的新文化成为中国式现代化的文化形态。“结合”筑牢了道路根基，让中国特色社会主义道路有了更加宏阔深远的历史纵深，拓展了中国特色社会主义道路的文化根基。中国式现代化赋予中华文明以现代力量，中华文明赋予中国式现代化以深厚底蕴。“结合”打开了创新空间，让我们掌握了思想和文化主动，并有力地作用于道路、理论和制度，让我们在更广阔的文化空间中，充分运用中华优秀传统文化的宝贵资源，探索面向未来的理论和制度创新。“结合”巩固了文化主体性，创立习近平新时代中国特色社会主义思想就是这一文化主体性的最有力体现。总之，“两个结合”是在五千多年中华文明深厚基础上开辟和发展中国特色社会主义、建设中华民族现代文明的必由之路，是我们取得成功的最大法宝。

中国式现代化与中华民族现代文明紧密联系，有机统一于中国特色社会主义伟大实践。我们建设的中华民族现代文明，是中国共产党领导全国各族人民共同创造的社会主义文明，是物质与精神辩证互动、人与自然和谐共生的新型文明，是促进全体人民共同富裕、人的自由全面发展的新型文明，是维护世界和平与共同发展、构建人类命运共同体的新型文明。这种新型文明破解人类社会发展的诸多难题，展现不同于西方文明模式的新图景；遵循人类文明发展的普遍规律，具有基于自己国情和时代特征的民族特色和时代价值；体现科学社会主义先进本质，为人类对更好社会制度的探索提供中国方案；代表人类文明发展方向，具有广阔的发展空间和美好的发展前景。

科学的指导思想和根本遵循

建设中华民族现代文明，离不开科学理论的正确指引和民族文化的有力支撑。党的十八大以来，以习近平同志为核心的党中央在领导人民推进治国理政的实践中，把文化建设摆在全局工作的重要位置，不断深化对文化建设的规律性认识，提出一系列新思想新观点新论断。比如，坚持和加强党对宣传思想文化工作的全面领导，担负起新的文化使命，建设社会主义文化强国，铸就社会主义文化新辉煌；坚持马克思主义在意识形态领域指导地位的根本制度，推进马克思主义中国化时代化，建设具有强大凝聚力和引领力的社会主义意识形态；坚定文化自信，推动社会主义文化繁荣兴盛，建设中华民族现代文明；以社会主义核心价值观引领文化建设，广泛开展中国特色社会主义和中国梦宣传教育，使全体人民在理想信念、价值理念、道德观念上紧紧团结在一起；加快构建中国特色哲学社会科学，以我国实际为研究起点，阐释中国道路，解读中国实践，构建中国理论；推动中华优秀传统文化创造性转化、创新性发展，让中华文化展现出永久魅力和时代风采；提高新闻舆论传播力、引导力、影响力、公信力，弘扬主旋律、传播正能量，巩固壮大奋进新时代的主流思想舆论；坚持以人民为中心的创作导向，把社会效益放在首位，推出更多增强人民精神力量的优秀作品；要像爱惜自己的生命一样保护好历史文化遗产，加强文物保护利用和文化遗产保护传承，守护好中华文脉；中国式现代化是物质文明和精神文明相协调的现代化，促进全体人民精神生活共同富裕，促进人的全面发展；铸牢中华民族共同体意识，构筑中华民族共有精神家园；强调过不了互联网这一关就过不了长期执政这一关，要把互联网这个变量变成事业发展的增量，培育积极健康、向上向善的网络文化，建设网络文明；提升国家文化软实力和中华文化影响力，加强国际传播能力建设，讲好中国故事，推动中华文化更好走向世界；弘扬全人类共同价值，落实全球文明倡议，推动文明交流互鉴，丰富世界文明百花园；等等。这些重要观点涵盖了文化建设的各领域和全过程，是新时代党领导文化建设实践经验的理论总结，是建设中华民族现代文明的根本遵循。

中华民族现代文明是既超越中国古代文明又超越西方近代文明的伟大创造。我们不是循环论者，而是进步论者，复古守旧从来没有出路；我们不是封闭论者，而是开放论者，闭关自守终究落后挨打；我们不是终结论者，而是发展论者，人类文明不断前进，永远不会终结。习近平总书记在讲话中强调，在新的历史起点上继续推动文化繁荣、建设文化强国、建设中华民族现代文明，要坚定文化自信，坚持走自己的路，立足中华民族伟大历史实践和当代实践，用中国道理总结好中国经验，把中国经验提升为中国理论，实现精神上的独立自主。要秉持开放包容，坚持马克思主义中国化时代化，传承发展中华优秀传统文化，促进外来文化本土化，不断培育和创造新时代中国特色社会主义文化。要坚持守正创新，以守正创新的正气和锐气，赓续历史文脉、谱写当代华章。

国家之魂，文以化之，文以铸之。古老而常新的中国，在源远流长、波澜壮阔的历史进程中，为人类保存着最丰厚的文化遗产和最壮美的文明图谱。建设中华民族现代文明是一个长期的、世界性的历史过程，更是一项艰巨的、探索性的伟大事业，绝非一蹴而就、轻而易举就能完成的。“士不可以不弘毅，任重而道远。”哲学社会科学工作者要结合正在开展的主题教育，以习近平总书记重要讲话精神为指导，全面贯彻“两个结合”的根本要求，不断加强对文化建设和文明发展的本质规律和重大问题的研究阐释，为推进中华民族现代文明和社会主义文化强国建设贡献智慧和力量。

（作者系中国社会科学院世界历史研究所党委书记、副所长、研究员）

秉持开放包容　谱写当代华章

孙明霞

习近平总书记在文化传承发展座谈会上的重要讲话中指出，中华文明具有突出的包容性，从根本上决定了中华民族交往交流交融的历史取向，决定了中国各宗教信仰多元并存的和谐格局，决定了中华文化对世界文明兼收并蓄的开放胸怀。习近平总书记对中华文明包容性的深刻论述，为秉持开放包容、深化交流互鉴、讲好中国故事、传播好中国声音、提升中华文明传播力影响力、建设中华民族现代文明提供了行动指南和根本遵循。

中华文明具有突出的包容性

开放包容是文明发展的本质要求，也是中华文明发展壮大的文化密码。习近平总书记指出："中华文明是在同其他文明不断交流互鉴中形成的开放体系。从历史上的佛教东传、'伊儒会通'，到近代以来的'西学东渐'、新文化运动、马克思主义和社会主义思想传入中国，再到改革开放以来全方位对外开放，中华文明始终在兼收并蓄中历久弥新。"佛教东传是中华文化发展史上的"大事因缘"，不仅衍生出禅宗、天台宗等高度中国化的佛教宗派，而且通过儒佛对话，推动了宋明理学的形成，最终奠定了中华优秀传统文化儒释道三教合流的宏大格局。16 世纪末，随着天主教传入中国，中华文明与域外文明再次交汇。明代徐光启翻译的《几何原本》、清代宫廷珍藏的西洋钟表，都是中华文明汲取西方科学技术先进成果的历史印记。

特别是近代以来，西方的坚船利炮和制度文化对“睁眼看世界”的中国人产生了巨大的思想冲击。经济器物层面的洋务运动、政治制度层面的戊戌变法和思想文化层面的新文化运动渐次展开，仁人志士开始在中华大地上致力于中西交融、探索旧邦新命。即使在历史最低谷，中华文明在师夷长技的同时，也从未放弃自身的文化主体性而盲目照搬。相反，中华文明从“西风东渐”走向“西风东鉴”，在西化与复古之外走出第三条道路，选择了马克思主义。中国人的精神从被动转向主动，中华文明展开了新的历史篇章。

在改革开放中，中国再次借鉴人类文明的积极成果而大踏步地赶上了时代。正是现代经济建设，使中华文明的经济基础从自然经济提升到市场经济；正是人民民主政治，使中华文明的政治载体从封建王朝跃升为人民政权；正是伟大社会变革，使中华文明的社会形态从传统社会转变为现代社会；正是对外开放交流，使中华文明的交往尺度从闭关锁国扩展到世界历史。从古代到现代，中华文明始终在开放包容中不断创新发展，一再印证了习近平总书记的重要论断：“中华文明自古就以开放包容闻名于世，在同其他文明的交流互鉴中不断焕发新的生命力。”

“第二个结合”是中华文明包容性的生动典范

中华文明具有突出的包容性，对此最好的证明，就是源自西欧的马克思主义和立足中国大地的中华优秀传统文化的深刻结合。“第二个结合”，是我们党对马克思主义中国化时代化历史经验的深刻总结，是对中华文明发展规律的深刻把握，表明我们党对中国道路、理论、制度的认识达到了新高度，表明我们党的历史自信、文化自信达到了新高度，表明我们党在传承中华优秀传统文化中推进文化创新的自觉性达到了新高度。

马克思主义和中华优秀传统文化来源不同，但彼此存在高度的契合性。相互契合才能有机结合。马克思主义传入中国后，科学社会主义的主张受到中国人民热烈欢迎，并最终扎根中国大地、开花结果，绝不是偶然的，而是同我国传承了几千年的优秀历史文化和广大人民日用而不觉的价值观念融通的。天下为公是中华文明高远的理想愿景，与马克思主义共产主义理想高度一致；民为邦本是中华文明鲜明的价值导向，与马克思主义人民性立场如出一辙；知行合一是中华文明重要的哲学理念，与马克思主义实践性完全契合；天人合一是中华文明独特的生态智慧，与马克思主义生态观不谋而合；协和万邦是中华文明一贯的处世之道，与马克思主义世界历史理论内在相通。中华优秀传统文化与马克思主义具有高度契合性，夯实了马克思主义中国化时代化的历史基础和群众基础，让马克思主义在中国牢牢扎根。

同时，在中华优秀传统文化的现代转型过程中，中国共产党人用马克思主义真理的力量激活了中华民族历经几千年创造的伟大文明，使中华文明再次迸发出强大精神力量。在对待中华优秀传统文化问题上，中国共产党人始终秉持守正而不守旧、尊古而不复古的态度，对中华优秀传统文化加以创造性转化和创新性发展，决不当“啃老族”，决不对传统文化照抄照搬、故步自封。在这方面，习近平新时代中国特色社会主义思想便是典范。作为中华文化和中国精神的时代精华，习近平新时代中国特色社会主义思想把民为邦本的民本理念创造性转化为以人民为中心的发展理念和全过程人民民主的制度体系，把协和万邦的天下传统创造性转化为人类命运共同体和全人类共同价值，把反求诸己的自律精神创造性转化为党的自我革命和全面从严治党精神。当代中国共产党人坚持马克思主义的指导地位，把中华优秀传统文化的原则高度提升到了现代水准，谱写了中华文明的时代华章。

在开放包容中熔铸中华民族现代文明

建设中华民族现代文明，既离不开文化主体性，也离不开文化包容性。不同文化资源的融会贯通，必然以文化主体性为前提。没有“为我所用”的自觉意识，文化融合注定沦为无头脑的文化“拼盘”、无原则的文化拼凑，使自己的头脑成为各种思想的“跑马场”而丧失精神上的独立自主。同样，强调文化主体性，也是为了以更加积极主动的姿态参与中外文明交流互鉴，借鉴人类文明有益成果。习近平总书记对人类文明发展规律作过这样的高度总结与深刻洞察：“一切生命有机体都需要新陈代谢，否则生命就会停止。文明也是一样，如果长期自我封闭，必将走向衰落。交流互鉴是文明发展的本质要求。只有同其他文明交流互鉴、取长补短，才能保持旺盛生命活力。”没有文化包容性，文化发展就会因封闭而停滞，最终丧失生命力。

建设中华民族现代文明，既要融通中外，也要贯通古今。我们要坚持古为今用、洋为中用，要坚持不忘本来、吸收外来、面向未来，特别是要把握好三方面资源：一是充分调动马克思主义资源，同时促进马克思主义中国化时代化；二是不断激活中华优秀传统文化资源，同时推动中华优秀传统文化的现代转化；三是广泛汲取人类文明资源，同时推动外来文化本土化。三种资源、三大转化，归根结底是要培育和创造新时代中国特色社会主义文化，开创人类文明新形态。特别值得注意的是，三种文化资源的有机结合，不是“拼盘”，不是简单的“物理反应”，而是深刻的“化学反应”，造就一个有机统一的新的文化生命体。只有做到以实践为根基、以问题为导向、以中国为立场、以文明为尺度，才能使三大文化资源有机互动、内在结合，最终实现综合创新，把三种资源熔铸为“一整块钢”。

建设中华民族现代文明，既要立足中国，也要胸怀天下。马克思指出，“凡是民族作为民族所做的事情，都是他们为人类社会而做的事情”。这就要求我们在秉持开放包容的问题上，既要向内看，继承和弘扬中华优秀传统文化精华；也要向外看，积极探索关系人类前途命运的重大问题。经由开放包容而成的中华民族现代文明应当对人类作出更大贡献。正如习近平总书记所说：“对历史最好的继承，就是创造新的历史；对人类文明最大的礼敬，就是创造人类文明新形态。”这一重要论断，深刻揭示了中华民族现代文明的世界意义。

文明的活力在于交往交流交融，开放包容为中华文明的生生不息注入了不竭动力。中华文明从与其他文明的交流中获得了丰富营养，也为人类文明进步作出了重要贡献，为世界文明提供了平等、互鉴、对话、包容的生动典范。随着中华民族伟大复兴不可逆转的历史进程，中华文明迎来了从“西风东渐”到“中西互鉴”的历史性时刻。新时代新征程，我们要学习贯彻习近平总书记在文化传承发展座谈会上的重要讲话精神，坚守中华文化立场，深化文明交流互鉴，切实提升中华文化传播力影响力，奋力建设中华民族现代文明，在中华文明与人类社会的双向奔赴中不断提高国际传播影响力、中华文化感召力、中国形象亲和力、中国话语说服力和国际舆论引导力。

（作者系中央社会主义学院中华文化教研部副教授）

亚洲文明传承互鉴的时代新阐释

拜根兴　刘　星

党的二十大报告强调了实现“中华民族伟大复兴”的时代命题和神圣使命。2023年6月2日，习近平总书记考察中国历史研究院，出席文化传承发展座谈会并发表重要讲话，深刻阐发了中华文明的五大突出特性，这就是连续性、创新性、统一性、包容性、和平性，创造性地提出了建设中华民族现代文明的重要论断。

中华文明的包容性“从根本上决定了中华民族交往交流交融的历史取向，决定了中国各宗教信仰多元并存的和谐格局，决定了中华文化对世界文明兼收并蓄的开放胸怀”。而和平性则“从根本上决定了中国始终是世界和平的建设者、全球发展的贡献者、国际秩序的维护者，决定了中国不断追求文明交流互鉴而不搞文化霸权，决定了中国不会把自己的价值观念与政治体制强加于人，决定了中国坚持合作、不搞对抗，决不搞‘党同伐异’的小圈子”。习近平总书记指出：“要坚定文化自信、担当使命、奋发有为，共同努力创造属于我们这个时代的新文化，建设中华民族现代文明。”习近平总书记明确强调，要立足中华大地，传承文明要义，增强文明自信，建设中华民族现代文明。

亚洲是一个地理上山川相依、历史上境遇相似的区域整体。早在2019年亚洲文明对话大会开幕式上的主旨演讲中，习近平主席就从世界文明观的哲学高度，深刻阐明了文化文明力量在应对共同挑战、迈向美好未来过程中的功能和作用，提出了加强文化交流互鉴、推动文明发展的四点主张，为亚洲各国人民齐心协力、共同应对全球化挑战，共建亚洲命运共同体、人类命运共同体指明了方向，提供了遵循。习近平主席在亚洲文明对话大会上的主旨演讲鲜明指出了亚洲文明互鉴的重要性；在文化传承发展座谈会上的重要讲话中，习近平总书记关于中华文明五个突出特性的重要论断，则为中国与世界文明传承互鉴提供了新的时代理据。

我们要在坚持相互尊重、平等相待，美人之美、美美与共，开放包容、互学互鉴，与时俱进、创新发展四项主张的基础上，运用习近平总书记关于中国文明互鉴重要论述指引新时代文化传承发展实践，充分增强中华文明自信，彰显亚洲历史文化传播过程，映照现实世界变局，从而为亚洲命运共同体乃至人类命运共同体的建设贡献中国智慧、中国方案和中国力量。

立足华夏　增强自信

习近平总书记指出："中华文明起源，不仅是我国学者潜心研究的重大课题，也是国际学术界持续关注的研究课题。经过几代学者接续努力，中华文明探源工程等重大工程的研究成果，实证了我国百万年的人类史、一万年的文化史、五千多年的文明史。"

良渚文化、二里头文化、庙底沟文化以及殷墟商文化遗物等的发掘面世，展现了中华古老文明发展的基因。这些中华文明遗址历经数千年风雨洗刷，呈现开放融合而历久弥新的特点。我们不能忘却唐代长安的盛世荣光，来自波斯、突厥、日本、新罗等四面八方的使团会聚于此，物质交换的同时更带来了思想文化的碰撞。以东亚地区为例，有唐一代，自日本而来的遣唐使团达十余次，每次来使均持有的重要目的之一便是求购书籍、潜心学习唐文明。可见，当时日本对于先进唐文明是何等向往与痴迷。而“汉字文化圈”的概念，更生动诠释了以汉字为主体的中华文明对周边国家产生的深刻影响。此外，中国的丝绸、瓷器、建筑、服装、书籍、造纸、火药、印刷术、指南针等，都对亚洲文明和全球进步产生过巨大影响。直至清末被西方列强的坚船利炮敲开国门，中华文明始终以深厚的创新底蕴和文明内涵令世界着迷。除去中华文明本身具备的“和平性”之外，不同于西方的单方面殖民输出，“和而不同”“以和为贵”“和合共生”所展现的中华民族最深层的精神追求、独特的精神标识，也使中华文明产生了一股巨大的向心力，周边国家慕名而来，主动交往并融合中华文明优长，从而带动了文明的传播与互鉴。

可以说，沉积千年的文明硕果给予中华民族昂扬于世界的底气，党的百年奋斗创造中华民族伟大复兴、重回世界文明之巅的重大时代机遇。坚定道路自信、理论自信、制度自信、文化自信，其中文化自信是更基本、更深沉、更持久的力量。在世界百年未有之大变局中，古老的中华文明将会焕发出新的活力，赓续辉煌，再次成为亚洲文明互鉴实践的领航者。

传承互鉴　加深理解

亚洲是人类最早的定居地之一，孕育了世界早期文明中的两河文明、印度文明和中华文明，可谓人类文明的重要发祥地之一。西汉张骞通西域，正式打通丝绸之路，古代亚洲联结且分别向东西南北四个方向延伸，将草原世界与绿洲世界纳入其中，古代文明借此得以交汇沟通。亚洲古文明的辉煌，很大程度上得益于丝绸之路上的交流互鉴。但是，随着西方列强的入侵，近代亚洲文明的光辉在西方文明中心论的破坏性压制之下走向沉寂。

然而，当 21 世纪人类再次走到发展的十字路口，在世界局势动荡不安、霸权主义盛行、亚洲各国思考如何应对之时，鉴古知今，中国已迈出了关键的一步。“一带一路”倡议的提出，让古老的丝绸之路焕发出了新的时代活力，2019 年亚洲文明对话大会进一步推动了这种紧密的联结。文明因多样而交流，因交流而互鉴，因互鉴而发展，正是中华文明包容性的集中表现。

其一，探讨亚洲文明各自的特色和实质。早在 20 世纪中期，汤因比在其《历史研究》一书中，指出人类文明有 26 种之多。其中，中国文明被列为主要文明之一，朝鲜、日本、越南等文明被列为中国文明的卫星文明，他实际上已把这四者列入东亚文化圈内。美国学者巴格比《文化历史的投影》一书把世界文明归纳为 9 个主要文明，其中有中国文明，而把朝鲜、日本等文明列为次要文明或中国文明的边缘文明。但他也指出日本文明似乎更像一个主要文明，而不像次要文明。美国学者费正清《东亚文明传统与变革》提出东亚包括中国、日本、朝鲜、越南。就是说，虽然历史上亚洲文明有其整齐划一的时期，但经过近代化的洗礼，各自不断发掘固有的文明要素，形成区别于其他文明的独特文明载体，这就使得亚洲文明更加多样化。探明文明产生和发展的历程，是研究亚洲文明互鉴的第一步。

其二，传递中国声音，讲好中国故事。亚洲各国虽然具有相同的地理、历史记忆，但由于长期的隔离与封闭，对于彼此文化的理解有待深入。因此，在全面深化文明产生发展历程研究的基础上，如何精准传递中国声音十分重要。为此，我们需要培养既熟知本国文化又熟练掌握各种语言的复合型人才，以打破长期以来的文化壁垒，加深理解，实现亚洲各国的真正联结，将有担当、有勇气、有内涵、有魄力的大国形象准确宣传出去，展现可信、可爱、可敬的中国形象，推动中华文明更好走向世界。

包容发展　迈向未来

美国学者亨廷顿提出的所谓“文明冲突论”曾一度风靡全球，他认为冷战结束之后的世界冲突将不再来自意识形态方面，而是文明的冲突。无疑，这完全建立在不理解中国传统文化基础上。两千多年前，孔子就曾说过：“为政以德，譬如北辰，居其所而众星共之。”又有“务广地者荒，务广德者强”。可见，中华民族自古以来就是以德为先，当代中国则是致力于构建和谐共生的人类命运共同体。中国梦不是霸权梦，而是自主把握中国发展命运的文明创新表达。在这一理念引领下，亚洲各国应携手前行。

其一，充分尊重文明多样性与独特性。每一种文明都有各自独特的生存土壤，都是人们在一定具体历史实践中创造的，都凝聚着一个国家、一个民族的非凡智慧和精神追求，都有自己存在的价值，没有所谓的优劣之分。故而，要秉持平等、相互尊重的原则，摒弃傲慢和偏见，加深对自身文明和其他文明差异性的认知，推动不同文明交流对话、和谐共生。在交流对话中增进彼此了解，取长补短、择善而从，累积共识、消除隔阂，求同存异、寻找交集，实现各国文明“他”中有“我”、“我”中有“他”的融合发展，实现和而不同的和谐共生目标。只有相互尊重、平等相待，才能从不同文明中积聚智慧、汲取营养，为人们提供精神支持和心灵慰藉，携手解决人类共同面临的各种挑战。

其二，以续写亚洲文明新辉煌为共同目标。当今世界正处于百年未有之大变局，动荡不安中伴随着机遇，亚洲人民期待一个和平安宁的亚洲、共同繁荣的亚洲、开放融通的亚洲。回望千年以前，历史告诉我们亚洲各国合则共赢，合作发展是必由之路。亚洲各国应在时代的风口浪尖上团结起来，以续写亚洲文明的新辉煌、建设亚洲命运共同体为目标，共向未来。

文明传承互鉴的现实价值

亚洲文明传承互鉴，应致力于探索历史时期以来文明产生、传播的途径和成果，以历史经验映照今日世界之变局，总结历史规律，指引前行方向与选择。就当今中国而言，其现实价值无疑将契合国家发展之大方向，带来更多裨益。

亚洲文明传承互鉴在新时代背景下重视中华文明的自信，探究以中华文明为主线的亚洲文明的产生与传承过程，以历史的联结推进现实的协同，并致力于传递中国声音，讲好中国故事。我们在向亚洲各国传达友好信号的同时，以大国责任为己任，展现大国担当，携手亚洲各国突破西方围堵，恢复中华民族应有的尊严与地位，积极参与全球治理体系改革建设，坚持真正的多边主义，推进国际关系民主化，推动全球治理朝着更加公正合理的方向发展。助力实现中华民族伟大复兴的中国梦，让中华民族重新屹立于世界民族之巅。

亚洲文明传承互鉴历史渊源的清晰再现，将带给亚洲各国更多的相互理解与包容。基于文化认同基础上的亚洲各国的联合，秉持和平、发展、公平、正义、民主、自由的全人类共同价值，各国人民相知相亲，共同应对各种全球性挑战。这必将推动亚洲命运共同体的构建，以共同抵御国际社会的风云变幻与危机起伏，维护亚洲地区的和平稳定与发展。

（作者系陕西师范大学历史文化学院教授；陕西师范大学历史文化学院博士研究生）

谱写中华民族现代文明新华章

孙 晓

习近平总书记在 2019 年 1 月 2 日致信祝贺中国社会科学院中国历史研究院成立时指出，“新时代坚持和发展中国特色社会主义，更加需要系统研究中国历史和文化”。2023 年 6 月 2 日，习近平总书记在文化传承发展座谈会上的重要讲话中，进一步指出：“如果不从源远流长的历史连续性来认识中国，就不可能理解古代中国，也不可能理解现代中国，更不可能理解未来中国。”

二十四史是基本典籍

二十四史，即《史记》至《明史》二十四部史书的统称。当今世界，没有任何一个国家，有这样连续完整的著作体系。在中国，只有二十四史才能被称作“正史”，正史是二十四史的专称。“正史”的“正”字，是“一”和“止”的合体。甲骨文字形，上面的“一”符号表示方向、目的；下面的“止”，是脚趾。这就很容易理解，用“正史”来概括各个朝代的历史，其目的就是形成一种政治历史文化的认同。对王朝正统性的确定，是建立历代统绪的基础。清乾隆四年（1739），钦定《史记》等二十四种史书为正史，并规定“凡未经宸断者，则悉不滥登”（永瑢等:《四库全书总目》卷45，清光绪朝浙江书局本）。至此，正史遂为二十四史的专称。

清代把正史作为二十四史的专称，原因是多重的。其一，确定二十四史为正史，是为了确立二十四个王朝的历史统绪，是构建传统政治文化秩序的基本步骤。正史的历史统绪是中华历史演进的标准时间轴。其二，中国有“后朝修前朝史”的传统，对前朝历史的编纂，实际是担负确定王朝正统的责任。其三,二十四史作为正史，是中国古代修史制度发展的必然要求。唐朝设立史馆，由宰相监修前代史，以后形成制度，“正史”也因此成为官方义务。修史的目的，一是总结前朝兴亡的历史经验；二是昭明本朝的正统合法性。其四,二十四史被称为正史，也与这些史书在中国史部书籍中的地位有关。吕思勉在《从我学习历史的经过说到现在的学习方法》一文中指出:“正史之所以流传至今，始终被认为正史者，即由其所包者广，他书不能代替之故。”(《中美日报》副刊《堡垒》1941年第161期）可以说，二十四史是一部上下贯通的中国古代通史，又是一部指向明确的断代史，同时还是一部事详类备的专门史。这些史书所记述的形形色色的历史人物，传达的王朝成败的历史教训，展示的林林总总的治国之道，呈现的辉煌灿烂的历史文化，都是其他典籍无可比拟的。

把二十四史称为正史，既是中国古代政治发展的需要，也是中国历史、文化多方面综合发展的要求。历史研究是一切社会科学的基础，二十四史是中国历史研究最基本的典籍。做好这部典籍的整理是中华文化传承的大事，也是我国社会主义文化建设的好事。司马迁在《史记·太史公自序》中说:“有国者，不可以不知《春秋》。”只有学习历史，研究历史，才能知道我们今天来自我们的昨天。一个没有悠久历史的民族，是容易健忘的民族，不会有光明的未来。

对典籍的传承创新和发展

《今注本二十四史》项目经过近30年的磨砻镌切，竣工在即。通过今注这种特殊的形式，把史籍文本与自古至今的研究成果融为一体，从而完成《二十四史》的现代化形式。毫无疑问，这是我国文化传承发展事业一项有价值的工作。

《今注本二十四史》是当代学人守正创新、研读古代正史的最新成果，其编纂与出版结束了二十四史文本与研究成果相分离的状况。这样做，一方面可以为学者的研究留下宏富的学案资料；另一方面，也给一般读者留下一套方便阅读的二十四史读本。因此，通过研究整理，完成二十四史的现代化形式，让更多的人读史懂史，是文化传承的首要工作。

《今注本二十四史》覃思卅年、精心结撰，卷帙浩繁，规模庞大，全书24种约1.4亿字，现在已有18种出版。这个文化工程是对中国正史全面系统的整理，项目集聚了全国各科研机构与高校的300多名史学家，勠力同心、共襄义举。在《今注本二十四史》编纂过程中，我们博采众议，在传承中创新，携手倡导“史家注史”注释理念，树立今注本史籍独特的学术标识。与文献工作者偏重字词音义不同，作为历史工作者，我们更关注史实的订正与文义的疏通、史料的增益与文本的诠释。

关于史实的订正。《汉书·文帝纪》记载汉文帝曾下诏书：“年八十已上，赐米人月一石，肉二十斤，酒五斗。其九十已上，又赐帛人二疋，絮三斤。”汉代一石约等于今天的60千克、一斤约等于250克、一斗约等于500克。我们注释认为，在两千年前的汉朝不可能实行这样的高福利养老措施，“月”字当是衍误，汉文帝的赏赐应该是一次性的举措。

关于文义的疏通。“史家注史”就是将古籍文本中滞塞之处予以化解，为读者提供一个比较准确的注释。如《旧唐书·哀帝纪》：“曹操请刑于椒壸，盖迫阴谋；马昭拒命于凌云，窘于见讨。”此段字词文句几无障碍，但查遍所有史学与文学词典及文章注释，均不知典故如何理解。我们通过反复阅读两汉书与六朝史籍，最后终于查清了典故的原委，注释如下。椒壸，后妃居住之地。案，此指汉献帝皇后伏寿曾与父伏完密谋铲除曹操，后谋事败露，曹操逼献帝废后。《后汉书》卷10《皇后纪》载曹操假为策书说：“皇后寿，得由卑贱，登显尊极，自处椒房，二纪于兹。既无任、姒徽音之美，又乏谨身养己之福，而阴怀妒害，苞藏祸心，弗可以承天命，奉祖宗。”曹操遂将伏寿下于掖庭暴室，幽禁去世（《曹瞒传》称伏寿当场被杀）。马昭，晋文帝司马昭之简称。凌云，即凌云台，位于魏国京城洛阳，魏文帝曹丕所筑。此指260年，魏帝曹髦密谋在凌云台部署甲士、谋杀司马昭事。密谋败露，曹髦毙命。

关于史料的增益。广泛收罗来源可靠的文献，以注释的方式，对注释文本做文献的补充，是“史家注史”的一项重要任务。今注本《汉书·刑法志》在经史、类书等文献中爬梳剔抉，搜寻佚失的法律材料，增补到注文中。在已经出版的《今注本二十四史》中，这样的补充不胜枚举。

关于文本的诠释。图像证史是《今注本二十四史》注释的一个特征，也是“史家注史”的一种特殊方法。用文物造像、图像为史料可以对文本证实、证伪；还可以用图像的形式，描述一些复杂的、文字难以表述的内容。今注本《史记·天官书》，附大量考古出土的星象图；今注本《后汉书·舆服志》则根据考古出土的画像、造像、实物，与文献记述比照，绘制了大量图像，以图证史、以图释文。

为现代文明奠定文化基础

《今注本二十四史》体大事重，被学界誉为“中国文化的三峡工程”。自1994年开笔以来，将逾30个春秋，其中的颠簸与甘苦，唯心自知。这些年来，22位主编已经先后去世，如张政烺、何兹全、王玉哲、杨志玖、杨翼骧、王毓铨、漆侠、韩国磐、张博泉、薄树人、陈可畏、万绳楠、施丁、朱大渭、马俊民、韩大成、童超、林甘泉、商传、杨耀坤、赖长扬、朱绍侯，他们焚膏继晷、勤勉劬劳，才使我们的项目初具雏形；他们大多没能看到自己的作品面世，壮志未酬，令人悲痛；他们愿意承担这个费时、费事、费力且没有多少经费的项目，其原因在于大家对项目文化价值的认可，在于对作为史学工作者自身使命担当的理解。

《今注本二十四史》先后入选国家“十一五”“十二五”“十四五”重大文化出版工程项目，“十三五”重大科研项目，2022年又入列《2021—2035年国家古籍工作规划》。已经出版的成果因兼具学术性与可读性而屡获嘉奖。《三国志》获“第五届国家优秀出版物奖”，第一期《今注本宋书》等七部入选“中国社会科学院创新工程2020年度重大科研成果”。第二期《今注本周书》等六部荣膺“中国社会科学院创新工程2021年度重大科研成果”。《今注本史记》获第五届中国出版政府奖提名奖。中国社会科学出版社为这部著作的出版，专门成立了古籍分社，付出了孜孜不倦的努力。可以说，这个项目为中华正史提供了学术质量值得信赖的新时代版本。

习近平总书记在文化传承发展座谈会上强调：“中华文明具有突出的连续性，从根本上决定了中华民族必然走自己的路。”中华文化海纳百川、有容乃大，中国特色社会主义必定植根于中华文化的沃土，中华的文脉也必定寄寓二十四史这样的正史之中。折断了历史，会丧失自己的特征；割断了传统，便没有未来。“要坚持守正创新，以守正创新的正气和锐气，赓续历史文脉、谱写当代华章。”《今注本二十四史》的编纂与出版，可以说是历史典籍传承发展守正创新的一个尝试，为中华民族现代文明奠定了文化基础。我们愿担负新时代的文化使命，用踏踏实实的实践成果，与全国的文化工作者一起谱写中华民族现代文明的新华章。

（作者系中国社会科学院古代史研究所研究员）

珍爱文化载体　建设现代文明

张伯江

习近平总书记在文化传承发展座谈会上的重要讲话，用“连续性、创新性、统一性、包容性、和平性”高度概括了中华文明的突出特性。这不仅是对中华民族文化传统的宏观概括，也是我们从事文化观察与文化研究时准确把握其形态特质的关键理念。

中华文明历经千载生生不息，以丰富多样的形态和稳定厚重的载体，延续着中华民族的品质和精神。语言文字是人类最重要的文化载体，维系着民族的统一和政治的稳定，肩负着文明传承和社会革新的使命。数千年来，汉语汉字以规范的形态和鲜活的生命力联通人民的交流，延展思想的流播。在璀璨的中华文明史上，无论是古代思想家的论述和学说，还是历代经典作家的文学作品和民间文艺，无不借助汉语汉字跨越时空，走入人心；来自兄弟民族的思想和智慧，也通过汉语汉字融入中华文化和民族传统，充实丰富了汉语的语言文化，铸就了民族文化共同体。

从连续性看，以汉语汉字为载体的中华文明数千年未曾中断，无疑是人类文明史上的一个奇迹。从古文字的可读解性到历代经典的可诵读性，足以说明语言文字在漫长的历史长河中始终是中华民族的物质支撑。这种语言文化的历史选择历久弥新，无声地证明了中华民族的道路选择和道路自信，也终将助力中华民族走向伟大复兴。从这里，我们可以更好地理解古代中国、现代中国和未来中国。从创新性看，汉语汉字顽强的生命力来自守正不守旧、尊古不复古的革故鼎新精神。我们的语言文字始终没有走上形态化语言的语法形式和拼音文字的书写形式，因此，为民族固有文化精神的展现和语文表达力的创新留下了足够的空间。汉语注重语用、注重情感的特点，汉字注重表意的特点，不仅是民族性格的外化，更是中华文明守正创新的精神体现。从统一性看，汉语汉字真正体现了民族和文明牢固而不可中断的坚强信念。自秦代实现国家统一以来，无论是政权更迭还是非汉族政权统治，语言文化始终是不弱于军事力量和政治力量的一种无形的力量，语言文字的同化能力总是首先把中华民族各民族文化融为一体，保证了“国土不可分、国家不可乱、民族不可散、文明不可断”。从包容性看，我们的民族共同语在发展过程中，在每一个历史时期都合理地融合了大量非汉语成分。从表面上的直接引入外来词汇，到深层次的语法结构和语音系统的调适，语言文化接触和融合的痕迹无处不在，显示了中华文化对世界文明兼收并蓄的开放胸怀。从和平性看，中华民族的语言文化不仅作为主体民族的母语，也成为民族大家庭乃至友好邻邦相互交往和沟通的便捷媒介。尽管汉语的类型特点迥异于其他语言，但在历史和现实中我们从没有推行语言霸权，而是一直以求同存异的态度寻求与世界语言大家庭和谐共融，以文质彬彬的姿态展现着世界和平建设者、全球发展贡献者和国际秩序维护者的风貌。

习近平总书记关于“只有全面深入了解中华文明的历史，才能更有效地推动中华优秀传统文化创造性转化、创新性发展”的重要论断，不仅强化了我们的文化自信，更为我们面对文化遗产所应采取的科学态度指明了方向。在 2016 年 5 月 17 日的哲学社会科学工作座谈会上，习近平总书记回顾了中国现代学术的发生和发展，并指出鸦片战争后，中华传统思想文化经历了剧烈变革的阵痛。我国现代哲学社会科学是在“寻求救亡图存之策”的动力驱动下萌芽的。包括语言文字在内的文化遗产，是该按照西方文明的方式彻底改造，还是冷静思考它的文化精髓，用转化和发展的态度去让它适应并促进社会改造？在20世纪初一个相当长时期、相当大范围内，有一种颇有影响力的观点，即以传统的汉语汉字作为文学革命的对象。这种主张尽管在当时的历史条件下有其历史进步性，却也失之偏颇，缺少足够的理智。习近平总书记指出，“当代中国哲学社会科学是以马克思主义进入我国为起点的，是在马克思主义指导下逐步发展起来的”。的确，回顾历史我们清楚地看到，如果不是马克思主义光辉的烛照，我们将付出更大的代价。新文化运动兴起后，对马克思主义、中华优秀传统文化和国外哲学社会科学三者之间的融通没有真正做好，有些文化学者把国家政治和经济的弱势归咎于文化载体，简单粗暴地把矛头指向包括汉语汉字在内的众多文化表现形式，并力图全面改变其面貌，对传统的割裂和对西方形式的机械模仿在实践中并没有得到广大民众的普遍接受，反倒促使人民反思什么才是正确的转化、发展态度。毛泽东同志在《新民主主义论》中第一次科学回答了马克思主义的立场和文化民族性、科学性之间的关系。习近平总书记指出，马克思主义基本原理同中华优秀传统文化相结合，“是我们党对马克思主义中国化时代化历史经验的深刻总结，是对中华文明发展规律的深刻把握”。从百余年来我国现代人文学术研究的发展历程来看，中国的文化学者从开眼看世界开始，以广博的胸怀和求知的热望，学习和吸收了现代学术理念，把握其中的科学立场和逻辑精神，对我国传统学术做了清醒的梳理和提炼，在一些学科中建立起了融通中外的学术体系，并在中华民族的文化传统和思维方式基础上初步形成了中国式的话语体系。事实证明，那些拘泥于传统、拒绝马克思主义和现代学术滋养的保守做法，那些盲目崇尚西方形态、失去科学理论指导并远离民族文化土壤的执念，以及排斥现代科学精神、轻视民族文化的机械教条思维，都不会把中国学术带向成熟，都不可能助力于中华民族现代文明建设。

新时代以来，党的创新理论不断开拓出新的思想境界，尤其是文化自信的理念日益深化，让我们更加看清“在五千多年中华文明深厚基础上开辟和发展中国特色社会主义，把马克思主义基本原理同中国具体实际、同中华优秀传统文化相结合是必由之路”。近年来，通过对现代人文学术走过道路的反思，我们更深刻地体会到“马克思主义基本原理同中华优秀传统文化相结合”这一命题的重要价值。习近平总书记关于“第二个结合”的五点论述，更是得到了文化现实的印证，同时帮助我们拨开迷雾，看清道路和方向。第一，语言文化现实印证了“结合”的前提是彼此契合的观点。汉语言文学自古“以对为本”，“对言”和“互文”映射出了中国人思维方式中对立统一的语言观，这和马克思主义辩证法的对立统一观相吻合，而对立统一正是马克思主义区别于某些颇有影响的西方哲学的关键点。第二，语言文化研究证实了“结合”的结果是互相成就的观点。我们运用马克思主义唯物史观，确立了注重演变的语言观察方法，从传世的古代文论中发现汉语精神，用现代语言学方法阐释其时代价值，用学术理论的新构建，以及学理化的汉语应用指导为现代文化载体赋予了灵魂，让经由“结合”而形成的新文化成为中国式现代化的文化形态。第三，语言文化的作用验证了“结合”筑牢道路根基的观点。中国式思想以中国式话语体现，中国式话语编织起中国式现代化的图卷。第四，“第二个结合”作为又一次的思想解放，打开了创新空间。在过去半个多世纪里，我们对马克思主义经典作家的语言文化论述不免还有近乎教条主义的解读，对语言与意识形态的关系形成了狭窄的、机械的看法。有了“第二个结合”，汉语文化体用不二、主客观融合的观点使我们的认识得到提升，从中国视角重新研读马克思主义原典，得出关于马克思主义意识形态的全新理论发现。第五，探索语言文化发展内在动因的过程，也是深化“第二个结合”、巩固文化主体性认识的过程。我们从没有像今天这样深刻领会到对于文化载体的维护和精研对国家和民族精神的重要价值，习近平总书记的重要讲话使我们深刻认识到中国共产党人正是基于文化主体性而创立了新时代中国特色社会主义思想，我们也从理论高度和历史高度更加清楚地认识到自身的时代使命，更加珍爱我们的文化载体，更加珍视我们的学术工作。我们将进一步领会“第二个结合”的伟大意义，总结马克思主义中国化时代化的历史经验，把握中华文明发展规律，站在中国道路、理论、制度认识的新高度，站在党的历史自信、文化自信的新高度，增强传承中华优秀传统文化、推进文化创新的自觉性。

（作者系中国社会科学院语言研究所所长）

做建设中华民族现代文明的时代新人

韩国河

6 月 2 日，习近平总书记出席文化传承发展座谈会并发表重要讲话。习近平总书记强调，在新的起点上继续推动文化繁荣、建设文化强国、建设中华民族现代文明，是我们在新时代新的文化使命。我作为一名历史和考古工作者、教育者，读之令人振奋，听之令人鼓舞，学之思绪飞扬。我们要坚决按照习近平总书记的要求，赓续历史文脉，厚植家国情怀，肩负文化使命，努力培养建设中华民族现代文明的时代新人。

赓续历史文脉　坚定文化自信

2019 年 1 月 2 日，中国历史研究院成立时习近平总书记致信表示祝贺，强调新时代坚持和发展中国特色社会主义，更加需要系统研究中国历史和文化，在对历史的深入思考中汲取智慧、走向未来。2021 年 10 月 17 日，在仰韶文化发现和中国现代考古学诞生 100 周年之际，习近平总书记发来贺信，勉励广大考古工作者“更好展示中华文明风采，弘扬中华优秀传统文化”。2022 年 5 月 27 日，中共十九届中央政治局就深化中华文明探源工程进行第三十九次集体学习时，习近平总书记强调，对中华传统文化，要坚持古为今用、推陈出新，继承和弘扬其中的优秀成分。2023 年 6 月 2 日，习近平总书记在文化传承发展座谈会上的重要讲话，站在中华民族伟大复兴和中华文明永续传承的战略高度，贯通历史、现实和未来，融通中外，是建设中华民族现代文明的行动指南。我们学之思之悟之，深刻领会习近平总书记关于中国文化和文明的重要论述，有助于进一步激发所有中华儿女为实现中华民族伟大复兴中国梦的历史责任感和文化使命感。

考古发掘表明，经历了数百万年的人类活动在大江南北展开，中华古代先民用石头棍棒与大自然搏斗，繁衍生息。距今一万年左右，人类走向种植为主的定居文化，走出洞穴捧起陶碗开启了“南稻北粟”的农耕文明画卷。距今五千多年的时候，大江大河哺育的诸多用考古学文化命名的人群都聚合出类同的古国形态，开始了“王权王国”的政治社会文明模式。以公元前 2070 年为起点，生活在黄河中下游的夏商族群，以登封王城岗、新密新砦、禹州瓦店、偃师二里头、偃师商城、郑州商城、安阳洹北商城以及殷墟等城邑为载体，强力推进王国政治的统领方式，形成了文字可契的青铜文明时代。公元前 1046 年，“周虽旧邦，其命维新”，系统开启了塑造中华礼乐文明的伟大实践，从宝鸡大周原到长安丰镐二京再到东都洛阳，从北京琉璃河、山东临淄、山西临汾、湖北随枣、河西走廊、川渝巴蜀，一直到长江下游、东北环渤海地区等地古遗址、古墓葬出土的文物，都打上了“普天之下，莫非王土”的烙印。公元前 770 年进入春秋战国时期，中国大地上诸侯列国掀起了无数次变法变革图强浪潮，秦人一马当先，历甘陇、雍城、栎阳、咸阳等都邑迁徙，多次东扩南下，在公元前 221 年统一天下，形成了以郡县制为基础、“车同轨，书同文”的中央集权统一道路。秦以后两千多年的历史长河中，各朝代以西安、洛阳、南京、开封、杭州、北京为都邑，开展了与域外民族交往和文化交流活动，谱写出浩荡丝路之歌，创造了盛唐气象，开创了赵宋之世的灿烂的华夏民族文化以及明清地域广阔、多民族融合一体的文明格局。抚凝文物、细味经典，正是“天行健，君子以自强不息”的变革和开放精神，使中华文明成为人类历史上唯一一个绵延 5000 多年至今未曾中断的灿烂文明。

习近平总书记明确指出，中华文明绵延数千年，有其独特的价值体系，“中国有坚定的道路自信、理论自信、制度自信，其本质是建立在 5000 多年文明传承基础上的文化自信”，同时，特别强调“坚定文化自信，是事关国运兴衰、事关文化安全、事关民族精神独立性的大问题”。在某种程度上而言，文化自信就是历史自豪、历史自觉和历史自省，古代先民遗留下的一件件文物、一处处遗存承载的就是中华民族物化的优秀传统文化优势，是我们在世界文化激荡中站稳脚跟的文化根基。我们回望历史，一定是立足当下、展望未来，考古工作者的担当不仅仅是做文物保护好、传承好的第一责任人，也是将其利用好、弘扬好、传播好的忠实实践者，必须结合新的时代条件、深刻把握中华民族的根与魂，将文化传承发展寓于中华民族生生不息的历史长河中，全面系统实施中华文明探源工程，增强全社会文物保护意识，加大文化遗产保护力度，着力推动中华优秀传统文化创造性转化、创新性发展。与此同时，必须深刻把握文物文化合作交流的国际性、开放性，加快国际传播能力建设，向世界讲好中国文物故事、历史故事，传播好中国声音，促进人类文明交流互鉴，服务于国家文化软实力建设和中华文化影响力的全球提升。

筑牢“根与魂” 厚植家国情怀

习近平总书记强调，认识中华文明的悠久历史、感知中华文化的博大精深，离不开考古学。要实施好“中华文明起源与早期发展综合研究”“考古中国”等重大项目，做好中华文明起源的研究和阐释。这些重要论述，清晰指明了中国考古学的努力发展方向。

“求木之长者，必固其根本；欲流之远者，必浚其泉源。”考古学科的研究一定要紧紧围绕“中华五千年不断裂文明”的特征，聚焦于文明连续性、创新性、统一性、包容性、和平性之“五性”研究，不断加强国家层面的历史文化研究和平台建设，凝练中国特色、中国风格、中国气派考古学方向，完善历史学学科体系、学术体系、话语体系，回应习近平总书记对文化事业、文化繁荣的殷殷关切，回应人民对美好生活中美好优秀文化需求的期盼。

作为历史遗产腹地的河南省，因历史上大部分位于黄河中下游以南的地理区位特征，先后有 20 多个朝代建都或迁都于此，具有丰富的历史文化资源的优势。数据显示，全省现有不可移动文物 65519 处，数量居全国第二位，其中世界文化遗产 5 项，全国重点文物保护单位 420 个，省级文物保护单位 1521 个。面对河南丰富的历史文化资源，不少同仁用“中国山河、老少文武”八个字来概括。“中”即“天下之中”的地理观、文化观和历史观，借喻中原在五千多年中华文明形成过程中一直处于核心地位的作用；“中”既是河南地方方言关键词，也体现《礼记·中庸》中“喜怒哀乐之未发，谓之中；发而皆中节，谓之和。中也者，天下之大本也”所言的价值观。“国”指的是自古代文明形成伊始，河南已成为华夏古国王国发轫成长的核心文化地区，也有学者主张偃师二里头遗址为“最早的中国”，当然，如果“禹都阳城”可证，最早的中国应该是登封王城岗遗址。宝鸡发现的青铜器何尊的铭文中有“宅兹中国”，指的就是河洛地区，西周开始已经把“中国”与河南的古文化特性紧紧联系在一起。“山”即嵩山，也就是《诗经》中“崧高维岳，骏极于天”的圣山，以后为五岳之一，嵩山文化圈孕育了夏商王朝，其重要性自不待言。“河”是黄河，殷卜辞称为“高祖河”，《史记·封禅书》称为“德水”等，她就是中华民族的“母亲河”。黄河流域不但是古代中国农业文明起源、国家与城市文明发源之地，包括黄河文化在内的中华优秀传统文化也是习近平总书记所强调的中华民族的“根和魂”。“老少文武”是对“中国山河”的具体解释，也是河南代表性的文化遗产，“老”即老子，《道德经》家喻户晓；“少”即少林寺，美名天下；“文”即甲骨文，承载殷商信史；“武”即武术，如今太极拳法、少林武道后继有人。这八个字中有考古，有历史，有故事，有传承，有现代，有古今，有世界，需要通力阐述，以达“行走河南，感知中国”之目标。

除此之外，发掘考古遗存，研究古代历史文化，更重要的是在中华大地上，不断总结各区域的“中国山河、老少文武”的种种文化表征，广泛凝聚“国家文化认同”的价值观，强化中华文明的“五性”研究，究明中华民族文脉不息、人脉不断的文化基因和精神“魂魄”，这是考古工作、历史研究的文化使命所在。穿越千年历史隧道，考古工作通过一件件实物，与先民目光交汇，与先人灵魂相撞。郑州大学考古学科时刻牢记习近平总书记的殷殷嘱托，扛牢新时代历史责任，立足中原，面向全国，服从国家战略布局，建设好一流考古学科，有力诠释中国特色、中国风格、中国气派的考古学特质。由考古学科牵头，落实“部省合建”要求，我们紧紧围绕黄河流域生态保护和高质量发展的战略机遇，与省文物局合建黄河考古研究院，推进中华文明根系和起源研究，讲好黄河故事，充分展示考古学对国家文化建设的使命担当。

肩负文化使命　培育时代新人

习近平总书记在文化传承发展座谈会上的重要讲话，明确提出了担负起新的文化使命的要求，发出了建设中华民族现代文明的伟大号召。建设中华民族现代文明，必须深入了解中华文明具有的突出的连续性、创新性、统一性、包容性、和平性这五个突出特性的基本内涵；必须深刻把握把马克思主义基本原理同中国具体实际、同中华优秀传统文化相结合是必由之路的科学论断。我们要以习近平总书记重要讲话精神统领中华民族现代文明传承与发展工作，肩负新时代新的文化使命，与世界一流大学建设紧密结合，培育时代新人，坚定文化自信、担当使命、奋发有为，共同努力创造属于我们这个时代的新文化，建设中华民族现代文明。

青年兴则国兴，青年强则国强。要积极培养壮大考古队伍，让更多年轻人热爱、投身考古事业，让考古事业后继有人、人才辈出。要以“立德树人”为根本，“探索未知、揭示本源”为目标，以国家文化建设为导向，以国家命题为抓手，具体研究中华历史文化的形成与演进过程。要从政治史、观念史角度揭示中华民族文化一脉相承的核心要素，探究中国思想文化中务实创新、兼容并蓄、敬天法祖、重视血缘、以道德完善为最高理想追求等的文化特质，揭示中华文明不同时期与周邻文化的交流融合过程，以及“多元一体”的格局。要把历史考古文化研究和学科建设打造成中华民族文化认同、国家认同的重要支撑体系。

培养世界一流考古人才，一定要以加强能力建设为着力点，不断深化对文化建设的规律性认识，要坚持以辩证唯物主义和历史唯物主义为指导，大力加强历史考古学课程体系建设，突出考古思政课程，以史育人，传承与发展中华优秀传统文化，培养德智体美劳全面发展的社会主义事业接班人，让中华民族现代文明之光照亮人心，让中华优秀传统文化永续传承。

（作者系郑州大学副校长、历史文化遗产保护研究中心主任、二级教授）

在历史视野中推动中华文明传承与发展

彭丰文

6月2日，习近平总书记出席文化传承发展座谈会并发表重要讲话。习近平总书记在讲话中强调，要担负起新的文化使命，共同努力创造属于我们这个时代的新文化，建设中华民族现代文明。这一重要讲话精准地把握了中华文明的精髓，深刻揭示了中华文明形成的历史文化根基，指明了中华优秀传统文化同马克思主义基本原理相结合、实现创造性转化与创新性发展的基本方向，在贯穿古今的宏阔深远历史视野中考察探究中华文明的过去、现在与未来，揭示中华文明的规律和发展趋势，生动体现了“通古今之变”“知古以鉴今”的中华传统历史思维，是运用历史思维视角与方法对中华文明进行理论阐释的新成就，标志着中华文明理论阐释的新高度，具有重要的理论价值和现实意义。

高度重视中华文明的历史传承与发展

习近平总书记指出，建设中国国家版本馆的“初心宗旨是在我们这个历史阶段，把自古以来能收集到的典籍资料收集全、保护好，把世界上唯一没有中断的文明继续传承下去。盛世修文，我们这个时代，国家繁荣、社会平安稳定，有传承民族文化的意愿和能力，要把这件大事办好”。这一重要讲话突出体现了对中华文明历史传承与发展的高度重视，凸显了对传承和发展中华文明的历史使命感与责任感。

文明的延续依靠一代代人坚持不懈的传承和发展。唯有重视历史传承和发展，才能使文明保持不竭的生命力和凝聚力，为民族和国家的繁荣发展提供精神动力源泉。重视文明传承是中华民族古老悠久的历史传统。在魏晋南北朝时期的动荡时局中，崔逞虽遭贫困和兵难，仍然讲诵不废，传经授道。宋代思想家张载淡泊名利，不惧贫贱，以“为天地立心，为生民立命，为往圣继绝学，为万世开太平”为人生信念与历史使命，鼓舞了千百年来有志于传承中华文明的仁人志士。正是历史上有千千万万这样在艰难困苦中仍然坚持薪火相传的仁人志士，才使得中华文明生生不息，绵延不绝。历代统治者不论在太平盛世还是混乱时局中，均努力提倡儒学，兴办庠序，祭祀华夏人文初祖和圣王先贤，对中华文明的传承起到了奠基与引领的重要作用。这种传承文明的历史使命感，是中华文明得以传承和发展的重要原因。

习近平总书记在讲话中强调，中国文化源远流长，中华文明博大精深，只有全面深入了解中华文明的历史，才能更有效地推动中华优秀传统文化创造性转化、创新性发展，更有力地推进中国特色社会主义文化建设，建设中华民族现代文明。这体现出党中央对中华文明发展问题的高度重视，提出了中华文明在新时代如何实现新发展的问题，并给出了答案，即通过深入了解中华文明的历史，推动中华优秀传统文化的创造性转化、创新性发展，使中华文明传承与发展并行，在新的历史时期焕发新的活力和光彩，为中国特色社会主义文化建设和中华民族现代文明建设发挥独有的作用。习近平总书记对中华文明的历史传承与发展高度重视，体现了强烈的历史责任感和使命感，展现了高度的历史自觉和文化自信。天下兴亡，匹夫有责。中华文明承载着中华民族的灵魂和血脉，关系到中华民族的兴衰。传承和发展中华文明，是每一个中华儿女的责任与使命。

突出强调中华文明的深厚历史底蕴

习近平总书记强调，要从宏阔深远的历史视野理解和认识中华文明。他指出，如果不从源远流长的历史连续性来认识中国，就不可能理解古代中国，也不可能理解现代中国，更不可能理解未来中国。正是在全面深入理解中华文明历史的基础上，习近平总书记的重要讲话精准提炼了中华文明的突出特性，即连续性、创新性、统一性、包容性、和平性。纵览中华文明的演进历程，可以发现这一重要论断与中国历史高度契合，突出体现了中华文明的深厚历史底蕴。

中华文明是在漫长的历史进程中不断积淀、演化、升华的精神产物，是历史上各民族在共同披荆斩棘、努力奋斗的历史实践中凝聚的智慧结晶。先秦时期，已经出现大一统思想的萌芽，孕育了正统观念。在五千多年中华文明史上，各民族基于对正统地位的认同与追求，形成了强烈的政治传承意识。在历史上，不管是华夏民族统治者还是少数民族统治者，均以正统自居，主动认同中华文化和历史"中国"，自觉担当中华文化的继承者、守护者和宣传者，同时以实现和维护"大一统"为最高政治奋斗目标，崇尚"六合同风，九州共贯"、各民族和谐相处、安居乐业的大一统盛世，形成了中华文明连续性、统一性的鲜明特色。这是中华文明生生不息、代代相传的重要原因。先秦时期的儒家典籍《周易》提出"穷则变，变则通，通则久"的思想;《礼记·大学》记载了商汤时期的箴言"苟日新，日日新，又日新"。这是中国古代改革创新思想的重要来源，激励着历代统治者和仁人志士在困境中寻求出路，在因循中寻找突破，为中华文明提供了生生不息的生命力、创造力，为中华文明创新性提供了重要的思想基础。先秦时期仁德至上的政治价值观念，为中华文明注入包容性、和平性的文化基因。“为政以德”“皇天无亲，惟德是辅”“远人不服，则修文德以来之”的观念形成于先秦，并逐渐深入人心，成为华夷各族广泛认可的政治信条，为凝聚与包容华夷各族提供了精神纽带。“四海之内皆兄弟”“和而不同”的政治理念，是中国古代处理内政外交的基本原则，体现了中华文明开放包容、崇尚和平的文化底色。伴随着中华文明的演进历程，中华民族共同体不断凝聚，日渐稳固和强大，中华文明日趋繁荣发展。

深刻阐明中华文明在中国特色社会主义建设中的历史定位

习近平总书记指出，在五千多年中华文明深厚基础上开辟和发展中国特色社会主义，把马克思主义基本原理同中国具体实际、同中华优秀传统文化相结合是必由之路，这是我们在探索中国特色社会主义道路中得出的规律性的认识，是我们取得成功的最大法宝。这一论断是对中国特色社会主义建设历史经验的总结，也是对今后中国特色社会主义建设的要求和展望，为中国特色社会主义道路指明了方向，深刻阐明了中华文明在中国特色社会主义建设中的历史定位。

五千多年的中华文明是中国特色社会主义建设的深厚基础；建设中国特色社会主义必须实现“两个结合”，即马克思主义基本原理与中国具体实际相结合、与中华优秀传统文化相结合。习近平总书记的重要讲话论述了“两个结合”的前提、结果和深远意义，形成了一个关于“两个结合”的系统理论阐释体系。这一重要讲话凸显了中华文明对于中国特色社会主义建设的重要意义，深刻阐明了中华文明与中国式现代化之间的紧密互动关系，指出中国式现代化赋予中华文明以现代力量，中华文明赋予中国式现代化以深厚底蕴。习近平总书记特别强调了“第二个结合”即马克思主义基本原理同中华优秀传统文化相结合的重大意义，指出“第二个结合”是又一次的思想解放，表明我们党对中国道路、理论、制度的认识达到了新高度，表明我们党的历史自信、文化自信达到了新高度，表明我们党在传承中华优秀传统文化中推进文化创新的自觉性达到了新高度。这一重要论述深刻阐明了中华文明在中国特色社会主义建设中的重要地位，是政治文化理论领域的一次重大理论创新。

中华优秀传统文化是中华民族的根和魂，是中华民族继续努力奋斗、继续繁荣发展的精神动力源泉，是实现中国式现代化的基础和保障。中华优秀传统文化是中华文明的核心和精华，是中华民族的宝贵精神财富。马克思主义基本原理同中华优秀传统文化相结合，是中华文明实现创造性转化、创新性发展的重要方式，是中华传统文明向中华民族现代文明转型发展的重要方式，也是马克思主义中国化的重要方式。

习近平总书记的重要讲话从宏阔深远的历史视野对中华文明作了全景式的理论阐述，精准概括了中华文明的突出特性，突出强调了其深厚的历史底蕴，深刻阐明了中华文明在中国特色社会主义建设中的历史定位，简明扼要地回答了什么是中华文明、中华文明如何传承和发展、中华文明与中国式现代化的关系、马克思主义如何实现中国化等一系列重大理论问题，具有重大的理论创新意义和现实指导意义，为理解和阐释中华文明提供了重要的理论指导，为推动中华文明的传承和发展提供了根本遵循。我们将认真学习、深刻领会和贯彻习近平总书记重要讲话精神，深刻理解和把握中华文明的突出特性，在中国共产党的领导下，自觉肩负起守护、传承和发展中华文明的历史使命，坚定文化自信，坚持守正创新，为铸牢中华民族共同体意识、实现中华民族伟大复兴而努力奋斗。

（作者系中国社会科学院民族学与人类学研究所研究员、中国民族史学会副会长兼秘书长）

在守正创新中建设中华民族现代文明

杨舟贤

6月2日，习近平总书记在文化传承发展座谈会上发表重要讲话。这是一篇影响深远的马克思主义纲领性文献，是对党的十八大以来习近平总书记关于文化建设系列论述的全面总结和继续深化，明确提出了新时代新的文化使命。

习近平总书记在讲话中强调："要坚持守正创新，以守正创新的正气和锐气，赓续历史文脉、谱写当代华章。"讲话通篇闪耀着守正创新的"中国智慧"，守中华优秀传统文化之正，创马克思主义中国化时代化之新。找规律、守正道、求创新，在守正创新中继续推动文化繁荣、建设文化强国、建设中华民族现代文明。

守中华优秀传统文化之正

"中华民族在几千年历史中创造和延续的中华优秀传统文化，是中华民族的根和魂。"构成中华民族文化根脉的是蕴含在中华优秀传统文化中的思想观念、人文精神和道德规范。党的二十大报告提出："中华优秀传统文化源远流长、博大精深，是中华文明的智慧结晶，其中蕴含的天下为公、民为邦本、为政以德、革故鼎新、任人唯贤、天人合一、自强不息、厚德载物、讲信修睦、亲仁善邻等，是中国人民在长期生产生活中积累的宇宙观、天下观、社会观、道德观的重要体现，同科学社会主义价值观主张具有高度契合性。”

“契合性”的提出体现了中国共产党人的高度历史自觉和坚定的文化自信。历史自觉是文化自信的基石，文化自信源自对国家和民族历史的高度认同、对当下的正确认识和对未来的科学认知。习近平总书记在文化传承发展座谈会上强调：“马克思主义和中华优秀传统文化来源不同，但彼此存在高度的契合性。”这是对马克思主义文化理论的进一步丰富和发展，为马克思主义中国化时代化作出了重要的理论贡献。

中华文明是中华民族独特的精神标识，是在与世界其他文化不同的发展历程中形成的，是中国特色的根基。2021 年 3 月 22 日，习近平总书记在福建武夷山朱熹园考察时表示，如果没有中华五千年文明，哪里有什么中国特色？如果不是中国特色，哪有我们今天这么成功的中国特色社会主义道路？我们要特别重视挖掘中华五千年文明中的精华，弘扬优秀传统文化，把其中的精华同马克思主义立场观点方法结合起来，坚定不移走中国特色社会主义道路。百万年的人类史、一万年的文化史、五千多年的文明史形成了中国人看待世界、看待社会、看待人生的独特的价值体系、文化内涵和精神品质，“这是我们区别于其他国家和民族的根本特征，也铸就了中华民族博采众长的文化自信”，这从根本上决定了推进文化自信、自强必须、必定、必然要走自己的道路。

守中华优秀传统文化之正在于中华文明具有突出的连续性。2022 年 10 月 28 日，习近平总书记在河南安阳殷墟遗址考察时指出：“中华文明源远流长，从未中断，塑造了我们伟大的民族，这个民族还会伟大下去的。”他同时强调，中华优秀传统文化是我们党创新理论的“根”，我们推进马克思主义中国化时代化的根本途径是“两个结合”。中华文明是世界上唯一没有中断的文明，突出的连续性决定了建设中华民族现代文明必须在传承发展中华优秀传统文化的基础上守正创新，无论遇到任何艰难险阻都坚决不能转“轨”改“道”。

创马克思主义中国化时代化之新

习近平新时代中国特色社会主义思想的创立实现了马克思主义中国化时代化新的飞跃，为新时代党和国家事业发展提供了根本遵循。拥有马克思主义科学理论指导是我们党坚定信仰信念、把握历史主动的根本所在，坚持运用辩证唯物主义和历史唯物主义，把马克思主义基本原理同中国具体实际、同中华优秀传统文化相结合，推进马克思主义中国化时代化是一个追求真理、揭示真理、笃行真理的过程。唯有如此，才能正确回答时代和实践提出的重大问题，才能始终保持马克思主义的蓬勃生机和旺盛活力。

建设中华民族现代文明要着眼于创造属于我们这个时代的新文化。2014 年 9 月 24 日，习近平总书记在纪念孔子诞辰 2565 周年国际学术研讨会暨国际儒学联合会第五届会员大会开幕会上指出:“传统文化在其形成和发展过程中，不可避免会受到当时人们的认识水平、时代条件、社会制度的局限性的制约和影响，因而也不可避免会存在陈旧过时或已成为糟粕性的东西。这就要求人们在学习、研究、应用传统文化时坚持古为今用、推陈出新，结合新的实践和时代要求进行正确取舍，而不能一股脑儿都拿到今天来照套照用。要坚持古为今用、以古鉴今，坚持有鉴别的对待、有扬弃的继承，而不能搞厚古薄今、以古非今，努力实现传统文化的创造性转化、创新性发展，使之与现实文化相融相通，共同服务以文化人的时代任务。”

习近平总书记在文化传承发展座谈会上强调：“中华文明具有突出的创新性，从根本上决定了中华民族守正不守旧、尊古不复古的进取精神，决定了中华民族不惧新挑战、勇于接受新事物的无畏品格。”中华民族充满变革和开放精神，具有突出的包容性。在五千多年的文明史上，变革和开放总体上是历史常态。中华文明与世界其他文化在物种和技术、资源和人群、思想和文化等方面都有经常性的传播互动，在交流融合中获得发展进步，通过文明互鉴不断焕发新的生命力。

马克思主义基本原理同中华优秀传统文化相结合是我们党对马克思主义中国化时代化历史经验的深刻总结，是对中华文明发展规律的深刻把握，表明我们党对中国道路、理论、制度的认识达到了新高度；表明我们党的历史自信、文化自信达到了新高度；表明我们党在传承中华优秀传统文化中推进文化创新的自觉性达到了新高度。新时代的中国共产党人必须坚持解放思想、实事求是、与时俱进、求真务实，一切从实际出发，运用马克思主义科学的世界观和方法论解决新时代改革开放和社会主义现代化建设的实际问题，不断回答中国之问、世界之问、人民之问、时代之问，做出符合中国实际和时代要求的正确回答，得出符合客观规律的科学认识，形成与时俱进的理论成果，更好地指导中国实践，让马克思主义在中国牢牢扎根。

建设中华民族现代文明

习近平总书记在文化传承发展座谈会上强调：“要坚定文化自信、担当使命、奋发有为，共同努力创造属于我们这个时代的新文化，建设中华民族现代文明。”党的十八大以来，党领导全国人民成功推进和拓展了中国式现代化，踏上了全面建设社会主义现代化国家新征程，在文化建设领域取得了历史性成就、发生了历史性变革。新时代新征程的使命任务，要求我们自觉担负起新的文化使命，在守正创新中建设中华民族现代文明。

建设中华民族现代文明要推进文化自信自强。文化自信是更基本、更深沉、更持久的力量。2016 年 5 月 17 日，习近平总书记在哲学社会科学工作座谈会上指出：“我们说要坚定中国特色社会主义道路自信、理论自信、制度自信，说到底是要坚定文化自信。”推进文化自信自强要传承中华优秀传统文化，厚植历史根脉，丰富精神滋养，坚定国土不可分、国家不可乱、民族不可散、文明不可断的共同信念。推进文化自信自强要弘扬革命文化，以中国共产党人的精神谱系提升思想自觉，凝聚价值共识，振奋民族精神，汇聚起中华儿女砥砺前行的磅礴力量。推进文化自信自强要发展社会主义先进文化，发展面向现代化、面向世界、面向未来的，民族的、科学的、大众的社会主义文化，不断提高人民思想觉悟、道德水平、文明素养，铸就社会主义文化新辉煌。

建设中华民族现代文明要增强实现中华民族伟大复兴的精神力量。要从历史长河中看待文化推动人类文明进步的重要功能，在时代大潮中发挥文化引领社会变革的重要作用，在人的全面发展中体现文化创造美好生活的重要价值。在新时代的伟大变革中，中华民族正在努力实现从站起来、富起来到强起来的伟大飞跃，民族复兴进入了不可逆转的历史进程。越是接近目标，越是需要付出更为艰辛、艰苦、艰巨的努力，越是需要付出巨大的牺牲，越是需要思想保证、舆论支持、精神动力和文化条件，要通过建设中华民族现代文明更好地服务于物质文明和精神文明相协调的中国式现代化建设，坚持满足人民文化需求和增强人民精神力量相统一，为全面推进中华民族伟大复兴提供更为主动、更为强大的精神力量。

建设中华民族现代文明要提升中华文明传播力影响力。中华文化是跨越时空、超越国界、富有永恒魅力、具有当代价值的文化，是能够为人类提供正确精神指引的文化。习近平总书记在文化传承发展座谈会上强调，中华文明具有突出的和平性，从根本上决定了中国始终是世界和平的建设者、全球发展的贡献者、国际秩序的维护者。当前，人类在世界百年未有之大变局中面临前所未有的风险挑战。中华民族胸怀天下，以世界眼光关注人类前途命运，创造了人类文明新形态，以弘扬全人类共同价值、构建人类命运共同体为应对全球共同风险挑战贡献了中国智慧、中国方案、中国力量。要坚守中华文化立场，“把优秀传统文化的精神标识提炼出来、展示出来，把优秀传统文化中具有当代价值、世界意义的文化精髓提炼出来、展示出来”，加强国际传播能力建设，广泛参与世界文明对话，深化文明交流互鉴，把中华民族文化创新创造的成果贡献给世界，为人类文明进步作出新的更大贡献。

建设中华民族现代文明是我们在新时代新的文化使命，要深刻把握文化建设规律和文化在新时代新征程中的地位作用，坚持正本清源，继续巩固马克思主义在意识形态领域的指导地位；要坚持守正创新，不断推动中华优秀传统文化创造性转化、创新性发展；要积极践行社会主义核心价值观，提高全社会文明程度，繁荣发展文化事业和文化产业，满足人民日益增长的精神文化需求，巩固全党全国各族人民团结奋斗的共同思想基础，为把我国建成富强民主文明和谐美丽的社会主义现代化强国，实现中华民族伟大复兴贡献精神力量。

（作者系国家艺术基金管理中心副主任）

赓续文化传统　推进中华民族现代文明建设

彭雷霆

2023 年 6 月 2 日，习近平总书记在文化传承发展座谈会上指出，“在新的起点上继续推动文化繁荣、建设文化强国、建设中华民族现代文明，是我们在新时代新的文化使命”，“只有全面深入了解中华文明的历史，才能更有效地推动中华优秀传统文化创造性转化、创新性发展，更有力地推进中国特色社会主义文化建设，建设中华民族现代文明”。文化兴国运兴，文化强民族强。在向着全面建成社会主义现代化强国的第二个百年奋斗目标迈进的关键时刻，习近平总书记对于新的文化使命和中华文化传承发展的系统阐述，既是新时代党领导文化建设实践经验的规律总结，又是在深化马克思主义中国化时代化的基础上，对于中国特色社会主义理论在文化领域的新拓展、新突破。

从建设中华民族现代文明的高度重新理解、认识中华文化传承的意义

中华文化是中华民族独特的精神标识，也是中华文明区别于世界其他文明的文化标识。从历史长河看，中华文明是世界上唯一一个从未中断的文明。鸦片战争以来，在西方坚船利炮的护卫下，西方近代

文化以前所未有的力度、速度和广度冲击着延续数千年的中华传统文化，让中华文化面临由“何必师事夷人”（倭仁语）到“欲使中国民族为20世纪文明之民族，必以废孔学，灭道教为根本之解决”（钱玄同语）的极速转变，从“文化自大”转变为“文化自卑”。为救亡图存，近代仁人志士经过旧民主主义革命、新民主主义革命等历次斗争，最终在中国共产党的领导下开启了中华民族的伟大复兴之路。中华文明也进入中华民族现代文明建设时期。

中华民族伟大复兴的历程是古老的中华文明完成现代重塑的蜕变过程，也是实现中华文化当代传承的体现。当今世界正面临百年未有之大变局，“源浚者流长，根深者叶茂”。中华民族的伟大复兴需要以中华文化发展繁荣为条件。中华文化的传承发展是中华民族现代文明建设的文化根脉，是维系全世界华人的精神纽带，是中国文化创新的宝藏，也是中华民族在世界文化激荡中站稳脚跟的坚实根基和进行社会主义现代化强国建设的精神力量。

百余年来，中国共产党人始终是中华优秀传统文化的忠实继承者和弘扬者。党的十八大以来，以习近平同志为核心的党中央对中华优秀传统文化的认识不断深入，中华文化作为强国建设与民族复兴的中坚力量愈发彰显。继承优秀传统文化、创新发展优秀传统文化成为推进中华民族现代文明建设和实现中华民族伟大复兴中国梦的根本性力量。

中华文明的突出特性规制了中国式现代化道路的独特性与现实基础

习近平总书记将中华文明的突出特性概括为：突出的连续性、突出的创新性、突出的统一性、突出的包容性、突出的和平性。这五个突出特性构成中华文明的先进性特征，同时也规制了中国式现代化道路的独特性与现实基础。

现代化是随着工业革命开始的包含经济、政治、社会、文化等多方面的巨大结构性转型，是推动人类社会从农耕文明向现代工业文明转变的过程。最先完成现代化的国家是欧美等西方发达国家，基于欧美现代化经验形成了西方现代化范式，在西方话语叙述下非西方国家的现代化过程被视作对西方现代化道路的仿效。但在中国共产党的领导下，我国“用几十年的时间走完了发达国家几百年走过的发展历程”，打赢了人类历史上规模最大的脱贫攻坚战，实现了小康这个中华民族的千年梦想，完成了第一个百年奋斗目标，开创了有别于西方的中国式现代化道路。中国式现代化彰显了中华民族的智慧和特色，是我们党从中华文明的突出特性出发，在以马克思主义为指导的百年奋斗历程中凝练出的探索现代化的经验总结。

我国有百万年的人类史、一万年的文化史、五千多年的文明史。中华文明具有突出的连续性和创新性，是我们国家、民族进行现代化建设的根基和底蕴，是我们从过去走向现在、迈向未来的智慧源泉；中华文明具有突出的统一性，让我们中华民族多元一体、携手共进，在大一统的空间格局下进行中国式现代化探索；中华文明具有突出的包容性与和平性，使得中国式现代化道路以和平发展为底色，以和合共生为特色，以人类命运共同体打造为亮色。中华文明的突出特性赋予中国式现代化以深厚底蕴，规制了中国式现代化必然是人口规模巨大的现代化、全体人民共同富裕的现代化、物质文明和精神文明相协调的现代化、人与自然和谐共生的现代化、走和平发展道路的现代化。中国式现代化是中华文明突出特性和精神特质在现代化探索中的中国显现，体现中华文明的时代内涵，赋予中华文明以现代力量，是对基于资本逻辑、殖民特性、零和博弈的西方式现代化道路的超越。

把马克思主义基本原理同中国具体实际、同中华优秀传统文化相结合是建设中华民族现代文明的必由之路

习近平总书记在庆祝中国共产党成立100周年大会上首次明确提出“两个结合”的重大论断，在党的二十大报告中又进行了深刻的阐述。在文化传承发展座谈会上，习近平总书记对这一重大论断，特别是“第二个结合”进行了充分的论述，阐明了马克思主义基本原理同中华优秀传统文化高度契合、互相成就的内在机理，揭示了马克思主义基本原理同中华优秀传统文化相结合对于筑牢道路根基、打开创新空间、巩固文化主体性等方面具有的重要意义，指出了“第二个结合”是又一次的思想解放，是我们党对马克思主义中国化时代化历史经验的深刻总结，表明我们党在传承中华优秀传统文化中推进文化创新的自觉性达到了新高度。

中华民族现代文明建设的历程清楚表明，推进马克思主义中国化时代化是我们党与时俱进、克敌制胜的法宝。只有把马克思主义基本原理同中国具体实际相结合、同中华优秀传统文化相结合，才能在中国国情、时代语境下正确回答中国之问、世界之问、人民之问、时代之问；只有植根于本国、本民族历史文化沃土，马克思主义的真理之树才能根深叶茂；只有马克思主义基本原理同人民群众日用而不觉的中华优秀传统文化相结合，才能让马克思主义成为中国的，中华优秀传统文化成为现代的，让经由“结合”而形成的新文化成为中国式现代化的文化形态；只有将马克思主义思想精髓同中华优秀传统文化精华贯通起来，我们才能够在更广阔的文化空间中，充分运用中华优秀

传统文化的宝贵资源，探索面向未来的理论创新和制度创新。

中华优秀传统文化是中华民族的“根”和“魂”；马克思主义是“整个人类精神的精华”，是我们立党立国、兴党兴国的根本指导思想。推进中华民族现代文明建设，就要把马克思主义基本原理同中国具体实际、同中华优秀传统文化相结合，坚定不移地走中国特色社会主义道路，在实践创造中进行文化创新，在世界文明图景中展现出具有中国特色、中国风格、中国气派的中华民族现代文明新形态。

文运同国运相牵，文脉同国脉相连。推进中华民族现代文明建设是我们在新时代新的文化使命。只有全面贯彻习近平新时代中国特色社会主义思想，把马克思主义基本原理同中国具体实际、同中华优秀传统文化相结合，坚定不移推进马克思主义中国化时代化，正确处理好中华文化过去与现在的关系，赓续历史文脉，在守正中创新，在传承中发展，才能实现中华文明的现代重塑，书写体现时代特质的中华文明华章，讲好中国的现代故事，为世界现代化贡献中国方案。

（作者系武汉大学国家文化发展研究院副院长）

传承中华文脉　走稳新时代文化自信之路

包大为

习近平总书记强调，在新的起点上继续推动文化繁荣、建设文化强国、建设中华民族现代文明，是我们在新时代新的文化使命。要坚定文化自信、担当使命、奋发有为，共同努力创造属于我们这个时代的新文化，建设中华民族现代文明。

中国人民在千百年来的生产生活中创造的中华文明，既是中国人共同守望的“根”，也是共同塑造的“魂”。正是对中华文明“根”和“魂”的守正，使中华民族渡过了苦难和曲折时期，创造了传奇和辉煌。但是，守“根”铸“魂”的文化自信却来之不易。

近代“国家蒙辱、人民蒙难、文明蒙尘”的局面让人或是表现为前所未有的文化自卑，或是表现为“全盘西化”的文化改造。而拯救中华文明，使其浴火重生的并不是国故与守旧，而是马克思主义。通过与马克思主义相结合，尤其在中国共产党人领导下的新民主主义革命与社会主义实践中，中华文明不仅获得了赓续的物质基础与社会条件，更不断获得了新的时代需求、时代主题与时代内容。因此，中国共产党的百年奋斗史与中华民族由苦难走向辉煌的复兴史是高度统一的。马克思主义中国化时代化重塑了中国人民的文化自信，中国人民不仅认识到自己是历史的创造者，而且认识到自己也应当是赓续文明、创造文化的自觉主体。正如毛泽东同志指出的：“自从中国人学会了马克思列宁主义以后，中国人在精神上就由被动转入主动。”

展望未来，在中国式现代化新征程上文化事业责无旁贷。国家之魂，文以化之，文以铸之。文化就是人化，而中国式现代化则是人向着本真复归、向着兴趣发展、创造力充分涌流的未来文化。故而，中国式现代化是物质文明和精神文明相协调的现代化，这不仅要求我们时刻将文化作为检验现代化成果的重要指标，还要求我们充分发挥文化对社会经济发展与历史进步的能动性。因此，当代中国共产党人和中国人民担负起新的文化使命，是向着历史进步的文化探索与远征，也是向着实践的文化创造与转化：要把坚持马克思主义同弘扬中华优秀传统文化有机结合起来，让马克思主义成为中国的，让中华优秀传统文化成为现代的；要把文化发展融入国家发展大局，以创新激发文化活力，推动文化事业高质量发展；要扎实推进文化事业和文化产业繁荣发展，满足人民精神文化需求，增强人民精神力量，建设中华民族共有精神家园；要以文化自信作为最基本的自信，以文化支撑为中国式现代化厚积薄发之底气。

一是坚定文化自信，走稳我们自己的路。中华文明绵延 5000 多年的历史本身就是文化自信最为坚实的基础。文明之延续所依靠者，既不是天命，也不是幸运，而是中华民族不懈的创新、奋斗与创造。中华文明所蕴含的智慧与经验，时刻滋养着中华民族在新的历史条件下的新创造、新发展，给我们的文化自信打下了最深厚的历史根基。习近平总书记指出：“坚定文化自信，离不开对中华民族历史的认知和运用。”中华优秀传统文化有很多重要元素，共同塑造出中华文明的突出特性。“中华文明 5000 多年绵延不断、经久不衰，在长期演进过程中，形成了中国人看待世界、看待社会、看待人生的独特价值体系、文化内涵和精神品质，这是我们区别于其他国家和民族的根本特征，也铸就了中华民族博采众长的文化自信。”我们的文化自信，不仅来自文化的积淀、传承与创新、发展，更来自中国特色社会主义的伟大实践，来自实现中华民族伟大复兴的光明前景。担当新时代新的文化使命，必须坚定文化自信，在世界各种文化交流激荡的大潮中，时刻保持清醒头脑，坚守中华文化立场，做到昂扬不张扬、自信不自满；必须立足中华民族伟大历史实践和当代实践，用中国道理总结好中国经验，把中国经验提升为中国理论，实现精神上的独立自主，把中国发展进步的命运牢牢掌握在自己手中。

二是推动文化繁荣，走出文化共富之路。文化是一个国家、一个民族的灵魂。国家和民族的强盛总是以文化兴盛为强大支撑和重要标志。没有高度的文化自信，没有文化的繁荣兴盛，就没有中华民族的伟大复兴。习近平总书记指出："20 世纪初，在五四新文化运动中，发端于文艺领域的创新风潮对社会变革产生了重大影响，成为全民族思想解放运动的重要引擎。"在文化传承发展座谈会上，习近平总书记指出，"第二个结合"是又一次的思想解放，让我们能够在更广阔的文化空间中，充分运用中华优秀传统文化的宝贵资源，探索面向未来的理论和制度创新。肩负新使命、奋进新征程，必须以守正创新的正气和锐气，走好优秀传统文化创造性转化、创新性发展的道路，不断推出更多无愧于时代、无愧于人民、无愧于民族的精品力作，不断推动文化的繁荣发展，在守正创新中构筑中华文化新气象、激扬中华文明新活力，不断铸就中华文化新辉煌、谱写民族复兴新华章、走出文化共富之路。

三是建设文化强国，走好团结奋进之路。建设文化强国是实现中华民族伟大复兴的前提和基础。一代人有一代人的使命，一代人有一代人的担当。建设文化强国，走好团结奋进之路，既是当代中华儿女在新的历史征程中肩负的时代使命，更是努力推进中华民族现代文明和社会主义文化强国建设的必由之路。新时代新征程，必须围绕举旗帜、聚民心、育新人、兴文化、展形象建设社会主义文化强国，发展面向现代化、面向世界、面向未来的，民族的科学的大众的社会主义文化；必须以高度的文化自信助推文化强国建设，积极投身社会主义文化强国建设，在培根铸魂上强化担当，在守正创新上奋发作为，在明德修身上焕发新貌；必须坚持以社会主义核心价值观引领文化建设，把培育和践行社会主义核心价值观作为凝魂聚气、强基固本的基础工程，夯实全民族全社会休戚与共、团结奋进的思想道德基础；必须以新媒体、新话语、新形式讲好中华优秀传统文化的新时代故事，更有力地为推进中国特色社会主义文化强国建设提供内容与素材，不断提升国家文化软实力和中华文化影响力，为强国建设民族复兴注入不竭精神动力。

四是建设中华民族现代文明，探索人类文明新道路。文运与国运相牵，文脉同国脉相连。在文化传承发展座谈会上，习近平总书记提出了“建设中华民族现代文明”这一恢宏的历史命题，并指出：“对历史最好的继承，就是创造新的历史；对人类文明最大的礼敬，就是创造人类文明新形态。”坚定文化自信，归根结底在于铸就文化的新辉煌、创造新的文明形态。在新的历史起点，中国共产党和中国人民必须更好担负起新的文化使命，深刻理解和把握中华文明连续性、创新性、统一性、包容性、和平性这五个突出特性，从中华文明的优秀传统中汲取养分，更好地传递传统文化的内在价值；必须坚持把马克思主义基本原理同中国具体实际相结合、同中华优秀传统文化相结合；必须坚定文化自信、秉持开放包容、坚持守正创新，以更加坚定的信念、更加务实的作风、更加有力的举措，扎实推进中华民族现代文明建设，不断为推动人类文明发展繁荣贡献中国智慧和中国力量。

习近平总书记在中国文联十大、中国作协九大开幕式上的讲话中指出：“历史和现实都表明，一个抛弃了或者背叛了自己历史文化的民族，不仅不可能发展起来，而且很可能上演一幕幕历史悲剧。”我们必须以习近平总书记重要讲话精神为指引，坚定文化自信自强、担当新的文化使命，传承赓续历史文脉，建设中华民族现代文明。

（作者系浙江省共同富裕文化创新研究中心研究员、浙江大学马克思主义学院研究员）

发展新时代大文学观　建设中华民族现代文明

安德明

习近平总书记在文化传承发展座谈会上的重要讲话全面深刻地论述了中华文明的突出特性与发展规律，为新时代新征程上切实推进文化领域的各项工作提供了根本遵循，也为广大文化工作者深入学习贯彻习近平新时代中国特色社会主义思想提供了新的指南。

习近平总书记指出，中华文明具有突出的连续性、创新性、统一性、包容性、和平性五个突出特性。连续性“从根本上决定了中华民族必然走自己的路”，是我们理解中国历史、现在与未来的重要前提；创新性“从根本上决定了中华民族守正不守旧、尊古不复古的进取精神，决定了中华民族不惧新挑战、勇于接受新事物的无畏品格”；统一性“从根本上决定了中华民族各民族文化融为一体、即使遭遇重大挫折也牢固凝聚，决定了国土不可分、国家不可乱、民族不可散、文明不可断的共同信念，决定了国家统一永远是中国核心利益的核心，决定了一个坚强统一的国家是各族人民的命运所系”；包容性“从根本上决定了中华民族交往交流交融的历史取向，决定了中国各宗教信仰多元并存的和谐格局，决定了中华文化对世界文明兼收并蓄的开放胸怀”；和平性“从根本上决定了中国始终是世界和平的建设者、全球发展的贡献者、国际秩序的维护者，决定了中国不断追求文明交流互鉴而不搞文化霸权，决定了中国不会把自己的价值观念与政治体制强加于人，决定了中国坚持合作、不搞对抗，决不搞‘党同伐异’的小圈子”。

这五个特性的概括，准确、恰当地揭示了中华文明和中华优秀传统文化的特征、规律与价值，为全面认识和理解中国传统文化的内在属性提供了崭新的角度。作为中国传统文化和中华文明的重要组成部分，中国文学也显著地具有上述特性。结合这些特性来观察和思考中国文学，可以让我们更加清晰、更加全面地看到许多以往不曾关注到的重要面向。

第一，从连续性的角度来看，中国文学在有据可循的数千年发展历程中，无论是各民族口耳相传的神话、传说、史诗等口头传统，还是诗歌、散文等作家书面文学，其表达方式、修辞策略、所蕴含的基本精神和情感，以及许多重要文体，都保持着一脉相承的连贯性。在后世发展过程中逐渐形成的新的艺术手法、新的文体与新的思想观念，则大都属于从早期传统主流中生长出来的支流。这种连续性，构成了中国文学史的核心特征，也是我们书写中国文学史时需要关注的重点。

第二，从创新性的角度来看，创新恰恰是使中国文学保持生机、保持连续性的内在动力。文学研究特别是民间文学研究领域，通过一组重要概念——“传承”和“变异”——对文学发展过程中连续性与创新性的辩证关系，作出了十分清晰的讨论。文学没有传承就谈不上变异，而没有变异更不可能有文学或文化的传承。创新性属于体现文学主体的自觉与能动性的主动变异，尤其具有保障文学赖以持续传承的重要作用。

第三，从统一性的角度来看，文学作为反映社会生活、表达民众情感、体现民族精神的艺术形式，既是多种现实因素投射的结果，又能够对现实世界发挥多方面的影响作用。在中国各民族历代文学作品当中，我们既能看到大量反映国土完整、国家统一、民族凝聚力等主题的现实题材内容，又能看到强调多元融合、反对战争分裂的安土重迁思想的集中表达。因此可以说，统一性既是中国文学的外在功能，又是其不可忽视的内在属性。

第四，包容性是对包括中国文学在内的中华文明最深层属性的概括。正是由于有包容性，中国文学才始终能够保持海纳百川、胸怀天下的胸襟和气魄，既在中华民族多元一体格局内部保持着不同民族、不同区域文学之间持续互动的活力，又始终以开放、包容的态度积极吸纳和借鉴世界各国文学的精华，并由此获得强大的生命力。从这个意义上说，包容性是保证统一性的重要前提，没有对多元文化的包容，就不可能有相互之间的统一；包容性也是保证创新性和连续性的基础，缺乏兼容并蓄精神的文学，就不可能容忍创新或变异，不可能容忍因时制宜、因地制宜，也不可能获得长久的生命力。同时，对于五个突出特性中的和平性而言，包容性也至关重要，它是保障中华文明、中国文学具有深入骨髓的和平性的根本要素。

第五，和平性为我们提供了理解中国文学的另一个重要视角。举例来说，无论是在口头文学还是书面文学当中，大团圆的结局是中国传统文学最突出的特征。从艺术角度而言，这种结构模式，因其套路化的表达曾受到不少批评家的诟病，但是，结合中华文明和平性的概念，我们却可以看到这种模式中所蕴含的中华民族对于和平、安宁的永恒追求。而像《西游记》《水浒传》《三国演义》等著名传统文学作品，尽管有许多表达强烈冲突乃至血腥暴力的书写，但其最后的结局，也都是朝向和平，并因此而为大众喜闻乐见，这又从另一个侧面体现了中国文学的和平性。

结合当前正在全国范围广泛开展的“学习贯彻习近平新时代中国特色社会主义思想主题教育”，再来理解习近平总书记对中华文明五个突出特性的概括，可以看到，其中鲜明体现着习近平新时代中国特色社会主义思想中贯彻始终的世界观和方法论，尤其是整体性、系统性和学理性。这对于推动新时代文化建设具有重要指导意义，对于我们进一步繁荣发展文学研究事业，推进新时代大文学观建设，具有重要的启示价值。同时，极大增强了我们加快构建中国文学研究三大体系，并以此为基础推动中华民族现代文明建设的信心和决心。

所谓大文学观，指的是以文化整体性的眼光来认识文学现象、总结文学发展规律、探索文学基本属性并推动文学研究学科建设的观点和方法。它肇始于五四新文学运动时期，经过延安新文艺运动的洗礼和深化，这种被后来者概括为“大文学观”的文学思想获得了进一步发展。新中国成立之后，在国家欣欣向荣的制度保障下，经过郑振铎、何其芳、钟敬文、贾芝等一大批有识之士的共同努力，大文学观的基本理念日益普及。通过强调以开放的态度和广阔的视野来理解文学，文学研究的领域不断拓展，小说、神话、传说、歌谣、戏曲等许多以往被狭义文学观排斥在文学殿堂之外的重要文体，都被纳入文学的范围，并得到高度重视；立足于对人民立场的强调，不同民族、不同国家的人民的所有文学创造，都被纳入关注的视野，这在彰显人民丰富创造力的同时，也为推动构建中华民族共同体，坚持和深化胸怀天下的理念与工作策略，促进社会文化建设，发挥了切实有效的作用。

在坚持正确的政治方向和学术导向的前提下，这种大文学观，不仅体现着对于文学对象的兼容并蓄，也意味着对文学观点与视角的海纳百川。它无论是对传统的经典作家文学，还是对民间口头文学以及今天的网络文学；无论是对汉族的文学，还是少数民族的文学；无论是对中国传统的文学思想，还是西方的文学理论，都始终保持着宽容的襟怀和积极支持的态度。

由于对文学所持的态度，是开放的而非封闭的，是包容的而非排他的，是创新的而非保守的，因此，这种打通古今、融会多民族、观照中外的文学观，不仅为全面观照文学的多样性创造了良好条件，也为建设和完善不同的二级学科，实际推动文学研究在理论、视角和方法上的全面发展，奠定了扎实基础。而这一切，又是我们今天适应时代要求，赖以从文学文化整体的角度进一步提升各项基础研究，并促进基础研究成果的社会应用转化及其服务当代文化建设作用的重要前提。

值得注意的是，在不同二级学科按照原有规划获得长足发展的同时，中国文学一级学科当中的不同学科之间也出现了越来越明显的各自为政、界限分明的壁垒，因而又与大文学观的基本理念渐行渐远。在这种背景下，习近平总书记对中华文明、中华优秀传统文化的新的系统论述，以及其中所体现的习近平新时代中国特色社会主义思想中的整体观、系统观，对于我们进一步发展大文学观中综合、整体、比较的研究思路和研究策略，推动文学研究各学科形成既立足自身传统又拓展研究视野的自觉意识，促进学科融通发展，必将起到积极的引领作用。

具体来说，深入学习领会习近平总书记重要讲话中对中华文明五个突出特性的概括，必然有助于深化有关文学自身丰富性、多样性的认识，并起到拓展文学理论及视角的作用；必然有助于进一步理解文学实践主体的多元性及主体间性，进而为增强中华民族共同体意识，为在国际社会推动构建人类命运共同体发挥作用；必然有助于认识文学形式的多样性以及不同形式之间动态的互动关系，进而为理解和维护文学生生不息的生命力、创造力发挥作用；必然有助于推动文学研究三大体系的建设，进而为发展和完善新时代大文学观发挥作用。而这种属于新时代、适应新要求的大文学观，又必然会为中华民族现代文明建设、为推动人类文明新形态的构建，贡献不可替代的力量。

（作者系中国社会科学院文学研究所副所长）

在“守正”中前行　在“尊古”中创新

张奎志

如何建设和深入发展中国特色社会主义，是一个具有现实意义和深远历史意义的重要课题。习近平总书记在文化传承发展座谈会上的重要讲话中强调了“两个结合”，为这一课题给出了答案。“两个结合”是指把马克思主义基本原理同中国具体实际、同中华优秀传统文化相结合。其中，“第二个结合”尤其值得关注和思考。因为建设和发展中国特色社会主义，这一“特色”首先是中国的，也就是说，首先是建立在中华优秀传统文化基础上的。如果没有中华五千多年文明这一基础，也就谈不上中国特色社会主义。因此，传承和发展中华优秀传统文化是建设和发展中国特色社会主义的重要内容。

中华文明的突出特性

中华优秀传统文化之所以要传承和发展，是因其有着突出的特性和优良的传统。中华优秀传统文化的重要元素有很多，习近平总书记在讲话中概括了中华文明的五个突出特性：连续性、创新性、统一性、包容性、和平性。

连续性：中华文明具有突出的连续性，中华文明是世界上唯一没有中断过的文明，而历史上曾经辉煌的古埃及文明、古巴比伦文明和玛雅文明最终都衰落甚至毁灭了。中国历史上虽然经历了多次的朝代更迭和战乱，形成了所谓“分久必合，合久必分”的发展规律，但无论怎样的更迭和战乱，中华文明一直没有中断，中华优秀文化传统也没有中断。中华文明的连续性特性，从根本上决定了中华民族必然走自己的路。因此，建设和发展中国特色社会主义也必然继承中华优秀传统文化，沿着中华民族自己的路走下去，不可能走西方的发展之路。

创新性：中华传统文化中有着积极的创新精神。从《诗经・大雅》的“周虽旧邦，其命维新”，到《礼记・大学》的“苟日新，日日新，又日新”；从孔子的“知者不惑，仁者不忧，勇者不惧”，到《周易》的“穷则变，变则通，通则久”，中华传统文化中蕴含着丰富的创新变革的思想，蕴藏着一种蓬勃的创造活力。在社会实践中，历史上有“商鞅变法”“王安石变法”，更在理论上有“格物”“致知”之说。可以说，正是因为有这种“以不息为体，以日新为道”的创新自强精神，才有了绵延五千多年的中华文明。中华文明之所以历经五千多年而长盛不衰，其中一个重要的原因就在于有一种积极变革、勇于创新的精神，正体现了“中华民族不惧新挑战、勇于接受新事物的无畏品格”。

统一性：中国是一个多民族统一的国家，强调和重视国家的统一性是中国自古以来的传统。自春秋战国以来，建立“大一统”国家就成了中国古代士人的心愿，《春秋公羊传》就明确提出了“大一统”。管仲辅佐齐桓公，要实现“九合诸侯，一匡天下”；孟子呼唤天下“定于一”；墨子也提出“一同天下之义”；荀子说“四海之内若一家”；《吕氏春秋》提出：“一则治，两则乱。”这些不同说法，都是指要建立起一个“大一统”国家。中国历史上，尽管有短暂的战乱和地方政权割据，但国家统一一直是中国历史发展进程中的主流。中国的国力在“大一统”时期得到增强，而政治、经济、文化也在“大一统”时期得到高度的繁荣和发展，代表中国文艺样式的诗、词、曲、赋、小说、书法、绘画等都在“大一统”时期达到高峰。

包容性：从发生学角度看，中华传统文化就是多元发生的。从伏羲到炎黄的古史传说，都表明中华文明的最初萌芽是多元的。其中，黄帝代表中原传统，炎帝则代表南方传统。《史记·五帝本纪》在追述古史时，以中原文化为中心，也涉及南方文化。历史学家顾颉刚还提出“打破民族出于一元的观念”和“打破地域向来一统的观念”。考古实践也证实了中华传统文化的多元特征。新石器时期，除了黄河流域的仰韶文化、大汶口文化、龙山文化、马家窑文化外，也有长江流域的河姆渡文化，以及辽河流域的红山文化。这表明，中华文明尚处于萌芽时期就在黄河流域、长江流域和辽河流域有广泛的分布。

中华传统文化这种多元发生也使其在后来的文化发展中表现出一种包容性。它以海纳百川的方式，兼收并蓄，又以厚德载物的胸怀接纳来自不同地域的文化，实现了中华不同地域文化、各宗教信仰多元并存的格局。中华传统文化以儒、释、道为主体，这本身就说明其多元一体的特点。从历史上看，中华传统文化一直体现着包容性特点，尤其是，唐代艺术大量吸收外来文化，像敦煌壁画、唐代雕塑就是多元文化的集合。如“飞天”这一形象，就是印度乾达婆、希腊天使和道教羽人等多元文化的混合体。唐代音乐吸收西域音乐的精华，像《霓裳羽衣曲》就源于印度的《婆罗门曲》，并加入胡旋舞等中亚歌舞。唐代文化的繁荣充分显示了中华民族吸纳异质文化的胸怀和胆识。

和平性：中华传统文化强调合作、不对抗。这一点和西方不同，西方文化在天人关系上，主张天人二分、主客对立；中华传统文化则主张天人贯通、天人合一。西方强调天人之“分”，中国则主张天人之“合”。老子提出，“人法地、地法天、天法道、道法自然”；庄子则说，“不以人助天”；《易·文言》提出，“大人者，与天地合其德”。这些说法都强调人和天、人和自然之间的“和”。

当然，中华传统文化中的和平性并不等于趋同和相同，“和”不等于“同”。春秋战国时期的《左传》和《国语》就对“和”与“同”作了区分：“和”是指不同的事物相配相生；“同”则是相同的事物叠加在一起。“和”是不同事物处于一种共存共生的状态；“同”则是同一事物的单调重复。“和”这一观念，反映了中华传统文化的深邃智慧。中国古人早就认识到，不同事物的“和”才生出千变万化，相继相生；而单一事物无论叠加多少数量，最终都只能是枯竭和消亡。所谓“和实生物，同则不继。以他平他谓之和……若以同裨同，尽乃弃矣”。“和”就是“以他平他”。“和”也成为中华美学精神的核心，表现人与自然、人与社会、人与人和谐也贯穿在整个中国文艺活动中。从文化和现实意义上看，和平性深刻反映了中华传统文化追求不同文明之间的交流互鉴。

守正不守旧　尊古不复古

中华传统文化作为一种宝贵的文化资源，需要传承和发展。这其中，首先要传承，没有传承和保存，就不可能发展，而传承主要体现在对传统文化的收藏和保护上。中国历史上就出现过很多收藏传统文化的藏书家，也建造了贮藏传统文化的藏书阁，如宁波天一阁、北京文渊阁、沈阳文溯阁、承德文津阁、杭州文澜阁等。除收藏和保护外，还要学习传授传统文化，中国历史上就出现过讲授传统文化的书院，如应天书院、岳麓书院、白鹿洞书院、嵩阳书院、石鼓书院等。著名的历史人物如孔子、朱熹，也都以自身的努力传承着中华文化。孔子“删《诗》《书》，定《礼》《乐》，修《春秋》，序《易传》”，搜集和整理了《诗》《书》《易》《礼》《乐》《春秋》，为了整理他喜爱的《易》，甚至“韦编三绝”。而朱熹作《四书章句集注》和《诗集传》《楚辞集注》。明清时期，还编辑整理了古代典籍丛书。明代就编有《五经大全》《四书大全》《性理大全》《永乐大典》；清代则有《渊鉴类函》《佩文韵府》《古今图书集成》《全唐诗》《四库全书》。从保存传统文化角度看，这些大型丛书的编辑是有其积极意义的。

应当看到，中华传统文化有很多重要元素和丰富的内涵，在传承和发展中华传统文化过程中，要“守正不守旧、尊古不复古”。其实，这也是我们对待中华传统文化应持的态度。

“守正”就是要守护中华优秀传统文化中的精神。从中华文明的五个突出特性中可以看出，中华优秀传统文化中有着正气的、正面的、积极的、向上的特点。其中，“连续性”体现了“智者”的坚守，“创新性”体现了“勇者”的气概，“统一性”体现了“王者”的胸怀，“包容性”体现了“仁者”的风范，“和平性”则有“君子”之风。这五个突出特性很好地展示出中华传统文化中“智者”“勇者”“王者”“仁者”“君子”的形象。因此，在强调中华优秀传统文化与中国特色社会主义结合的同时，就是要守住中华优秀传统文化中这些正气的、正面的、积极的、向上的因素。

同时，还要在“守正”中前行，在“尊古”中创新。在守护中华优秀传统文化中的正气的同时，还要前进、前行；在“尊崇”优秀传统文化的同时，还要开拓创新。而创新性又是在“守正”基础上进行的，一方面“守正”前行，一方面“尊古”创新，两者并行不悖。

在建设和发展中国特色社会主义过程中，强调马克思主义基本原理同中华优秀传统文化结合，这充分表明了对优秀传统文化的尊重，而在尊重优秀传统文化的同时，又要尊古而不复古。这就意味着，在对待优秀传统文化时要有一种辩证的态度，既要充分挖掘和运用中华优秀传统文化的宝贵资源，又要创新性地理解和完善中华优秀传统文化。使“中国式现代化赋予中华文明以现代力量，中华文明赋予中国式现代化以深厚底蕴”。只有这样，才能使中华优秀传统文化成为现代的，才能让中华优秀传统文化助力中国式现代化建设。

在建设和发展中国特色社会主义过程中，既强调马克思主义基本原理同中国具体实际相结合，又要注重同中华优秀传统文化相结合。尽管马克思主义基本原理和中华优秀传统文化的来源不同，但彼此存在高度契合性，“两个结合”既强调马克思主义的指导地位，也肯定了中华优秀传统文化的重要地位，二者互相成就，就可以造就一个有机统一的新的文化生命体，即“让马克思主义成为中国的，中华优秀传统文化成为现代的”，也让经由“结合”而形成的新文化成为中国式现代化的文化形态。这也正是我们在新时代新的文化使命。

（作者系黑龙江大学文学院教授）

中华民族现代文明创造人类文明新形态

田芝健

习近平总书记在文化传承发展座谈会上强调，中国式现代化赋予中华文明以现代力量，中华文明赋予中国式现代化以深厚底蕴。在新的起点上继续推动文化繁荣、建设文化强国、建设中华民族现代文明，是我们在新时代新的文化使命。中国是一个文明古国，又是一个正在全面建设社会主义现代化国家的现代文明国家。中国共产党领导中国人民团结奋斗，创造了中国式现代化新道路，创造了人类文明新形态。这种建筑在中国式现代化基础上的文明新形态，是马克思主义基本原理同中国具体实际、同中华优秀传统文化相结合的进程和结果。中国共产党把马克思主义写在自己的旗帜上，掌握和运用马克思主义这一科学思想武器，不断推进马克思主义中国化时代化。中国共产党成功领导了中国革命，是中国特色社会主义事业的领导核心。中华文明发生了深刻变革，并在深刻变革中得到创造性转化和创新性发展，形成了并在继续创新发展着以中国式现代化为主要标志的人类文明新形态。

中华民族现代文明是“两个结合”的必然结果

中华民族现代文明，以马克思主义为指导，以中华优秀传统文化为根魂，以中国革命文化、社会主义先进文化为文化基础，以中国式现代化为实践基础，是中国共产党领导团结中国人民推动中华文明创造性转化和创新性发展的过程和结果，是以世界各国人民创造的文明成果为外部借鉴，把马克思主义中国化时代化、将马克思主义基本原理同中华优秀传统文化相结合的自主创新。

“两个结合”深刻改变了近代中国国家蒙辱、人民蒙难、文明蒙尘、民族衰败凋零的悲惨命运，生动呈现出国家独立富强、人民幸福安康、民族团结复兴、文明繁荣昌盛的欣欣向荣气象；中国共产党、中国人民和中华民族不断实现思维方式、生产方式、生活方式、社会与国家治理方式的现代化，形成了以中国式现代化为主要标志的人类文明新形态。

马克思指出：“人们自己创造自己的历史，但是他们并不是随心所欲地创造，并不是在他们自己选定的条件下创造，而是在直接碰到的、既定的、从过去承继下来的条件下创造。”马克思主义基本原理同中华优秀传统文化相结合同样如此。马克思主义基本原理同中华优秀传统文化相结合，是马克思主义中国化的必然结果，是马克思主义和中华文明强大生命力的生动体现，是中国式现代化、中华民族现代文明、人类文明新形态的学术理论和政治话语表达。

中华文明始终在兼收并蓄中历久弥新。马克思主义中国化实现了中华民族精神和马克思主义精神的融合，彰显了中华优秀传统文化讲仁爱、重民本、守诚信、崇正义、尚和合、求大同的时代价值，彰显了马克思主义的科学真理伟力，中国人民和中华民族在自主创新、自强不息、厚德载物、海纳百川中开创未来。

中华民族现代文明集中体现创造性转化与创新性发展

中华文明为人类文明作出了不可磨灭的贡献。在近代中国文明蒙尘的时代背景下，如何找到民族复兴、文明发展的出路，成为中华民族面临的历史命题。无数仁人志士通过历次大劫难对中华文明的巨大破坏性，进一步加深了对中华文明优势和传统文化中的精华与糟粕的认知，加深了对能够指导拯救民族于危亡、改变国家厄运的科学理论的求索探究。亡国灭种的危机感，迫使人们不断探寻救亡救国的出路，无数仁人志士参与到奋起反抗、救亡图存、发愤图强、兴族强国的历史洪流和生动实践中。

在中国共产党产生之前，形形色色的社会思潮、纷呈杂现的救国方案及其实践都没能改变近代中华民族的历史命运。中华民族怎样才能跳出困境？跳出困境后走什么道路？历史和人民呼唤新思想、新政党！在中国人民和中华民族的伟大觉醒中，在马克思列宁主义同中国工人运动的紧密结合中，中国共产党应运而生。党带领人民以马克思主义为灵魂和旗帜，找到了革命、建设、改革的正确道路——中国道路。

中国道路，在实践层面表现为中国新民主主义革命道路、在社会主义革命和建设探索基础上通过改革开放开辟和拓展的中国特色社会主义道路、中国式现代化道路，在理论层面表现为从生动实践中产生并指导实践的毛泽东思想、邓小平理论、“三个代表”重要思想、科学发展观、习近平新时代中国特色社会主义思想，在理论与实践相结合互动创新进程中，马克思主义基本原理同中国具体实际、同中华优秀传统文化相结合不断深化。习近平总书记指出：“我们应该用创新增添文明发展动力、激活文明进步的源头活水，不断创造出跨越时空、富有永恒魅力的文明成果。”正是在马克思主义基本原理同中国具体实际、同中华优秀传统文化相结合的推动下，中国共产党领导人民找到了新民主主义革命道路，选择了社会主义道路，开辟了中国特色社会主义道路，深化拓展了新时代中国特色社会主义道路，创造了中国式现代化道路，创造了人类文明新形态。

中华民族现代文明具有强大的动力动能

鸦片战争后，国家蒙辱、人民蒙难、文明蒙尘。中国人民选择了中国共产党，选择了马克思主义，马克思主义成为党和国家的指导思想。

马克思主义愈中国化时代化，马克思主义对中华民族和中华文明所产生的深远影响就愈加深刻。马克思主义使中华文明的发展动力得到了增强，使中华文明的发展方向有了新的指向。萌生于中国古代的大同理想对接上了马克思主义的共产主义理想，中华民族实现了由衰败到复兴的转型，中国式现代化使得中华文明获得了在新时代繁荣发展的强劲动力，马克思主义基本原理同中国具体实际、同中华优秀传统文化相结合为中华民族伟大复兴提供了源源不断的向上向前向善的内驱动力。

中国共产党将马克思主义基本原理同中国具体实际、同中华优秀传统文化相结合，领导和团结中国人民用中国化的马克思主义指导中国的革命、建设与改革，使马克思主义在扎根于中华文明之后愈加呈现其真理光芒，而中华文明亦从马克思主义科学体系中获得了现代性。这种现代性的获得是科学性、革命性、人民性、创新性的滋养，是中国共产党、中国人民、中华民族作为社会主体实现对自身命运的自主性掌控的文化自觉。“两个结合”成为党领导和团结人民推动中华文明现代化转型和中华民族伟大复兴的科学基因和创新动能。

马克思主义基本原理同中国具体实际、同中华优秀传统文化相结合，客观上促进和实现着中华民族现代文明的生成。马克思主义中国化，是近代中国革命斗争由被动转向主动的主要原因，换来了中国人民从被“三座大山”压迫到实现翻身得解放进而当家作主的巨大转变，换来了从“中华民族到了最危险的时候”到实现中华民族伟大复兴进入不可逆转的历史进程的巨大转变。马克思主义基本原理同中国具体实际相结合、同中华优秀传统文化相结合，带来了中国新民主主义革命的胜利、社会主义革命和建设的胜利、改革开放和社会主义现代化建设的胜利、中国特色社会主义新时代历史性变革和历史性成就。

马克思主义基本原理同中国具体实际相结合、同中华优秀传统文化相结合是双向互动、有机统一的，在不断推动马克思主义中国化时代化的同时，也推动着中华文明的创造性转化与创新性发展。“随着中国经济社会不断发展，中华文明也必将顺应时代发展焕发出更加蓬勃的生命力。”一方面，马克思主义基本原理同中国具体实际相结合，使马克思主义的科学性在中国得到生动验证确证，使马克思主义扎根中国大地并在 21 世纪更加焕发真理光辉，使科学社会主义原则的重大价值在中国特色社会主义实践中得到时代彰显。另一方面，马克思主义基本原理同中华优秀传统文化相结合，使中华文明呈现勃勃生机，使中华民族伟大复兴不可阻挡、不可逆转，朝着光明前景迈进，使中国共产党长期执政具有了深厚的文明根基和灵魂导引，使中国各族人民的全面发展和全体人民共同富裕取得更为明显的实质性进展。当代中国马克思主义、二十一世纪马克思主义，在进一步回答新时代坚持和发展什么样的中国特色社会主义、怎样坚持和发展中国特色社会主义的问题的同时，进一步回答推动建设一个什么样的世界、怎样建设世界的问题，进一步回答我们党在国家和世界发展进程中应该担负什么样的历史责任，我们党如何为人民谋幸福、为民族谋复兴、为人类谋进步、为世界谋大同、为未来谋光明的问题。中华民族现代文明为世界贡献人类文明新形态，这一新形态，将随着中国式现代化道路的进一步拓展、中国式现代化理论的进一步发展，日益散发中华民族现代文明的光芒。

（作者系苏州大学马克思主义学院院长、江苏省习近平新时代中国特色社会主义思想研究中心特约研究员）

培育创造发展新时代新文化

季为民

文化是一个国家、一个民族的灵魂。文化兴国运兴，文化强民族强。近日，习近平总书记在文化传承发展座谈会上强调，在新的起点上继续推动文化繁荣、建设文化强国、建设中华民族现代文明，是我们在新时代新的文化使命。要坚定文化自信、担当使命、奋发有为，共同努力创造属于我们这个时代的新文化，建设中华民族现代文明。这一重要指示为培育创造和繁荣发展新时代中国特色社会主义文化指明了方向，为做好宣传思想文化工作提供了根本遵循。

新时代新文化融会了习近平新时代中国特色社会主义思想的文化内涵和文化主张

习近平新时代中国特色社会主义思想的“新文化”内涵，既包括中华民族五千多年文明历史所孕育的中华优秀传统文化，也包括熔铸于党领导人民在革命、建设、改革中创造的革命文化和社会主义先进文化，这一内涵植根于中国特色社会主义伟大实践，是中华民族最深层精神追求的积淀，成为中华民族独特的精神标识。

中华优秀传统文化是新时代新文化发展的根基和源泉。习近平总书记指出："没有高度的文化自信，没有文化的繁荣兴盛，就没有中华民族伟大复兴。"中华文明之所以独步于世界文明之林，历经五千多年悠久历史而延续不断，和其创造了博大精深的文化有直接关系。中华优秀传统文化是中华民族的智慧结晶，凝聚着中华民族自强不息的精神追求和历久弥新的精神财富。培育创造发展新时代新文化，要着力推动中华优秀传统文化创造性转化、创新性发展，构筑中华民族共有的精神家园。

革命文化铸就新时代新文化发展的理想和信仰。革命为中国近代历史不断发展前进提供了强劲动力。自 1840 年鸦片战争始，无数仁人志士为挽救民族危亡前仆后继，太平天国运动、戊戌变法、辛亥革命、护国战争、五四运动、全民抗战、解放战争……革命文化在中华民族伟大复兴的曲折斗争中孕育成长。十月革命一声炮响，给中国送来了马克思列宁主义，革命的面貌因中国共产党登上历史舞台而焕然一新，革命文化从此注入了马克思主义与时俱进的理论品格和坚如磐石的共产主义理想信念。

社会主义先进文化凝聚新时代新文化发展的共识和愿景。中国社会主义先进文化，是以马克思主义为指导、以社会主义核心价值体系为引领、以社会民主和谐为基础、立足于社会主义伟大实践的中国特色社会主义文化。这一文化为实现新时代新文化发展提供了凝聚共识和建立愿景的基础；这一文化面向现代化、面向世界、面向未来，是民族的、科学的、大众的文化，具有鲜明的时代特色。这一文化是为了人民、服务人民的文化，通过为人民群众提供健康向上、品质优良的公共文化产品和服务，不断满足人民群众日益增长的美好生活需要和精神文化需求，满足社会主义先进文化发展的内在要求，实现发展目标。

革命文化植根于中华优秀传统文化，传承并弘扬中华优秀传统文化；社会主义先进文化来源于革命文化，发扬光大革命文化。三种文化传承互动，共同构成了习近平新时代中国特色社会主义思想的文化内涵和文化主张，使中国特色社会主义文化建设不断焕发出勃勃生机，为激励全党全国各族人民实现中华民族伟大复兴的中国梦提供了奋勇前进的强大精神力量。

坚定新时代新文化发展方向，推动新时代中国特色社会主义文化繁荣兴盛

文化自信是一个国家、一个民族发展中更基本、更深沉、更持久的力量。党的二十大报告指出，我们要坚持马克思主义在意识形态领域指导地位的根本制度，坚持为人民服务、为社会主义服务，坚持百花齐放、百家争鸣，坚持创造性转化、创新性发展，以社会主义核心价值观为引领，发展社会主义先进文化，弘扬革命文化，传承中华优秀传统文化，满足人民日益增长的精神文化需求，巩固全党全国各族人民团结奋斗的共同思想基础，不断提升国家文化软实力和中华文化影响力。当前，在深入学习贯彻落实习近平新时代中国特色社会主义思想的过程中，坚定新时代新文化发展需要高度重视四个方面的工作。

首先，要坚持党对意识形态工作的领导，以习近平新时代中国特色社会主义思想为指引，牢牢把握领导权、管理权、话语权。意识形态之争实际上是中国的道路、理论、制度、文化的方向之争，事关党的生死存亡，掌握意识形态工作领导权、管理权、话语权至关紧要。要正视话语困局，建构主流话语，增强话语权威，深化以习近平新时代中国特色社会主义思想为主要内容的马克思主义理论研究和建设，

加快构建中国特色哲学社会科学，建立体现中国特色中国风格中国气派的哲学社会科学话语体系。在文化、文艺发展中，要坚持“守土有责，守土负责，守土尽责”，自觉抵制低俗、粗制滥造的文化、文艺作品；激浊扬清，旗帜鲜明反对和抵制各种错误观点；严格把关政治导向、价值导向，杜绝腐朽文化、消极思想的腐蚀，为人民大众提供思想健康、昂扬向上的精神文化产品。

其次，要以社会主义核心价值观凝聚全体人民的精神追求，构建共同理想信念，弘扬当代中国精神。文化建设是国家治理现代化的重要方面，国家治理体系和治理能力现代化需要社会主义核心价值观的价值统领，要运用各种现代化治理的文化建设举措来引领社会效益优先的文化事业和市场建设，坚持以人民为中心。坚定新时代新文化发展也要贯彻党的群众路线，为人民对美好生活的向往服务，在人民群众中弘扬民族精神和时代精神，凝聚中国特色社会主义和中华民族伟大复兴中国梦的共同理想。

再次，坚持把马克思主义基本原理同中国具体实际、同中华优秀传统文化相结合。马克思主义是我们党建党执政的指导思想，是党的灵魂和旗帜。自 20 世纪 30 年代后期“马克思主义中国化”这一命题提出以来，马克思主义基本原理就同中国革命、建设、改革的实践相结合，不断推进其中国化时代化。习近平新时代中国特色社会主义思想是马克思主义中国化时代化的最新成果，呈现出中国特点、中国气质和中国风格，必将带领我们创造举世瞩目的人间奇迹。中华优秀传统文化是中华民族的文化根脉，追求“天人合一”“天下大同”的社会理想；马克思主义则强调人与自然和谐共生，讲求“人的解放与人的全面发展”的终极追求。中华优秀传统文化的精神基因，天然成为滋养马克思主义中国化的肥沃土壤，进而使马克思主义理论推动中华文明迸发出强大的精神力量。

最后，充分运用信息技术等现代传播手段，综合提炼中国特色社会主义文化的内涵和精华，讲好真实、立体、全面的中国故事，提升国家文化软实力。国家文化软实力是国家综合国力的重要组成部分，特指一个国家依靠政治制度的吸引力、文化价值的感召力和国民形象的亲和力等释放出来的无形影响力，它关乎民族兴衰、国家起落、政党存亡、人民安危，并决定国家形象的优劣和评价。近年来，我国运用现代传播理念和媒介终端塑造国家形象的尝试引发广泛关注与热议，也让我们明白了一个道理：中国国家形象的建构必须彰显鲜明特色，即用世界话语传播独特的历史背景与文化传统，向世界描述一个文明大国、东方大国、负责任大国和社会主义大国的当代中国形象。同时，以互联网信息技术为代表的新媒体推动了传播载体和手段的创新，也为提高新闻舆论传播力、引导力、影响力、公信力提供了传播新理念、新方法和新平台，从而更好传播中国特色社会主义文化，展示我国意识形态的文化力量，使中国特色社会主义文化具有强大的吸引力、感召力和认同感。

以新时代新文化的主体精神和文化自觉推动新时代中国特色社会主义文化的实践和担当

促进新时代新文化发展，推动中国特色社会主义文化繁荣兴盛，既要守正，又要创新。要以习近平新时代中国特色社会主义思想统一思想和行动，保持敏锐清醒的中国立场，培养理性包容的世界眼光，不断开拓新实践、推出新成果，作出与新时代中华民族伟大复兴实践相称的文化新贡献。

促进新时代新文化发展要坚持人民性。人民群众是历史的创造者，是社会变革的决定性力量。文化作品从本质上说，来源于广大人民群众的生产生活实践。真正受欢迎的作品，当然要有对真实的回归、对生活的贴近、对深度的开掘。如2022年热播的电视剧《人世间》，记录了将近半个世纪的时代变迁，有高度又有温度，让观众产生了强烈的共情。

促进新时代新文化发展要勇于执着坚守。不忘初心，方得始终。我们要对全球化时代的世界文化格局和中国文化处境有清醒的认识：对外，我们在东西文化话语权的争夺中仍然处于劣势，在世界文化版图中，不断遭遇挑战、误读，甚至被妖魔化；对内，中国特色社会主义文化观也不断遭遇各种社会思潮的论争。在新时代新形势下，我们要以理想信念夯实新时代新文化发展的思想基础，内化于心、外化于行，让社会主义核心价值观成为凝聚全体人民的共同价值追求。

促进新时代新文化发展要善于理性思考。国民文化成熟与否的重要标志就在于是否具有独立思考的理性精神。我们应该通过理性思考找回中国文化传统的优秀基因，重建新时代新文化发展的定力，努力为世界指引方向，而不是言必称西方，对自己的文化宝藏视而不见。

促进新时代新文化发展要勤于实践学习。中国特色社会主义文化是根植于中国土壤上的文化体系，要深刻学习理解传承中华民族的文化基因的意义，深刻学习领会习近平新时代中国特色社会主义思想，我们必须接受中国人民正在为之奋斗的民族复兴伟大实践的考验和洗礼，真正保持发展中华民族伟大复兴的新时代新文化的精神定力。

促进新时代新文化发展要敢于开拓创新。周虽旧邦，其命维新。我们应立足人类文化整体创新，勇于并善于着手解决人类共同面临的文化生态失衡问题，贯彻落实绿色发展理念，促进人与自然和谐共生。要发扬勇立潮头的浩气、超越前人的勇气、与时俱进的朝气，充分发挥创新潜能，做探索中国道路和世界大同的文化创新和知识创造的生力军。

促进新时代新文化发展要乐于担当奉献。在实现中华民族伟大复兴中国梦的伟大斗争、伟大工程和伟大事业中，我们将肩负新时代新的文化使命。在这场前无古人的人类文化革新中，我们应该拿出与天地相呼应的才情、见识、勤勉和魄力，要勇于担当奉献，有所作为，“为天地立心，为生民立命，为往圣继绝学，为万世开太平”。

（作者系中国社会科学院习近平新时代中国特色社会主义思想研究中心特聘研究员、工业经济研究所副所长）

汇聚中国式现代化的文化力量

邹广文　李晓白

习近平总书记在文化传承发展座谈会上的重要讲话中，立足党领导现代化实践的历史经验，着眼于赓续文化血脉、建设现代文明，围绕文化建设和文明发展提出一系列新观点新论断，为建设社会主义文化强国提供了思想引领，为新阶段做好文化传承发展工作确立了行动指南。中国式现代化以物质文明和精神文明的协调发展为本质特征，推动中华文化繁荣发展是实现中华民族伟大复兴中国梦的必由之路。站在新的历史起点上，应担负起培育和创造中国特色社会主义文化的责任使命，以文化的现代化发展助推现代化强国建设，在由文化自觉、文化自信走向文化自强的过程中，实现传统文明与现代文明的有机衔接、中华文明与世界文明的交流互鉴，凝聚中国式现代化的精神合力，谱写人类文明发展的崭新篇章。

文化自信：坚定走中国式现代化道路的底气

文化是历史的血脉，积淀着一个民族最深沉的精神追求，是国家强盛、民族复兴的重要支撑。坚定文化自信，事关国运兴衰和文化安全，是保持民族精神独立性、建设中华民族共有精神家园的必要前提。习近平总书记强调，“坚定中国特色社会主义道路自信、理论自信、制度自信，说到底是要坚定文化自信”。面对新形势新要求，需要在认清中华文明的历史、现状和未来的基础上，坚定文化自信，掌握文化主动，不断增强做中国人的志气、骨气和底气，奋力开创中国特色社会主义文化建设新局面，为党和国家事业的发展提供强大的价值引领力、思想凝聚力和精神推动力。

回望过去，文化自信来源于对民族文化传统的历史性自觉，承载着深厚的民族记忆和文化基因。作为人的“类意识”，历史始终向活着的人敞开，成为维系民族生存和发展的精神纽带。个人在历史中迎来送往，追寻“安身立命”之本，为“此在”确立根基，为“将在”设定路标。费孝通先生指出：“生活在一定文化中的人对其文化有‘自知之明’，明白它的来历、形成过程、所具有的特色和它发展的趋向。”文化自信以文化的民族性自觉为前提，只有明晰中华文明的来龙去脉，才能掌握历史主动，以坚定的文化自信推动历史车轮前进。中华文明绵延不绝的历史延续性是我们文化自信的深厚基础，各民族文化水乳交融的统一性是我们文化自信的牢固根基。从“现代化在中国”到“中国式现代化”的历史变迁，源于我们对中华民族历史传统的清醒认知、对中华文化独特个性的自觉自信。

立足当下，文化自信扎根于社会主义现代化建设的创造性实践中，凸显出中国道路的文化积淀。在对中华民族五千多年悠久文明的传承中，我们开辟了一条适合中国国情、具有深厚文化底蕴的现代化道路，用几十年时间走完了西方发达国家几百年走过的工业化历程，结束了国家蒙辱、人民蒙难、文明蒙尘的屈辱命运。党领导人民在革命、建设、改革的过程中开创了“五大文明”协同发展的文明新范式，孕育出内涵丰富的革命文化和社会主义先进文化，实现了对资本主义文明限度的超越，擘画出社会主义文明的崭新图景。中国式现代化道路是中国共产党百年奋斗历程的光辉写照，既遵循世界现代化的一般规律，同时彰显出鲜明的民族特色。当今时代，各种社会思潮纷纭激荡，不同的文化形态集结呈现，我们要坚定文化自信，总结好中国经验，凝练好中国理论，坚定不移走好中国特色社会主义道路。

面向未来，在建构“文化中国”的过程中推进文化自信自强，铸就中华文化繁荣发展的新辉煌。在经历由“失落自信”到“重拾自信”的曲折历程后，新时代的中国正大踏步重返世界舞台的中央，交出了让世界瞩目的经济和文化答卷。我们可以憧憬，未来的中国不仅是物质文明充分发展的经济强国，更是有着强大价值引领力和精神感召力的“文化中国”。努力建设社会主义文化强国，传承中华文明，弘扬民族精神，向世界展现中华文化的气度、魅力与风范，这是每一个中国人义不容辞的时代责任。在现代化建设的新征程上，要担负起新的文化使命，以强大的文化自信作为力量源泉，战胜前进道路上的各种风险挑战，不断提升国家文化软实力和中华文化影响力，为中国式现代化的顺利推进凝魂聚气、培根铸魂，为经济社会发展和综合国力竞争提供不竭的精神动力。

守正创新：筑牢中国式现代化的深厚根基

任何一种文化都兼具民族性和时代性的双重规定，体现着一定民族性和一定时代性的辩证统一，从而为考量文化发展提供了由空间和时间维度所构成的重要坐标。习近平总书记在讲话中强调：“中国式现代化赋予中华文明以现代力量，中华文明赋予中国式现代化以深厚底蕴。”在文明的传承中，只有坚守中华文化立场，才能挺立文化的主体性，不断增强文化认同；只有推动“古今中外”的文化融通，才能激发创新创造活力，让文化传统真正向未来开放。在新的历史起点上，要平衡好民族性与时代性之间的张力，尊古不复古，守正不守旧，以深邃的历史视野和昂扬的进取精神，推动传统文化的现代化转型，建设中华民族现代文明。

继承和弘扬中华优秀传统文化，擦亮中国式现代化的文化底色。中华优秀传统文化是中华文明的智慧结晶和精华所在，构成中华民族独有的精神标识，为我们走向未来、开拓创新提供了强大的支撑。中国式现代化植根于中华优秀传统文化的沃土，传统文化的力量深深地熔铸在民族的生命力、凝聚力之中。对待中华传统文化，要坚持客观、科学、礼敬的态度，继承扬弃，去粗取精，使其与当代文化相适应、与现代社会相协调。要进一步完善中华优秀传统文化传承体系，对中华文化的历史渊源、发展脉络作出系统性的梳理，阐明中华文化的独特创造和时代价值，使其在当今时代拥有更多的传承载体、传播渠道和传习人群。文物和文化遗产承载着中华文明的独特记忆，是中华民族历史文化成就的重要标志。要加强文物的发掘研究工作，着力建设文化遗产保护传承利用体系，挖掘并阐释文化遗产蕴含的价值理念、哲学思想和人文精神，让绵延五千多年的中华文明在新时代焕发出蓬勃生机。只有在传承中发展、在发展中创新，不断增强中华文化的生命力和影响力，才能将中华文明这一世界上唯一没有中断的文明永久传承下去，为维系民族血脉、建设文明大国夯实文化根基。

推动马克思主义与中华优秀传统文化相融通，实现文化整合与文化创新。中国式现代化离不开马克思主义理论的科学指引，离不开中华优秀传统文化的深厚滋养。在新时代推动文化创新，要求我们科学合理地整合各种文化资源，将弘扬中华优秀传统文化同马克思主义的立场观点方法结合起来。这两种文化价值体系虽产生于不同的历史土壤，却有着高度的价值共通性，经选择、涵化、融合而达成新的适应，汇聚成为凝结着人类集体智慧的新的文化生命体。中华文明蕴含着自强不息、厚德载物的实践精神，阴阳相生、物极必反的辩证思维，民为邦本、为政以德的民本诉求，天下为公、世界大同的社会理想。这是中华儿女在长期生产生活中形成的价值观念和精神追求的集中体现，与马克思主义的世界观、方法论呼应贯通，与科学社会主义主张高度契合，为实现“第二个结合”提供了丰富的思想理论资源。在文化整合的基础上超越既往、别开生面，不断推进马克思主义中国化时代化，方能让马克思主义落地生根、开花结果，让中华优秀传统文化在新的时代发扬光大。

互鉴共赢：承担中国式现代化的文明使命

作为文化发展的正价值成果，文明是人类自觉意识主导下各种创造物之总和，是人类社会进步状态的集中呈现。中国式现代化是走和平发展道路的现代化，孕育形成了自身独具特色的文明观，具有包容性、和平性与开放性的鲜明特质，为人类文明的发展提供了新模式和新样态，成为促进世界和平稳定的中坚力量。面对新的世界发展格局，要推动中华文明、中国文化向世界敞开，要积极弘扬平等、互鉴、对话、包容的文明观，以“为人类谋进步、为世界谋大同”的使命情怀，开阔“各美其美，美人之美，美美与共，天下大同”的文明视野。

超越文明优越论，以包容之心促进文明共生。不同的文明形态折射出不同的文明逻辑，构成丰富多彩的世界文明谱系，是各民族文化保持自身独立性的重要前提。当今时代，世界文化呈现出交相激荡的发展态势，文化霸权主义作为一种西方强势话语，以傲慢自大的优越感漠视文化个性，以蛮横的征服者心态将自身的价值观念强加于人，导致不对等的文化交往，严重危及人类文化生态的平衡。从文明优越到文明共生，是人类文明发展演进的必然趋势。秉承文化多样性的哲学理念，中国式现代化道路摒弃了狭隘的种族主义、排外主义，克服了文化偏见和文化歧视，充分尊重并理解其他文明的价值内涵和文化关切，进而超越了将现代化等同于西方化的文明中心论，推动世界多元文明平等相处、和谐共生。

超越文明隔阂论，以开放心态推动对话交流。马克思恩格斯在《共产党宣言》中指出，“由于开拓了世界市场，使一切国家的生产和消费都成为世界性的了”，“各民族的精神产品成了公共的财产。民族的片面性和局限性日益成为不可能”，全球化的文化交往图景日益清晰地展现在世人面前。身处普遍性交往的时代，没有一座文化孤岛，在平等的基础上交流互鉴、融合发展，世界才会有更加美好的未来。中国式现代化开创了人类文明新形态，不仅继承和吸收了一切有益的人类文明成果，并且主动与世界其他文明分享中国的成功经验，推动构建“你中有我、我中有你”的文化交往格局，有效避免了文明间的误解和冲突，在坦诚对话、融合互嵌的过程中拓展了人类文明的发展路径，为发展中国家构建现代文明形态提供了有益借鉴。

超越文明冲突论，以共同价值凝聚人类共识。如果说文化在样态形式上异彩纷呈，文明则在价值层面寻求理解以达成共识。世界上各个民族虽然在历史传统、发展水平和社会制度等方面存在差异，但都需要顺应历史潮流，契合时代需要，凝聚集体共识与合作力量，携手应对人类文明面临的共同挑战。在全球化的历史进程中融合世界多元文化，寻找文明视域的交汇点，推动世界文明综合创新，是构建人类命运共同体所努力谋求的未来发展蓝图。全人类共同价值是对世界上一切进步力量最广泛共识的凝练概括，反映了世界各国人民普遍认同的价值理念的最大公约数，是促进人类文明永续发展所应倡导的价值准则。中华文明需要承担起世界变局中的文化责任，秉持共同发展、合作共赢的理念，在“求同存异”的过程中推动人类文明守望相助，为维护人类长远利益、创造人类美好未来贡献中国智慧。

恩格斯指出，“文化上的每一个进步，都是迈向自由的一步”。繁荣发展中国特色社会主义文化，建设中华民族现代文明，必将凝聚起实现中华民族伟大复兴的磅礴伟力，对人类文明发展进程产生深远的影响。在中国特色社会主义现代化建设的新征程上，我们应当肩负起文化传承与创新的历史重任，不断深化对文化建设的规律性认识，超越传统与现代、东方与西方二元对立的思维范式，坚持独立自主与开放包容、固本培元与开拓创新的辩证统一，扎根于中华民族的历史文化沃土，不断开辟马克思主义中国化时代化新境界，实现中华文明的自我革新与社会主义文明的中国式建构，推动中华文化行稳致远，绘就百花齐放的人类文明新图景。

（作者系清华大学马克思主义学院教授；清华大学马克思主义学院博士研究生）

为担负新时代文化使命贡献历史理论智慧和力量

杨艳秋

习近平总书记在文化传承发展座谈会上的重要讲话从党和国家事业发展全局战略高度，对中华文化传承发展的一系列重大理论和现实问题作了全面系统深入阐述，在中国共产党的文化发展史上具有重要的里程碑意义。讲话中提出的新思想新观点新论断，是对历史理论的深刻认识和总结，表明中国人民的历史自信、文化自信达到了新的高度。2019 年成立的中国社会科学院历史理论研究所是一个有使命的研究所，我们要认真学习领会习近平总书记的最新论断，并以此为指引开展历史理论研究，更好担负起新的文化使命，贡献历史理论智慧和力量。

为中华民族现代文明阐释贡献力量

建设中华民族现代文明，是习近平总书记在讲话中强调的新时代文化建设的重要使命。中华文明是人类文明的源头之一，也是人类历史上唯一未曾中断的文明体。“文明以止”“仁义为名，礼乐为荣”，积淀着中华民族文明思维的精华，5000 多年漫长历史中形成的人类关怀意识，早已融入世界文明发展的大道，为世界文明发展作出了独特的贡献。在揭示人类社会发展一般规律的基础上，马克思、恩格斯指出了人类文明发展的趋势，他们将共产主义社会看作“能给所有的人以幸福的文明”。中国共产党带领中国人民，把马克思主义基本原理同中国具体实际相结合、同中华优秀传统文化相结合，丰富和发展了马克思主义的文明观，以中国式现代化开创了人类文明新形态。这是植根于中华优秀传统文化沃土，植根于中华民族5000多年文明传承，中国特色社会主义道路、理论、制度、文化内在孕育的文明形态，代表着中华文明发展的新高度，丰富了人类文明进步的新内涵。

对文明演进道路的审视，离不开对社会发展规律的认识，离不开对社会形态更替、演进的把握。深入理解中华文明和世界文明，更离不开对人类历史的深入理解。建设中华民族现代文明，是新时代人类世界实践马克思主义新世界观的伟大创举。对中华民族现代文明的阐释，离不开对历史规律的把握。我们要在马克思主义唯物史观指导下，通过对社会历史发展规律的深刻揭示，对社会形态更替、演进规律的深入思考，在错综复杂的社会历史发展实践中，找到人类发展进步的方向。在中华民族5000多年的文明史、世界社会主义500多年的发展史、千百年的世界变局中，认清历史方位，把握历史大势，增强历史自信，掌握历史主动，紧紧依靠人民，创造历史伟业。历史学的崇高使命在于探索人类社会发展的内在逻辑和规律，从人类世界与自然世界、中国实践与世界发展的探索中，为人类文明的前进和升华注入科学人文的力量。我们的历史理论研究也应当致力于此，为推动建立中国特色、中国风格、中国气派的文明研究学科体系、学术体系、话语体系，建设中华民族现代文明提供历史理论支撑。

为建设中国式现代化文化形态贡献力量

中华文化历史悠久、博大精深。中华文明源远流长、从未中断。中华优秀传统文化是中华民族的根和魂，其蕴含的思想观念、人文精神、道德规范，不仅是中国人思想和精神的内核，而且对解决人类面临的诸多问题也有重要价值。中华优秀传统文化中有很多重要元素，共同塑造出中华文明突出的连续性、创新性、统一性、包容性、和平性。习近平总书记在讲话中强调，中国式现代化是赓续古老文明的现代化，而不是消灭古老文明的现代化；中国式现代化是从中华大地长出来的现代化，不是照搬照抄其他国家的现代化；中国式现代化是文明更新的结果，而不是文明断裂的产物。只有全面深入了解中华文明的历史，才能更有效地推动中华优秀传统文化创造性转化和创新性发展，更有力地推进中国特色社会主义文化建设，建设中华民族现代文明。

党的十八大以来，以习近平同志为核心的党中央在领导党和人民推进治国理政的实践中，始终把文化建设摆在全局工作的重要位置，不断深化对文化建设的规律性认识，提出一系列新思想新观点新论断。其中，关于中华优秀传统文化的重要论述，回答了为什么要传承发展、传承发展哪些文化元素与文化特性、怎样传承发展中华优秀传统文化这三个重要理论与实践问题。习近平总书记在对如何建设中国特色社会主义，如何传承发展中华优秀传统文化的深邃思考中，提出了把马克思主义基本原理同中国具体实际、同中华优秀传统文化相结合的重大科学论断。这是在五千多年中华文明深厚基础上开辟和发展中国特色社会主义的必由之路，是我们在探索中国特色社会主义道路中得出的规律性的认识，是我们取得成功的最大法宝。“第二个结合”是又一次思想解放，中国特色社会主义因此有了更为宏阔的历史纵深，让我们能够在更广阔的文化空间中，充分运用中华优秀传统文化的宝贵资源，探索面向未来的理论和制度创新。“两个结合”的结果是互相成就，造就一个有机统一的新的文化生命体，让马克思主义成为中国的，中华优秀传统文化成为现代的，让经由“结合”而形成的新文化成为中国式现代化的文化形态。

在文化传承发展、建设中国式现代化文化形态这一时代命题面前，我们的历史理论研究，要以历史的思维、宏观的视野，在“大历史”视域下，将中华优秀传统文化的精神标识提炼出来、展示出来，把中华优秀传统文化中具有当代价值、世界意义的文化精髓提炼出来、展示出来，将“中华文化主体性”的思想理念提炼出来、彰显出来，把中华文明突出特性的内涵阐释出来、丰富起来。如何理解把马克思主义基本原理同中国具体实际、同中华优秀传统文化相结合是中国特色社会主义建设与发展的必由之路？如何理解马克思主义和中华优秀传统文化的高度契合性？如何理解中华优秀传统文化与中国式现代化的文化新形态之间的内在关系？等等，这些也是新时代历史理论研究的重要课题。

为新时代理论创新贡献力量

历史理论是人们对于客观存在的历史运动的认识，亦即人们在认识宏观历史过程中积累和总结出来的理论。中国是一个有着悠久史学传统的国家，在历史理论问题上有着许多重要认识，对天人关系、古今关系、“历代成败兴坏之理”、国家观念与大一统思想、历史人物评价、“英雄”与“时势”等方面，有许多重要阐发。随着近代学科体系的建立，具有现代意义的科学的历史理论研究逐渐兴起并取得了诸多成就，如唯物史观、文化形态史观、人文史观、生机主义史观等竞相争辉，推动了中国学界有关历史理论问题的研究与思考。

新中国的成立，不仅开创了中国历史的新征程，而且翻开了中国历史研究的新篇章。从新中国成立到党的十一届三中全会这一历史时期，我国的历史研究有着鲜明的时代特点，其中既有巨大的成就，也有值得后人认真思索和借鉴的经验教训。史学界围绕中国古代史分期问题、中国封建土地所有制问题、中国封建社会农民战争问题、中国资本主义萌芽问题、汉民族形成问题五个重大历史问题的研究和讨论，是在历史理论研究中取得的最具有标志性意义的重大理论成就。

改革开放以来，史学界的历史理论研究取得了诸多重要成果，相关重大成就主要表现在六个方面：一是对马克思主义历史理论再认识；二是古代史分期的再讨论；三是中国文明起源进程取得新成绩；四是现代化理论的再阐发；五是对中国古代历史理论的总结；六是世界历史新理论的提出。总之，对历史理论的探索而言，中国历史是一个丰富的宝库，新中国成立以来的历史理论研究取得了许多重要成绩，但如史学家白寿彝先生所言："这种宝库的门有很多还没有打开。"

党的十八大以来，中国特色社会主义进入新时代，中国的发展站上更高层级的历史方位。时代的变革和中国人民历史实践的伟大发展，给我们的历史研究带来了新的视野和新的课题，迫切需要史学观念的创新、历史思维方式的变革、价值理念的创造。今天，在新的历史起点上继续推动文化繁荣、建设文化强国、建设中华民族现代文明，为理论创造、学术繁荣提供了强大的动力，展开了更为广阔的空间。正如习近平总书记所言，这是一个需要理论而且一定能够产生理论的时代。我们不能辜负了这个时代，历史理论研究也要乘势而上，坚持历史唯物主义的立场、观点和方法，解放思想，把历史与现实、理论与实践统一起来，立足中华民族伟大历史实践和当代实践，以中国实际为研究起点，阐释中国道路、解释中国实践、构建中国理论。我们相信，新时代的历史理论研究将作出不负时代的贡献。

（作者系中国社会科学院历史理论研究所党委书记、所长、研究员）

新时代考古学在中华民族现代文明建设中的使命

蒋　刚　甄宏达

2020 年 9 月 28 日，习近平总书记在中共十九届中央政治局第二十三次集体学习时强调，要高度重视考古工作，努力建设中国特色、中国风格、中国气派的考古学。2021 年 7 月 1 日，习近平总书记在庆祝中国共产党成立 100 周年大会上的重要讲话中首次明确提出“两个结合”。2023 年 6 月 2 日，习近平总书记在文化传承发展座谈会上就文化传承发展问题发表重要讲话。习近平总书记从历史着眼、从国情出发提出的重要理论与观点，无一不是新时代中国特色社会主义理论的杰出成果，也深深振奋着中国考古人的心。我们回望中国百年考古实践，展望中国考古未来发展，它们均与“中国特色”紧密相连。

中国考古学走过辉煌百年

从城子崖到辉县再到三星堆，中国考古学经历了从无到有的发展，实现着由术及道的跨越。从 1921 年 10 月 27 日河南仰韶村的第一铲土开始，中国考古人筑路前行，从筚路蓝缕到星辉漫天，这条路走了一百年。百年来，由李济、夏鼐、裴文中诸先生领衔的中国考古人始终秉持着探源寻根的初心，将连续不绝、源远流长的中华文明一寸寸展现在世人面前。考古人自西阴村、城子崖、殷墟和斗鸡台坚定出发，为探究“中国文化的原始”积累资料；自半坡、庙底沟、屈家岭、大溪、二里头主动发展，完成黄河、长江、西辽河等地区考古学文化编年“拼图”。不仅如此，考古人“缀合碎片”，构建各时段考古学遗存谱系，重现“重瓣花朵”，再见“满天星斗”。

最终，中国考古人用考古发现力证了中华文化的持续更新、融合与发展，用中华文明探源工程等重大工程的研究成果，实证了我国百万年人类史、一万年文化史、五千多年文明史。薪火相传的考古人踔厉奋发，推动着中国考古学的发展，为文化进步寻根，为时代发展蓄力。“努力建设中国特色、中国风格、中国气派的考古学”，既是习近平总书记的殷切期望，也是百年考古人的执着追求。

迈上特色发展新台阶

回望中国考古学起步的10年，我们不难看出，中国特色是中国考古学最深层次的基因，始终伴随着中国考古学的诞生与发展。

从1921年的仰韶村开始，中国人以考古学的方法正式而郑重地面对自己的远祖，考古人在地层里窥探历史，在陶片中拼对时间，每一个发现都是对自己民族与国家的进一步了解。这就像我们在编修自己家族的族谱，每一个名字或多或少都与我们血脉相连，每一段故事都直接或间接影响着今天的生活。这种情感上的亲近为中国考古学的发展提供了最原始的动力，而中华文明具有的突出的连续性也使得我们可以通过史书文献和对当下文化、民俗、礼仪等的观察建立沟通古今的桥梁，启迪考古学研究。这种古今传承的情感纽带与文化脉络是中国考古学有别于其他国家与地区考古学研究最为鲜明的特色。同时，由于我们是带着深深的情感，是自己研究自己祖先的历史，所以中国考古与英美考古的完全客位观察不同，在考古学科学性的基础上，中国考古人更多了从“我”出发而进行的主位观察。

1931 年，中国考古学迎来了新的里程碑——后岗三叠层。这一年，梁思永在安阳后岗首次革新了水平层的发掘原则，转为按照土质土色包含物区分堆积层位，发现了著名的“后岗三叠层”，进而确认了仰韶文化—龙山文化—商文化的时代关系。这一发现不仅为厘清黑陶文化与彩陶文化的关系提供了直接证据，同时标志着中国考古学中地层学的诞生。此时，现代考古学传入中国仅仅只有 10 年。10 年时间里，中国考古学迈出了从无到有的第一步，并在理论与方法上取得了突破，迈上了特色发展的新台阶。

孕育独树一帜的中国风格

中华文明的产生与发展根植于黄土，发源于大河，建立在独特的以内陆文明为本，面向海洋的文明属性上。所以，中国考古学理论与方法特色是建立在遗存形态多为土木结构的物质基础上的。独特的自然地理条件，决定了中华文明的产生模式、发展历程都不同于其他地区，极具个性特色。以李济为代表的中国考古学第一代学人承受着近代历史的屈辱，担负着寻求中国文化的来源、探索中国民族之起源等历史责任，将研究建立在今人稽古的情感纽带上。由此可见，中国考古学势必展现出鲜明的中国特色，这种特色体现为中国考古学不仅拥有自己的体系与优势，也拥有持续更新发展的动力，更拥有源自历史传承的人文温暖。正是这样鲜明的特色决定了中国考古学必将彰显独一无二的中国风格。

中国考古学将中国特色与考古学的科学性相结合，孕育出独树一帜的中国风格，并得以快速发展。同样，纵观中国历史，这一结合也是中华民族文化发展的历史选择，正如习近平总书记所说，“中华文明具有突出的包容性”。从被称为“中国史前考古的发祥地”“中西方文化交流的历史见证”的宁夏水洞沟遗址到中原文化与长江中下游文化交相辉映的金沙遗址，再到夏商周以降，中华文化随朝代更迭与人口迁徙而不断出现的交流与融合，多元文化汇于一炉，传承、发展、融汇、更新，文明程度随之不断提升，文化内涵与外延不断拓展，方有至今仍傲然屹立的中华文明。习近平总书记提出的“两个结合”重要论述，是对中华文明发展规律的深刻把握，是从历史的视野与高度作出的精辟论述，深度契合我国历史、发展的路径与需求。

“以史为鉴，察往知来”，与生俱来的中国特色和由此发展而来的中国风格决定了中国考古学势必要肩负起“为弘扬中华优秀传统文化、增强文化自信提供坚强支撑”的时代重任。同时，随着考古成果的不断涌现，历史文脉的不断明晰，中国考古学也必将为中国特色社会主义理论体系建设提供更深、更广、更强的文化支撑，这也是中国考古学理应展现出的中国气派。

开启新的百年之路

过去的一百年，特别是新中国成立以来，中国考古学成功走上“中国化”道路与“自主化”道路。随着我国走进新时代，确立了新的历史方位，中国考古学也开启了新的百年之路。站在新百年的起点，“做什么”“怎样做”是每个考古工作者都在思考的问题。

过去的一百年和未来的一百年，“发展”都是贯穿中国考古学的主线。有所不同的是，过去的一百年里，无数学人以推动学科的发展为己任，以学科的发展助力社会的进步。而未来的一百年，我们应在新时代、新思想、新使命、新征程的新形势下，将学科的发展充分融入新时代中国特色社会主义的新发展当中。

2022年，国家文物局印发《“十四五”考古工作专项规划》。作为我国考古领域首次制定的全国性工作与学术规划，该规划提出：“深入挖掘、整理、阐释考古成果，准确提炼并展示中华优秀传统文化的精神标识，实现多层次、多渠道成果转化，更好体现文物的历史价值、文化价值、审美价值、科技价值、时代价值。”由此可见，考古成果的科学转化已经成为中国考古学新的发展方向。

利用考古成果，讲好中国故事。考古学作为一门以“证史”为基础的学科，自然也应当讲好“历史上的中国”。近年来，随着媒体宣传途径的日益丰富，越来越多的考古成果在社会上引起了广泛热议。从海昏侯墓到江口沉银再到三星堆，社会各界对考古的关注始于琳琅满目的出土文物，最终却都要落脚在其背后的历史史实，因此也就更加需要考古人广泛发声，从科学的角度为公众宣传考古知识、传播历史文化，力求做到“向世界展现真实、立体、全面的中国，提高国家文化软实力和中华文化影响力”。此类实践已经有了较好的实例，例如《国家宝藏》等电视节目，用舞台剧的形式演绎文物的前世今生，同时讲述文物背后的历史、民俗、技术等内容，不仅寓教于乐，更有正本清源之效。

利用考古特点，助力社会发展。“在新的起点上继续推动文化繁荣、建设文化强国、建设中华民族现代文明，是我们在新时代新的文化使命。”习近平总书记在文化传承发展座谈会上的重要讲话为新时代考古学的发展指明了方向。随着京津冀、长三角、粤港澳大湾区、成渝双城经济圈等国家与区域经济发展战略的稳步实施，中国考古学也走向了新的广阔天地。如何利用考古学的学科特点助力国家与区域经济发展战略将是未来百年中国考古学需要解决的问题。

2021—2022年，河北雄安新区先后就午方遗址、东牛遗址、白龙遗址、东小里—白龙墓群等一批历史遗存进行了主动发掘，进一步了解了雄安新区的历史文化面貌与内涵，同时也为雄安新区的规划建设提供了有效支持。这样的考古工作无疑是新时代考古人担当新使命的有益实践。

在党中央作出的各项重大决策部署中，新时代的考古人也应该主动作为、参与其中，在党和国家的事业发展中实现自身价值。

习近平总书记指出，要保护传承弘扬长江文化。长江造就了从巴山蜀水到江南水乡的千年文脉，是中华民族的代表性符号和中华文明的标志性象征，是涵养社会主义核心价值观的重要源泉。2022年，长江国家文化公园建设工作启动，旨在进一步保护好、利用好长江文物和文化遗产，推动优秀传统文化助力社会繁荣发展。该项工作的启动也使新时代的考古人迎来了一次难得的机遇与挑战。考古人要做好本职工作，深入开展长江流域文物资源调查；拓展工作边界，依托长江文化主线建设各类专题博物馆；打破思维定式，从考古学的角度参与到各级各类不可移动文物、优秀历史建筑、传统村落、文化街区的保护利用当中；提高工作眼界，充分发挥考古学的特性，挖掘文化基因、梳理文化脉络、提炼文化符号，助力各区域文化多样化发展；等等。如此种种，在长江国家文化公园建设的大背景下，考古人能做、要做的事情不胜枚举，关键在于是否有走出既有思维模式的认识与勇气，是否有建功新时代的志气与底气。

此外，如何在成渝双城经济圈与巴蜀文化旅游走廊建设的大背景下厘清成渝间两千年的友好历史，找准巴蜀文化在中华优秀传统文化中的定位；如何在文化融合发展的大趋势下梳理当前区域文化面貌的成因，探究历史时期文化交流的史实与内涵；如何从考古学、文物学的视角为区域经济文化建设提供有力支撑，真正做到“擦亮文物的文化内涵与时代价值”，都是值得我们关注的问题。

全方位融入社会主义现代化建设

习近平新时代中国特色社会主义思想不仅指导着中国考古学的发展，更为我们指明了前进的方向。因此，新时代的中国考古学应充分发挥中国特色，立足当下，发挥探源寻根的学科特性，发扬改革创新的时代精神，将严谨治学的态度与时代要求相结合，为区域发展梳理历史脉络，为社会进步提供文化依据。新时代的中国考古学不应仅仅是象牙塔里的学问，更要关注考古的过程与延展，通过开展公众考古、展览展示等手段，宣传考古知识，让优秀传统文化看得到、摸得着、记得住。作为新时代的考古人，我们要充分认识到考古学的学科优势，相较于研究对象更为广泛而全面的历史学而言，考古学具有更强的针对性，因此其成果的转化也就更具独特性。认识到这一点以后，如何将学科发展与经济文化建设有机结合，将学科针对性转化为地方文化经济发展的拳头，为区域经济文化发展打造新的亮点名片，就成为新时代赋予中国考古学与考古人的新课题。

寻根历史，立足当下，滋养未来，新时代的中国考古学只有全方面融入推动文化繁荣、建设文化强国、建设中华民族现代文明当中，才能真正不负自己所求、不负前辈所托、不负时代所望。

在过去的一百年里，无数的考古人努力解决着“知其然，知其所以然”的问题，为文化进步寻根、为时代发展蓄力、为民族自信奠基。在新的一百年里，中国考古人将沿着“古为今用”的道路，证史明史，以史促今。中国考古学在习近平新时代中国特色社会主义思想的指引下，站上新的起点，迈向新的未来。正如习近平总书记所说："中华文明具有突出的连续性，从根本上决定了中华民族必然走自己的路。如果不从源远流长的历史连续性来认识中国，就不可能理解古代中国，也不可能理解现代中国，更不可能理解未来中国。"看清来路，方知去往，中国考古学始终肩负着传承发展中华优秀传统文化的使命，任重而道远。

（作者系重庆师范大学历史与社会学院教授；巴蜀古代建筑博物馆馆员）

后　记

2023 年 6 月 2 日，习近平总书记在中国历史研究院出席文化传承发展座谈会并发表重要讲话，强调在新的起点上继续推动文化繁荣、建设文化强国、建设中华民族现代文明，是我们在新时代新的文化使命。习近平总书记重要讲话理论彻底、立意高远、思想深邃、内涵丰富、情真意切，具有很强的政治性、思想性、战略性、指导性，是一篇闪耀着马克思主义思想光芒的纲领性文献，是建设中华民族现代文明的行动指南，具有极其重要的里程碑意义。

为深入学习研究阐释习近平总书记重要讲话精神，在中国社会科学院副院长、党组成员甄占民同志倡议和指导下，中国社会科学杂志社所属《中国社会科学报》推出特别策划“建设中华民族现代文明”，约请国内知名专家学者撰写学习研究阐释的理论学术文章。中国社会科学院副秘书长、中国社会科学杂志社总编辑方军同志逐篇审定了入选稿件。

2023 年 6 月 5 日至 16 日，该特别策划在《中国社会科学报》先后发表，引起理论学术界广泛反响。现结集出版，以飨读者。本书编辑出版过程中，得到了入选文章作者的大力支持和社会科学文献出版社领导的关心，责任编辑刘同辉同志贡献诸多智慧，谨表诚挚的谢忱。收入本书时，个别文章有所改动。限于水平，本书容有不当之处，恳请理论学术界和广大读者批评指正。

编者

2023 年 6 月

图书在版编目(CIP)数据

建设中华民族现代文明 / 中国社会科学杂志社编
. -- 北京：社会科学文献出版社，2023.10
ISBN 978-7-5228-2629-5

Ⅰ.①建… Ⅱ.①中… Ⅲ.①中华文化-研究 Ⅳ.
①K203

中国国家版本馆 CIP 数据核字（2023）第 193224 号

建设中华民族现代文明

编　　者／中国社会科学杂志社

出 版 人／冀祥德
责任编辑／刘同辉
责任印制／王京美

出　　版／社会科学文献出版社（010）59366556
地址：北京市北三环中路甲 29 号院华龙大厦　邮编：100029
网址：www.ssap.com.cn
发　　行／社会科学文献出版社（010）59367028
印　　装／三河市龙林印务有限公司

规　　格／开　本：787mm×1092mm　1/16
印　张：27.75　字　数：356 千字
版　　次／2023 年 10 月第 1 版　2023 年 10 月第 1 次印刷
书　　号／ISBN 978-7-5228-2629-5
定　　价／128.00 元

读者服务电话：4008918866